高校实验室安全管理

张 旭 张雅林 蓝蔚青 陆文宣 主编

中国林业出版社

内容简介

本书根据《教育部关于加强高校实验室安全工作的意见》及高校师生对实验室安全知识和技能的需求编写。全书共分11章，主要结合经典案例系统全面阐述了实验室安全管理的内涵、目的与意义，实验室常见安全事故及原因分析；安全标志及危险源辨识；消防安全；水电安全；化学品安全；生物安全；辐射安全；仪器设备安全；个体防护；实验室安全急救；实验室安全管理体系等内容。此外，本书每章提供学习目标、重点内容、学习建议，针对重点内容设置习题，使读者学习更有针对性。书后附有参考文献、答案和高等学校实验室安全检查项目表，供读者参考查阅。

本书既可作为高等院校实验室实验安全教育用书，也可作为相关的科研机构实验室安全管理，以及从事实验室安全管理工作者和教师、学生安全技术方面的参考书。

图书在版编目(CIP)数据

高校实验室安全管理/张旭等主编. —— 北京：中国林业出版社，2022.11
ISBN 978-7-5219-1967-7

Ⅰ.①高⋯ Ⅱ.①张⋯ Ⅲ.①高等学校-实验室管理-安全管理 Ⅳ.①G642.423

中国版本图书馆 CIP 数据核字(2022)第 217098 号

策划编辑：高红岩
责任编辑：高红岩　王奕丹
责任校对：苏　梅
封面设计：睿思视界视觉设计

出版发行：中国林业出版社
　　　　　(100009，北京市西城区刘海胡同7号，电话 83223120)
电子邮箱：cfphzbs@163.com
网　址：www.forestry.gov.cn/lycb.html
印　刷：北京中科印刷有限公司
版　次：2022年11月第1版
印　次：2022年11月第1次
开　本：787mm×1092mm　1/16
印　张：14
字　数：340千字
定　价：45.00元

《高校实验室安全管理》编委会

主　　任：郭爱萍　上海海洋大学
　　　　　张　旭　上海市教育委员会
副 主 任：蒋兴浩　上海交通大学
　　　　　张雅林　上海海洋大学
　　　　　贺小虎　上海市教育委员会
委　　员：周　晔　同济大学
　　　　　金之诚　华东师范大学
　　　　　方建慧　上海大学
　　　　　曹伟元　上海理工大学
　　　　　池春荣　上海师范大学
　　　　　庄佳芳　上海海事大学
　　　　　王东鸣　上海科技大学
　　　　　姚国英　上海应用技术大学
　　　　　陆　玮　上海电力大学
　　　　　常峥斌　上海第二工业大学
　　　　　吕红芳　上海电机学院
　　　　　曾光英　上海健康医学院
　　　　　陈宇红　上海市教育委员会
　　　　　陆文宣　上海海洋大学

《高校实验室安全管理》编写人员

主　　编：张　旭　上海市教育委员会
　　　　　张雅林　上海海洋大学
　　　　　蓝蔚青　上海海洋大学
　　　　　陆文宣　上海海洋大学

编写人员：（按姓氏拼音顺序排列）
　　　　　戴文彬　上海海洋大学
　　　　　黄林彬　上海海洋大学
　　　　　蓝蔚青　上海海洋大学
　　　　　李　丛　上海海洋大学
　　　　　陆文宣　上海海洋大学
　　　　　王春峰　上海海洋大学
　　　　　王文俊　上海海洋大学
　　　　　吴清云　上海海洋大学
　　　　　张　进　上海海洋大学
　　　　　张　旭　上海市教育委员会
　　　　　张雅林　上海海洋大学
　　　　　赵洪波　上海海洋大学
　　　　　宗海青　上海海洋大学

前　言

高校实验室是教学、科研和社会服务的重要场所。实验室安全是教学和科研活动的前提和保障，是实验室建设和管理的重要内容。高校实验室仪器设备的种类、数量越来越多且使用效率和开放共享程度越来越高，实验室的运行安全环境日益复杂。实验室安全管理制度不完善，实验人员安全意识薄弱、安全知识和技能匮乏等问题尤为突出。为确保实验室的安稳运行，分析当前影响实验室安全的各类问题、探究适应新形势下实验室安全管理对策具有重要意义。

为落实高校实验室安全工作，教育部于2019年5月出台《教育部关于加强高校实验室安全工作的意见》(教技函〔2019〕36号)，随后每年都会发布高校实验室安全自查及整改工作的相关通知。同时，教育部不断完善《高校实验室安全检查表》的条款内容，供各高校对照检查表开展实验室安全隐患的自查与整改工作。期间，参与实验室安全管理的师生普遍反映，亟须一部既能与《高校实验室安全检查表》相关条款相对应，又能提供丰富生动的安全知识、指导实验室安全技能的教材。

基于国家与高校层面对实验室安全的重视及高校师生对实验室安全知识和技能的需求，本书整合了各类实验室安全知识及实验室一线管理与技术人员经验、技能，在编写团队成员的共同努力下顺利完成。

全书共11章，陆文宣与张旭编写了绪论部分，戴文彬编写了第1章，宗海青编写了第2章，吴清云编写了第3章与第7章，王春峰编写了第4章与第8章，黄林彬编写了第5章，蓝蔚青编写了第6章，赵洪波编写了第9章，张雅林编写了第10章。蓝蔚青、李丛、王文俊与张进共同对书稿进行编校；蓝蔚青负责全书统稿；上海市教育委员会贺小虎与陈宇红、上海海洋大学郭爱萍、上海交通大学蒋兴浩、同济大学周晔、华东师范大学金之诚、上海大学方建慧、上海理工大学曹伟元、上海师范大学池春荣、上海海事大学庄佳芳、上海科技大学王东鸣、上海应用技术大学姚国英、上海电力大学陆玮、上海第二工业大学常峥斌、上海电机学院吕红芳、上海健康医学院曾光英对本书的编写提出了宝贵的修改建议。张旭、张雅林、蓝蔚青与陆文宣担任本书主编。全书主要内容如下：

绪论部分，阐述了实验室安全管理的内涵、目的与意义，介绍了实验室常见安全事故的类型，并分析了原因。

第1章——安全标志及危险源辨识。重点介绍实验室安全标志的种类及所表达的含义，对实验场所及物品上安全标志的设置及管理予以说明。

第2章——消防安全。着重阐述火灾发生的原理与规避原则，介绍消防安全技能的掌握和设施设备的使用方法。

第3章——水电安全。重点强调实验室用水、用电的注意事项，并讲解触电对人体产生的危害与防护措施。

第4章——化学品安全。介绍化学品的正确使用，讲解实验室化学品安全贮存和废弃物处置方法。

第5章——生物安全。介绍生物安全管理的相关知识，明确生物安全实验室分级与防护要求。

第6章——辐射安全。重点介绍辐射类型与电离辐射产生的生物危害、电离辐射的照射方式与防护措施，同时讲解辐射安全事故的分类与分级方法。

第7章——仪器设备安全。讲解实验室常见的仪器设备与分类形式，对仪器设备的常见安全隐患予以说明，并阐述仪器设备的管理办法和使用过程中的注意事项。

第8章——个体防护。重点介绍实验室常用个人防护装备的种类，并对实验室个人防护装备的、正确选用和判废方法予以说明。

第9章——实验室安全急救。主要介绍现场急救基础知识，止血包扎以及热力、电、化学烧伤的急救措施，讲解通用防护措施，触电、中毒、昏迷的现场急救及心肺复苏术等。

第10章——实验室安全管理体系。着重阐述实验室安全通用规则，对"6S"管理理念加以说明，强调实验室安全教育与安全文化建设，以及营造和谐稳定的实验室环境氛围的重要性。

本书在编写过程中参阅了很多实验室安全方面的书籍和资料，并从中借鉴了有益的内容，尽管我们对参考文献尽量进行了梳理，但难免会有遗漏，在此一并表示感谢。最后，感谢中国林业出版社的同志们为本书的顺利出版付出的辛勤劳动。

由于作者水平有限，书中难免存在错误和不当之处，敬请同行专家与广大读者批评指正。

《高校实验室安全管理》编写组

2022年10月

目 录

前 言

绪 论 ·· 001
 0.1 实验室安全的重要性 ··· 002
 0.2 实验室常见事故类型及分析 ·· 003
 0.3 高校实验室安全管理 ··· 005

第 1 章 安全标志及危险源辨识 ·· 009
 1.1 安全色 ·· 009
 1.2 安全标志 ·· 011
 1.3 化学品的安全标签 ·· 016
 1.4 消防安全标志 ·· 023
 1.5 危险源辨识 ··· 028

第 2 章 消防安全 ··· 035
 2.1 消防安全通识 ·· 035
 2.2 避险逃生 ·· 038
 2.3 火灾预防与预警 ··· 041

第 3 章 水电安全 ··· 044
 3.1 用水安全 ·· 044
 3.2 用电安全 ·· 046

第 4 章 化学品安全 ·· 053
 4.1 化学品常识 ··· 053
 4.2 化学品使用安全管理 ··· 066
 4.3 化学品防护措施 ··· 082
 4.4 危险化学品事故应急措施 ··· 086

第 5 章 生物安全 ··· 091
 5.1 生物安全的定义与分级 ·· 091
 5.2 病原微生物实验室的生物安全 ··· 095

5.3　生物技术实验室的安全管理 ………………………………………………… 101
5.4　生物安全实验室的屏障和防护 ……………………………………………… 105

第6章　辐射安全 …………………………………………………………………… 114
6.1　辐射基本介绍与主要危害 …………………………………………………… 114
6.2　辐射防护 ……………………………………………………………………… 118
6.3　辐射防护管理 ………………………………………………………………… 122
6.4　个人辐射防护管理 …………………………………………………………… 126
6.5　辐射安全事故及应急处置 …………………………………………………… 127
6.6　放射性废物的安全管理 ……………………………………………………… 129

第7章　仪器设备安全 ……………………………………………………………… 134
7.1　实验仪器设备分类 …………………………………………………………… 135
7.2　专业仪器设备使用安全 ……………………………………………………… 137
7.3　仪器设备安全管理 …………………………………………………………… 143

第8章　个体防护 …………………………………………………………………… 148
8.1　个体防护装备 ………………………………………………………………… 148
8.2　个体防护装备选用 …………………………………………………………… 155
8.3　个体防护装备管理 …………………………………………………………… 160

第9章　实验室安全急救 …………………………………………………………… 163
9.1　基础急救知识 ………………………………………………………………… 164
9.2　火灾及爆炸 …………………………………………………………………… 175
9.3　烧伤 …………………………………………………………………………… 176
9.4　触电 …………………………………………………………………………… 180
9.5　中毒 …………………………………………………………………………… 181
9.6　溺水 …………………………………………………………………………… 182

第10章　实验室安全管理体系 …………………………………………………… 185
10.1　实验室安全概述 …………………………………………………………… 185
10.2　实验室安全管理规范 ……………………………………………………… 186
10.3　实验室安全通用规则 ……………………………………………………… 186
10.4　实验室安全教育及安全文化 ……………………………………………… 187

参考文献 ……………………………………………………………………………… 189

参考答案 ……………………………………………………………………………… 191

附录　高等学校实验室安全检查项目表(2022年) ……………………………… 198

绪　论

　　高等学校实验室是进行高水平科学研究、开展学术合作交流的场所，是高校集聚精英、培养创新人才的重要基地，对高校提升创新力、促进成果转化、推动学科发展有着举足轻重的作用，其安全性与师生人身安全密切相关。随着教育投入持续增加，实验室面积逐步扩大，贵重仪器设备陆续添置，加上科研项目实验探索的不确定性，以及"大创项目"的广泛开展，使危险物质种类与数量、隐含危险的实验操作等安全隐患越来越多，实验室安全工作压力与日俱增，稍有不慎引发事故，后果将不堪设想。因此，加强高校实验室安全工作刻不容缓。

> **典型案例**
>
> 　　1948年11月25日，28岁化学家霍华德·威廉使用五氯化磷、盐酸、乙酰氯与重氮甲烷进行合成反应实验。12月2日，他将反应剂量加大许多，重新做了一遍。为不离开正在进行中的蒸馏过程，他在实验室里把午饭（汉堡）吃了。尽管霍华德·威廉是在通风橱内进行的反应，但实验过程中他仍可能在不经意间吸入实验产生的气体。不仅如此，由于重氮甲烷具良好的脂溶性，那个很油的汉堡在溶解重氮甲烷这一过程中发挥了一定作用。
>
> 　　在随后几天里，霍华德·威廉产生了一系列类似于普通感冒的症状，并被给予青霉素G普鲁卡因治疗。医生们明白五氯化磷与乙酰氯这些物质的刺激性，但由于当时缺乏对于重氮甲烷的毒性报道和警示，直到12月6日早上，他们才确定重氮甲烷是症状主因而开始针对治疗，但霍华德·威廉仍在几天内不治身亡。

●●● **学习目标**

1. 了解实验室安全内涵，理解实验室安全管理的目的与意义；
2. 掌握实验室常见安全事故类型，加强对实验室安全的重视。

●●● **重点内容**

1. 实验室安全管理的内涵、目的与意义；
2. 实验室常见安全事故类型与原因分析。

●●● **学习建议**

1. 理解实验室安全管理的目的与意义，做好实验室安全管理；
2. 分析实验室常见安全事故原因。

0.1 实验室安全的重要性

我国著名物理学家冯端院士曾经说过"实验室是现代化大学的心脏",这个"心脏"包含师生人身安全、化学品安全、使用水电安全、安全实验操作、防火防爆、危险废弃物处置及环保、病原微生物、科研成果保密、贵重物品和实验仪器防盗等,是高校实验室安全管理和防护的核心,也是校园安全教育、实验室安全文化与提升师生安全意识素质的重要组成部分。

0.1.1 实验室安全内涵

高校实验室安全涉及范围较广泛:用电和消防安全是所有实验室都会面临的一个共性问题,大部分实验室还涉及用水安全;一些专业实验室还涉及用气、化学品、辐射、防爆、病原微生物、机械损伤、危险废弃物处置及环保等方面的安全;另外,科研成果保密、物质财产的防盗安全也是需要关注的方面。诚然,人的生命、健康安全是要首先考虑的内容。

0.1.2 实验室安全管理的目的

实验室安全管理的最终目的就是要建立一个以最合理的费用支出获取最大的安全保障并经过危险评价,确定可接受的风险,将危险降低至可容许的程度,减少实验过程中发生灾害的风险,确保师生员工的健康和安全,从而满足师生员工对安全的需求的安全管理体系。

0.1.3 实验室安全管理的意义

(1)实验室安全是贯彻"生命至上"理念,保证广大师生人身安全的需要

习近平总书记强调,"平安是人民幸福安康的基本要求""把保障人民群众生命财产安全放在第一位"。美国社会心理学家亚伯拉罕·哈罗德·马斯洛1970年新版书将人类需求归纳为七类,即生理需求、安全需求、归属需求、尊重需求、认知需求、审美需求、自我实现需求。安全需求成为人类赖以存活的基本需求。安全是学生健康成长的前提,也是教育事业得以发展的基本条件,高校要积极应对实验室安全管理工作面临的新的压力和挑战,重视实验室安全管理过程中存在的薄弱环节,正确引导广大师生树立"生命至上、安全第一"的理念。

(2)实验室安全是保证高校教学、科研工作顺利开展的需要

高校是人才培养的基地,担负着知识传播和科研创新等任务。实验室因其功能的特殊性,不安全因素较多,在设备设施、药品库房以及人员行为等方面的管理上,稍有疏忽就可能导致实验室安全事故的发生,教学或科研工作将会立即中断,仪器、资料可能损毁,当事师生人身安全可能受到威胁,对国家财产造成重大损失。安全、稳定、和谐的高校实验室安全环境是广大师生全身心投入教学和科研探究、创新工作的前提。

(3)实验室安全是创建平安校园,构建和谐社会的需要

安全是构建和谐校园的基础。实验室一旦发生事故,可能致伤致残,甚至有死亡的风险,给个人、家庭乃至社会造成严重影响;若是人为因素造成重大安全事故,事故责任人

和相关管理人员还将会受到行政、经济处罚,甚至还要承担刑事责任,其事业发展也会受到影响。实验室安全事故同样会给高校造成不良的社会影响,甚至会影响未来的招生和就业。安全无小事,保证实验室安全是创建平安校园、构建和谐社会的必要条件。

0.2 实验室常见事故类型及分析

0.2.1 实验室常见安全事故类型

高校实验室常见的安全事故类型主要有:火灾、爆炸、毒害污染、机电伤人、细菌或病毒感染及其他实验室安全事故等。

0.2.1.1 火灾

火灾是实验室安全事故案例中发生率较高的类型。其主要类型有:

①电气火灾,占实验室火灾的大多数。违规操作、过载、短路及设备过热是这类火灾发生的主要诱因。

②化学品火灾,主要是由于化学品使用或贮存不当引起。由于许多化学品具有易燃易爆性,一旦发生火灾,火势迅猛,难以控制,危害性大。

③违规吸烟或操作不慎,使火源接触易燃物导致的火灾等。

【火灾案例】 2016年3月21日,上海某研究院一名新生做金属钠实验,误操作引发火灾,后经过黄沙覆盖和废液清洗等方法将初期火灾扑灭。

0.2.1.2 爆炸

爆炸性事故多发生在化学、生物类实验室。这类实验室一般存有易燃易爆、有毒、有腐蚀性等危险化学品或压力容器,导致这类事故的主要原因有:

①违规使用气体、操作设备(压力容器等)而导致爆炸。

②对易燃易爆等物品贮存、处理不当,导致爆炸。

③强氧化剂与强还原剂等性质有抵触的物质混存发生强烈反应,引起燃烧和爆炸。

④密闭或狭小容器中进行反应,产生大量的热量或气体难以释放而导致爆炸。

⑤用普通冰箱贮存闪点低的有机试剂引发冰箱爆炸。

⑥误用试剂,形成爆炸混合物发生剧烈反应,引发爆炸。

⑦由火灾事故发生引起仪器设备、药品等的爆炸等。

【爆炸案例】 2003年1月19日,广东省某大学实验室发生化学原料爆炸,爆炸疑似因电线短路引起。

0.2.1.3 毒害污染

毒害污染多发生在涉化类实验室,毒性或反应产生有毒物质的易制毒药品泄漏、外流而导致事故发生,酿成这类事故的直接原因是:

①设备设施老化、存在故障或缺陷,造成有毒物质泄漏,酿成中毒。

②管理不善,造成有毒物品散落流失,引起人员中毒。

③实验"三废"处置不规范,造成环境污染。

④违规将食物带进实验室,造成误食中毒等。

0.2.1.4　机电伤人

机电伤人性事故多发生在有高速旋转或冲击运动的机械实验室，或有带电作业的电气实验室。常见事故有：

①违规操作，造成挤压、甩脱和碰撞伤人。

②设备设施老化或突发故障，造成漏电触电和电弧火花伤人。

③防护不合规，造成高温气体、液体对人的伤害等。

0.2.1.5　细菌或病毒感染

细菌或病毒感染性事故多发生在临床医学或生物学等实验室，主要有病毒或细菌感染、传染事故，外源生物或转基因生物一旦违规引入，将会对生态环境、生物多样性乃至人体健康产生潜在伤害，甚至产生极大的危害，引发社会层面的疫情。造成这类事故的主要原因是实验人员的疏忽、仪器老化故障以及对实验废弃物处理不当等，有的违规探索性研究实验也会引发这类事故。

0.2.1.6　实验室其他安全事故

实验室还可能管理不善或违规操作造成设备损坏、辐射或放射性污染、信息资料被盗、网络被黑客攻击以及物品失窃等事故。

0.2.2　实验室安全事故原因分析

对实验室安全事故的分析不难发现，安全意识淡薄是导致实验室安全事故发生的最主要因素。实验室安全事故发生的原因主要有：人的不安全行为、物的不安全状态以及管理上的缺陷。通常个人不安全行为和失误导致的事故占据较大比重。

0.2.2.1　人的不安全行为

人的不安全行为是指能造成事故发生的人所产生的错误行为。主要包括实验室中从事教学科研的师生和实验室人员安全意识淡薄，缺乏安全知识或技能，图省事、走捷径，不遵守操作规程，抱有侥幸心理，个人防护选用、穿戴不当，带有冒险心态实验，习惯不良、行为动机不正确，生理或心理不健康方面。用习惯性方式作业，放松了对危险因素的重视，从而导致事故的发生。

0.2.2.2　物的不安全状态

物的不安全状态是指因物可能释放能量、所处位置不合理或其自身的缺陷引起事故的状态。主要包括实验室规划设计不合理，设备密集造成实验空间拥挤，危险化学生物试剂存放不合规，设备设施（工具、附件）防护、保险、信号等装置缺乏或有缺陷，个人的防护用品未达到设计要求等。

所有的物的不安全状态都与人的不安全行为或人的操作、管理失误有关。物的不安全状态既反映了物的自身特性，又反映了人的素质和人的决策水平。

0.2.2.3　管理上的缺陷

管理上的问题主要体现在两方面，一方面是安全管理制度不完善，奖惩不明；另一方面则是管理人员人手不足、不专业，或管理人员本身安全责任认识不够，对安全管理工作敷衍了事。近年来，高等学校实验室建设步伐在不断加快，开放力度不断加大，但相应的实验室安全管理制度及安全操作规程却没有及时根据实验室的发展而调整完善，针对新情况的具体管理细则缺失，使实验室安全的某些方面出现了管理盲区。高等学校的迅速扩招，实验室的新建、扩建使实验室工作人员的相对数量出现紧缺，有时只能聘请临时工或学生等非专业人员管理实验室，而他们缺乏相应的安全知识和技能，这为实验室安全留下了隐患。此外，缺乏事故责任追究制度，对安全事故奖惩不明，也使相关人员对安全工作不重视，安全管理工作流于形式。

0.2.3 实验室安全事故预防对策

美国著名安全工程师海因里希经过对大量事故分析后，归纳得出 1∶29∶300 的法则，即 1 件重大的事故背后必有 29 件轻度的事故，300 件未遂的事件，还有若干个潜在的隐患。如安全隐患不及时排除，最终侥幸心理将会引发事故。墨菲法则(Murphy's Law)指出，只要存在发生事故的原因，不管其发生可能性有多小，事故都一定会发生，并且会造成最大可能的损失。实验室中存在的安全隐患，一定要及时排除，千万不能抱有任何侥幸心理。实验室安全管理要始终坚持"安全第一，预防为主，综合治理"的方针，采取切实有效的措施，健全管理制度和操作规章，完善管理队伍建设，提升管理水平；改善硬件设施条件，消除实验室环境中物的不安全因素；而最重要和关键的措施，则是加强实验人员的安全教育工作，消除人的不安全行为。

0.3 高校实验室安全管理

0.3.1 高校须建立实验室安全责任体系

高校实验室安全责任体系包含学校层面和院系层面的组织机构，要覆盖高校实验室管理各个方面，做到"横向到边、纵向到底"，上到书记、校长，下到进入实验室开展实验的每一个师生。学校层面上须有由主要校领导作为负责人，相关职能部门参与的校级实验室安全工作领导机构，设办公室，须有校级职能部门主管实验室技术安全工作，下设实验室安全管理科室(或有专职的实验室安全管理人员)。院系须成立由党政主要领导作为负责人，研究所、中心、教研室、实验室等负责人参加的实验室安全领导小组。研究所、中心、教研室、实验室等机构有安全责任人和管理人；所有实验室都需明确安全责任人；学校与院系须签订实验室安全管理责任书，责任书上须有校领导、院系领导签名并加盖公章。实验室安全管理责任书要层层签订到每一名实验室安全责任人及每一位使用实验室的教师，每一位进入实验室的学生(或外来人员)要签订安全责任书或承诺书；责任书(承诺书)内容要全面、有针对性和可操作性，并随机构人员和内容变动而及时更新。实验室安全责任体系合理建立并有效落实，是实验室安全工作开展的基础。

0.3.2 高校须建立一套完整的实验室管理制度

高校实验室安全管理制度既要体现国家法律法规的强制约束力，又要充分考虑可操作性，还要注重权利与义务的统一，奖励与惩罚的科学性、合理性、创新性。高校实验室安全管理制度包括较宏观、全覆盖的校级层面实验室安全管理制度和较具体、有学科特色的院级层面实验室安全管理制度，校、院两级管理制度体系各有侧重。校级层面规章制度包括有体现"党政同责，一岗双责"等要求的"实验室技术安全管理办法"，有可操作性的"实验室安全奖励与责任追究制度"，有能实现隐患排查整改的闭环管理的"实验室安全检查制度",有师生全覆盖的"安全教育与实验室准入制度",有覆盖学校所有实验安全风险、实用性强的"实验室突发事件应急预案",还有"实验室分类分级管理制度""专业安全管理规定"等制度;院系层面的安全管理制度包括具有学科、专业特色实验室安全管理制度,有危险性实验的风险评估与准入管理制度,有体现学科特色的应急预案,有按实际需要制定安全检查与值班值日制度。各实验室还须有指导性强的设备安全操作规程、危险实验指导书等。制度的完善度可反映学校对实验室安全工作的重视程度。

0.3.3　高校须为实验室安全管理提供经费保障

高校须在每年常规预算中将实验室安全管理经费列入,包括安全设备设施维护(更新)、安全检查、安全隐患整改、安全知识宣传、安全培训、应急演练、应急物资配备(包括实验室医疗急救用品)、实验"三废"处置等,经费预算额度要足以保障全校实验室安全管理工作的有序开展。学校还要根据工作需要,特别增设实验室安全建设与管理的阶段性项目经费(专项经费),如较大的实验室安全隐患整改、通风系统建设或改造、实验室视频监控建设或改造、专用试剂柜、气瓶柜、气路建设与改造等项目,使得重大安全隐患能够得到及时整改落实,还要将实验室安全信息化建设纳入专项经费。院、系、课题组要有自筹经费投入实验室安全建设与管理,新课题设立时要将实验安全保障等费用明确预算列支,新实验项目的计划开展前一定要为它的安全评估留有相应经费。必要的经费支持是学校开展实验室安全工作措施,贯彻落实和正常教育教学秩序维护的保障。

0.3.4　高校要加强实验室安全管理队伍建设

高校须将实验室安全管理队伍纳入实验技术队伍(教师队伍)建设,统一规划,科学定编、合理设岗,明确岗位职责,建立有效的激励机制与约束机制,不断充实、稳定实验室安全管理队伍,努力提高实验室安全管理水平。院系要明确专(兼)职实验室安全管理员,实验室安全管理员是实验室安全管理的基本队伍,理(除数学)、工、农、医等类院系须有专职实验室安全管理人员,文、管、艺术类、数学等院系至少须有兼职实验室安全管理人。高校要成立实验室安全督查(协查)队伍,参与成员可由教师、实验技术人员(含退休返聘人员)或经过专业培训的学生组成,也可利用有相关专业能力的社会力量来从事实验室安全督查工作。高校各级主管实验室安全的负责人、管理人员及技术人员到岗一年内须接受实验室安全培训,包括分管校、院、职能处室的领导,使其及时了解实验室安全管理的重要性,并掌握实验室安全检查的要领。实验室安全队伍合理设立、每位安全管理人员恪尽职守是学校实验室安全工作的坚强保障。

0.3.5　高校应建立实验室安全信息化管理系统

高校应建立实验室安全信息化管理系统,借助物联网、人工智能、云计算以及大数据分析等技术手段,强化对实验室安全管理信息的采集、分析与反馈,以此来为后期实验室安全管理预警工作的开展奠定基础,真正实现高校实验室安全管理的信息化、动态化与系统化。安全信息化管理系统支持在线安全环保宣传、安全知识学习考核,广大师生可通过该平台能方便地获得各种相关的资源,也能自主地进行安全与环保知识的学习和测试;学校能通过信息化平台对学生和相关人员进行考评,并以此作为实验室准入条件。实验室安全信息化管理系统包括院系单位、实验室房间、人员、安全风险点与防控、安全检查,整改落实反馈、安全考试与准入等信息与功能。对化学品,特别是危险化学品的采购与贮存实现信息智能化管理。实验室安全信息化管理系统真正建立并有效运行,能使得学校实验室安全管理工作更加规范化、科学化。

0.3.6 高校须建立实验室安全管理工作档案

高校须建立实验室安全管理工作档案,档案有总目录及分盒目录,便于查找。院系要建立完善的实验室安全工作档案,其中院系的安全责任体系、主要的安全管理制度、年度工作报告等,应报学校主管部门备案。完整的实验室安全工作档案,应包括责任体系、队伍建设、安全制度、奖惩、教育培训、安全检查、隐患整改、事故调查与处理、专业安全、其他相关的常规或阶段性工作归档资料等。实验室档案是实验室建设、管理等方面的真实记录,是实验室工作及管理经验的积累。实验室安全管理资料归档是对实验室日常安全检查、整改等管理工作的记录,是进行实验室规范管理、决策的依据,对不断完善和加强实验室的科学管理有着重要的参考作用。

高等学校实验室安全管理工作,不仅包括上述涉及的建立实验室安全责任体系、实验室安全管理制度、实验室安全信息化管理系统、实验室安全管理工作档案等方面,还需要将实验室安全管理经费列入年度预算。重视实验室安全管理队伍建设,注重开展实验室安全教育、凝练具有自身特色的实验室安全文化、提升师生安全意识和素质等,这些内容将会在本书正文及附录中一一介绍。本书内容只是当前阶段的总结,在国家、地方、行业等发布新的制度和技术规范后,我们会适时修订,与时俱进。同时,我们会在研究与实践实验室安全体系过程中,积极开展技术标准研究,通过出台实验室排气排水标准等一系列措施,不断完善实验室管理制度,促进实验室安全水平提升。

本章小结

实验室是从事人才培养和科学研究的重要基地,其建设管理质量与高校的教学能力、科研水平与综合实力密切相关。实验室管理水平是保证高校各项工作顺利开展的关键所在。本章介绍了实验室安全管理的目的意义,通过对实验室安全事故类型的说明,使高校实验室安全管理人员与师生加强对实验室安全的重视,防微杜渐,避免实验室安全事故的发生。

课后习题

一、判断题

1. 违规操作、过载、短路及设备过热是火灾发生的主要诱因。( )
2. 实验室安全管理的最终目的是保证实验室的清洁卫生。( )
3. 设备设施老化或突发故障,造成漏电触电和电弧火花伤人属于机电安全事故。( )
4. 细菌或病毒感染主要是由于实验人员的疏忽、仪器老化故障以及对实验废弃物处理不当。( )
5. 在实验室里用餐属于人的不安全行为。( )

二、单选题

1. 违规操作,造成挤压、甩脱和碰撞伤人属于( )事故。
   A. 火灾　　　　　B. 爆炸　　　　　C. 毒害污染　　　　　D. 机电伤人
2. 用普通冰箱贮存闪点低的有机试剂引发冰箱爆炸属于( )事故。

A. 火灾　　　　　B. 爆炸　　　　　C. 毒害污染　　　　D. 机电伤人
3. 设备设施老化、存在故障或缺陷，造成有毒物质泄漏，酿成中毒属于(　　)事故。
A. 火灾　　　　　B. 爆炸　　　　　C. 毒害污染　　　　D. 机电伤人
4. 实验"三废"处置不规范，造成环境污染属于(　　)。
A. 火灾　　　　　B. 爆炸　　　　　C. 毒害污染　　　　D. 机电伤人
5. 实验室安全管理要始终坚持(　　)的方针。
A. 实验室财产无损失　　　　　　B. 安全第一，预防为主，综合治理
C. 清洁卫生，运行平稳　　　　　D. 加大投入，保证产出

三、简答题

1. 实验室安全内涵是什么？
2. 实验室安全管理的最终目的是什么？
3. 简要论述实验室安全管理的意义。
4. 高校实验室常见的安全事故类型主要有哪些？
5. 高校应该如何开展实验室安全管理工作？

第 1 章　安全标志及危险源辨识

> **典型案例**
>
> "红灯停,绿灯行,见了黄灯等一等",即使不识字的小朋友,通过学习,在过马路的时候也能迅速分辨出交通信号灯传达的各种意义。生活中,安全色与安全标志被广泛应用,如气象预警信息,按照灾害严重性和紧急程度,分为蓝、黄、橙、红 4 个等级,分别代表一般、较重、严重和特别严重。通过正确使用安全色与标志,可使人们对威胁安全和健康的物体和环境第一时间做出反应,及时得到提醒,以防止事故、危害发生。

●●● **学习目标**

1. 熟悉实验室常见安全标志,如化学品标签、消防标志等;
2. 会看、会用常见安全标志并具备一定危险源辨识能力。

●●● **重点内容**

1. 安全标志的种类及其表达的含义;
2. 场所及物品上安全标志的设置及管理。

●●● **学习建议**

1. 结合实验室常见安全标志辨识,规范实验室日常操作;
2. 合理使用实验室安全标志,正确辨识实验室中的危险源。

1.1　安全色

在工作场所和特定区域设置安全色和安全标志,能使人们迅速注意到影响安全和健康的对象和场所,并使特定信息迅速得到理解。主要用于预防事故、防止火灾、传递危险情况信息和紧急疏散等。

1.1.1　安全色颜色含义、表征及使用原则

1.1.1.1　安全色(Safety Colour)

安全色是被赋予安全意义,具有特殊属性的颜色,包括红、蓝、黄、绿 4 种。

红色:传递禁止、停止、危险或提示消防设备、设施的信息。应用于各种禁止标志、交通禁令标志、消防设备标志;机械的停止按钮、刹车及停车装置的操纵手柄;机械设备转动部位的裸露部位;仪表刻度盘上极限位置的刻度;各种危险信号旗等。

蓝色：传递必须遵守规定的指令行信息。应用于各种指令标志；道路交通标志和标线中指示标志等。

黄色：传递注意、警告的信息。应用于各种警告标志；道路交通标志和标线中警告标志；警告信号旗等。

绿色：传递安全的提示性信息。应用于各种提示标志；机器启动按钮；安全信号旗；急救站、疏散通道、避险处、应急避难场所等。

1.1.1.2 对比色（Contrast Colour）

使安全色更加醒目的反衬色，包括黑、白两种颜色。

(1) 安全色的对比色

安全色与对比色同时使用时，应按表1-1规定搭配使用。

表1-1 安全色的对比色

安全色	对比色	安全色	对比色
红色	白色	黄色	黑色
蓝色	白色	绿色	白色

(2) 对比色使用

黑色用于安全标志的文字、图形符号和警告标志的几何边框。

白色既可用于安全标志中红、蓝、绿的背景色，也可用于安全标志的文字和图形符号。

1.1.1.3 相间条纹

(1) 红色与白色相间条纹

表示禁止或提示消防设备、设施位置的安全标记。应用于固定禁止、警告、指令、提示几类标志的色带（图1-1）。

两侧通行

右侧通行

左侧通行

图1-1 红白相间条纹诱导标志

(2) 黄色与黑色相间条纹

表示危险位置的安全标记，多用于交通运输等方面所使用的防护栏杆及隔离墩（图1-2、图1-3）。

图1-2 相对运动棱边上条纹示意

图1-3 以设备中心为轴线对称的条纹示意

设备所涂条纹的倾斜方向应以中心线为轴线对称,两个相对运动(剪切或挤压)棱边上条纹的倾斜方向应相反。

(3)蓝色与白色相间条纹

表示指令的安全标记,传递必须遵守规定的信息(图1-4)。

(4)绿色与白色相间条纹

表示安全环境的安全标记(图1-5)。

图1-4 用于指示道路导向的标志

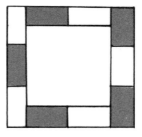

图1-5 用于提示安全或准备区域

(5)使用导则

相间条纹宽度:安全色与对比色相间的条纹宽度应相等,即各占50%,斜度与基准面呈45°。宽度一般为100mm,可根据实际情况,采用不同宽度,在较小面积上其宽度可适当地缩小,每种颜色不能少于两条。

1.1.2 使用要求

使用安全色时要考虑周围的亮度及同其他颜色的关系,要使安全色能正确辨认。在明亮的环境中,照明光源应接近自然光;在黑暗的环境中为避免眩光或干扰应减少亮度。

凡涂有安全色的部位,应每半年检查一次,保持整洁、明亮,如有变色、褪色等不符合安全色范围,逆反射系数低于70%或安全色的使用环境改变时,应及时重涂或更换,以保证安全色正确、醒目,能达到安全警示的目的。

1.2 安全标志

安全标志根据国家标准规定,由安全色、几何图形、符号构成。由国家安全监察局统一监制,禁止伪造、转让、买卖或非法使用。安全标志是指使用招牌、颜色、照明标识、声信号等方式来表明存在信息或指示安全健康。

1.2.1 安全标志类型

1.2.1.1 禁止、警告、指令、提示标志

禁止标志的基本形式是带斜杠的圆边框,如图1-6所示。

警告标志的基本形式是正三角形边框,如图1-7所示。

指令标志的基本形式是圆形边框,如图1-8所示。

提示标志的基本形式是正方形边框,如图1-9所示。

图1-6　禁止标志——禁止吸烟

图1-7　警告标志——当心感染

图1-8　指令标志——必须戴防毒面具

图1-9　提示标志——紧急出口

安全标志可用于提示整体环境信息，也可只涉及某地点，甚至某个设备或部件。

1.2.1.2　文字及方向辅助标志

（1）文字辅助

文字辅助标志的基本形式是矩形边框，文字均为黑体字，有横向和纵向两种形式。横向书写时，文字辅助标志写在标志的下方，既可以和标志连在一起，也可以分开。禁止、指令标志为白色字，衬底为标志的颜色；警告标志为黑色字，衬底为白色（图1-10）。

图1-10　带有横向文字的标志

纵向书写时，文字辅助标志写在标志杆的上部。禁止、警告、指令、提示标志均为白色衬底，黑色字。标志杆下部色带的颜色应和标志的颜色相一致（图1-11）。

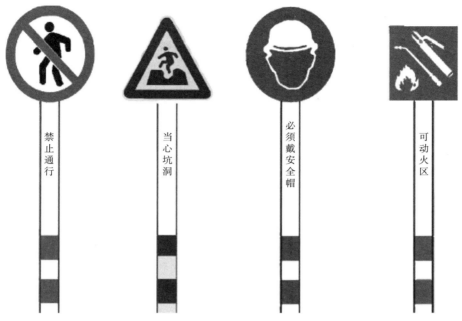

图 1-11 带有纵向文字的标志

(2) 方向辅助

提示标志提示目标的位置时要加方向辅助标志。按实际需要指示左向时,辅助标志应放标志的左方;如指示右向时,则应放在图形标志的右方(图 1-12)。

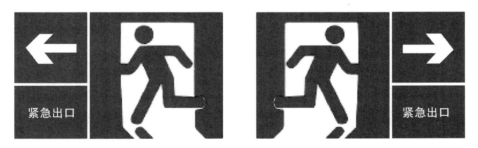

图 1-12 方向辅助标志

1.2.2 安全标志牌的要求

(1) 标志牌的衬边

要有衬边,除警告标志边框用黄色勾边外,其余全部用白色将边框勾一窄边,衬边宽度为标志边长或直径的 0.025 倍。

(2) 标志牌材质及质量

应采用坚固耐用的材料制作,一般不宜使用遇水变形、变质或易燃的材料。有触电危险的场所应使用绝缘材料。标志牌应图形清楚,无毛刺、孔洞和影响使用的任何瑕疵。

(3) 标志牌设置

局部信息标志牌尺寸可设 1~3 型,工地、工厂等的入口处可设 6 或 7 型,车间入口处、厂区内、工地内设 5 或 6 型,车间内设 4 或 5 型(表 1-2)。

表 1-2 安全标志牌的尺寸

m

型号	观察距离 L	圆形标志的外径	三角形标志外边长	正方形标志边长
1	0<L≤2.5	0.070	0.0880	0.063
2	2.5<L≤4.0	0.110	0.1420	0.100
3	4.0<L≤6.3	0.175	0.220	0.160
4	6.3<L≤10.0	0.280	0.350	0.250
5	10.0<L≤16.0	0.450	0.560	0.400
6	16.0<L≤25.0	0.700	0.880	0.630
7	25.0<L≤40.0	1.110	1.400	1.000

所设标志牌其观察距离不能覆盖作业场所面积时,应多设几个标志牌。

标志牌设置的高度,应尽量与人眼的视线高度相一致,悬挂式和柱式的环境信息标志牌的下缘距地面的高度不宜小于 2m;局部信息标志的设置高度应视具体情况确定。

1.2.3 安全标志牌的使用要求

应设在与安全有关的醒目位置,并让大家看见后,有足够的时间来注意它所表示的内容。用于提示环境信息的标志牌宜设在有关场所的入口处和醒目处。

标志牌不应设在门、窗、架等可移动的物体上,避免标志牌随物体移动,影响认读,标志牌前不得放置妨碍认读的障碍物。

标志牌的平面与视线夹角应接近 90°,观察者位于最大观察距离时,最小夹角不低于 75°。多个标志牌在一起设置时,应按警告、禁止、指令、提示类型的顺序,先左后右、先上后下地排列。

标志牌的固定方式分附着式、悬挂式、柱式 3 种。悬挂式和附着式的固定应稳固不倾斜,柱式的标志牌和支架应牢固地连接在一起。

安全标志牌应至少每半年检查一次,如发现破损、变形、褪色等不符合要求的情况时应及时修整或更换。修整时可放置临时标志,以避免发生意外的伤害。

1.2.4 常见标志(表 1-3~表 1-6)

表 1-3 禁止标志

禁止入内	禁止通行	禁止吸烟	禁止堆放

（续）

禁止触摸	禁止戴手套触摸	禁止携带金属物或手表	禁止戴手套

表 1-4 警告标志

当心生物危害	当心火灾	当心腐蚀	当心高温表面
当心锐器	当心飞溅	当心动物伤害	当心危险废物

表 1-5 指令标志

必须穿防护服	必须戴口罩	必须戴防护手套	必须戴防护镜

(续)

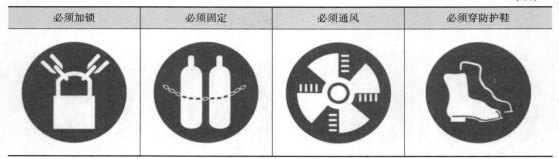

表 1-6　提示标志

1.3　化学品的安全标签

1.3.1　危险货物标志

1.3.1.1　含义

危险货物是指容易引起燃烧、爆炸、腐蚀、中毒或有放射性的物品，在运输、贮存过程中容易造成人身伤亡和财产损失，必须采用特殊防护设施与措施的货物。某些易燃货物，如棉、麻、煤粉等，在含量、浓度、件重等均小于规定的限额时，可作普通货物处理。

危险货物有品名表，随着新产品不断出现，品名表也需要不断补充和完善，没有列入品名表的某些危险货物并不表明不受到特别限制即可运输、贮存、经销及开展相关活动。

1.3.1.2 分类及标志

按危险货物的危险性，分为九大类及若干小项(表1-7)。

表1-7 危险货物分类

类别	象形图	说明
第1类 爆炸品	(爆炸品 1)	1.1项：有整体爆炸危险的物质和物品 1.2项：有迸射危险，但无整体爆炸危险的物质和物品 1.3项：有燃烧危险并有局部爆炸危险或局部迸射危险或两种危险都有，但无整体爆炸危险的物质和物品
	(1.4 爆炸品 1)	1.4项：不呈现重大危险的物质和物品
	(1.5 爆炸品 1)	1.5项：有整体爆炸危险的非常不敏感物质
	(1.6 爆炸品 1)	1.6项：无整体爆炸危险的极端不敏感物品
第2类 气体	(易燃气体 2) (易燃气体 2)	2.1项：易燃气体(符号火焰，黑色或白色)
	(不燃气体 2) (2)	2.2项：非易燃无毒气体

（续）

类别	象形图	说明
第 2 类 气体		2.3 项：毒性气体
第 3 类 易燃液体		下不设分项（符号火焰，黑色或白色）
第 4 类 易燃固体		4.1 项：易燃固体、自反应物质和固态退敏爆炸品
		4.2 项：易于自燃的物质
		4.3 项：遇水放出易燃气体的物质（符号火焰，黑色或白色）
第 5 类 氧化性 物质和 有机过 氧化物		5.1 项：氧化性物质

（续）

类别	象形图	说明
第5类 氧化性物质和有机过氧化物		5.2项：有机过氧化物（符号火焰，黑色或白色）
第6类 毒性物质和感染性物质		6.1项：毒性物质
		6.2项：感染性物质
第7类 放射性物质		下不设分项
第8类 腐蚀性物质		下不设分项

(续)

类别	象形图	说明
第9类 杂项		杂项危险货物，下不设分项

1.3.2 全球化学品统一分类和标签制度(GHS)

1.3.2.1 背景及目的

化学品对人们的生活产生了重大影响，从日用品到娱乐产品，从农业到高科技，到处都能看到它们的身影。但同时，化学品对人类和人类生存的环境、生态存在潜在有害影响，如腐蚀性、致癌、致畸等。制定一个各个国家都认可和执行的标准，能有效控制化学品的危害，也能有效保护人类、环境和生态系统。1952年，国际劳动组织就开始了对化学品的分类和标记工作，2005年正式推出了第一版《全球化学品统一分类和标签制度》(GHS)，确立了全球化学品统一分类标准，安全标签及安全技术说明书。

1.3.2.2 危险性标志

GHS将危化品的危险性分为16个物理、10个健康和3个环境危险种类，9个象形符号(表1-8)。

表1-8 《全球化学品统一分类和标签制度》中的象形图

编号	描述	象形符号	危险种类和危险类别
GHS01	引爆的炸弹		不稳定的炸药 炸药类别1.1、1.2、1.3、1.4 自反应物质和混合物，类别A、B 有机过氧化物，类别A、B
GHS02	火焰		易燃气体，类别1 易燃气溶胶，第1，2类 易燃液体，类别1，2，3 易燃固体，类别1，2 自反应物质和混合物，类别B、C、D、E、F 自燃液体，类别1 自燃固体，类别1 自我放热物质和混合物，类别1，2 与水接触的物质和混合物，放出易燃气体类别1，2，3 有机过氧化物，类别B、C、D、E、F

（续）

编号	描述	象形符号	危险种类和危险类别
GHS03	火焰包围圆环		氧化性气体，1类 氧化性液体，类别1，2，3
GHS04	气体钢筒		压力下的气体 压缩气体 液化气 冷冻液化气体 溶解气体
GHS05	腐蚀		腐蚀金属，类别1 腐蚀皮肤，类别1A，1B，1C 严重眼损伤，类别1
GHS06	骷髅旗		急性毒性（口服，皮肤接触，吸入），类别1，2，3
GHS07	感叹号		急性毒性（口服，皮肤接触，吸入），类别4 皮肤刺激，类别2 眼刺激，类别2 皮肤过敏，类别1 特定目标器官毒性——一次接触，类别3

(续)

编号	描述	象形符号	危险种类和危险类别
GHS08	健康危害		呼吸道过敏，类别 1 生殖细胞突变，类别 1A，1B，2 致癌性，类别 1A，1B，2 生殖毒性，类别 1A，1B，2 特定目标器官毒性——一次接触，类别 1，2 特定目标器官毒性——反复接触，第 1，2 类 吸入危险，类别 1
GHS09	环境		对水环境的危险 急性危害，类别 1 慢性危害，类别 1，2

1.3.3 化学品标签

1.3.3.1 要素及内容

用于标示化学品所具有的危险性和安全注意事项，由文字、象形图等组合，一般粘贴或喷印在化学品的外包装或容器上。

标签文字要素包含化学品标志、信号词、危险性说明、防范说明、应急咨询电话等。

①化学品标志　用中文和英文分别标明化学品的化学名称或通用名称，名称要求醒目清晰，位于标签的上方。对混合物应标出对其危险性分类有贡献的主要组分的化学名称或通用名、浓度或浓度范围，当需要标出的组分较多时，个数不宜超过 5 个。

②信号词　用以向使用者警告潜在危害程度，有"危险""警告"。信号词位于化学品名称的下方。危险性较低的情况，也可不写信号词。当存在多种危险性时，如果选用了"危险"，则不应再出现"警告"。

③危险性说明　位于信号词下方，概述化学品的危险特性。根据 GB 30000 选择不同类别的危险化学品为危险性说明。危险化学品的所有危险性说明都应当出现在安全标签上，按物理危害、健康危害、环境危害顺序排列。

④防范说明　表述化学品在处置、搬运、贮存和使用作业中所必须注意的事项和发生意外时简单有效的救护措施等，要求内容简明扼要、重点突出。应包括安全预防措施、意外情况(如泄漏、人员接触或火灾等)的处理、安全贮存方式及废弃处置等内容。

⑤应急咨询电话　化学品生产商或生产商委托的 24 小时化学事故应急咨询电话。国外进口化学品安全标签上应至少有一家中国境内的 24 小时化学事故应急咨询电话。

对于小于或等于 100mL 的化学品小包装，为方便标签使用，要素可以简化，包括化学品标志、象形图、信号词、危险性说明、应急咨询电话、供应商名称及联系电话、资料参阅提示语即可。

1.3.3.2　标签要求

标签正文应使用简捷、明了、易于理解、规范的汉字表述，也可以同时使用少数民族文字或外文，但含义必须与汉字相对应，字形应小于汉字。标签内象形图的颜色，一般使用黑色符号加白色背景，正文应使用与底色反差明显的颜色。标签尺寸根据容器或包装容积有相应的大小，3L以下使用50mm×75mm、50L以下使用75mm×100mm。标签的边缘要加一个边框，边框外应留不小于3mm的空白(图1-13)。

标签应粘贴、挂栓或喷印在化学品包装或容器的明显位置。桶、瓶形包装应位于桶、瓶侧身；箱状包装应位于包装端面或侧面明显处；袋、捆包装应位于包装明显处。标签所使用的印刷材料和胶粘材料应具有耐用性和防水性。标签的使用应牢固，保证在运输、贮存期间不脱落，不损坏。

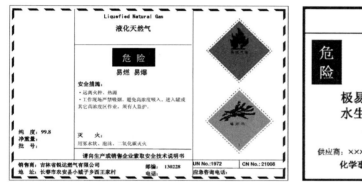 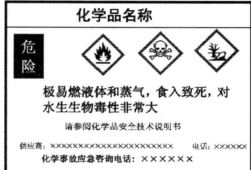

图 1-13　化学品标签示例

1.4　消防安全标志

1.4.1　标志

消防安全标志由几何形状、安全色、标志特定消防安全信息的图形符号构成。标志的几何形状、安全色及对比色、图形符号色的含义见表1-9。

表 1-9　标志的几何形状、安全色及对比色、图形符号色的含义

几何形状	安全色	安全色的对比色	图形符号色	含义
正方形	红色	白色	白色	标示消防设施（如火灾报警装置和灭火设备）
正方形	绿色	白色	白色	提示安全状况（如紧急疏散逃生）
带斜杠的圆形	红色	白色	黑色	标示禁止
等边三角形	黄色	黑色	黑色	标示警告

1.4.2 标志分类

根据功能分为 6 类：火灾报警装置标志、紧急疏散逃生标志、灭火设备标志、禁止和警告标志、方向辅助标志、文字辅助标志(表1-10)。

表1-10　6类消防标志

类别	标志	名称	说明
火灾报警装置		消防按钮	标示火灾报警按钮和消防设备启动按钮的位置
		发生报警器	标示发生警报器的位置
		火警电话	标示火警电话的位置和号码
紧急疏散逃生标志		安全出口	提示通往安全场所的疏散出口
		滑动开门	提示滑动门的位置及方向
		推开	提示门的推开方向

(续)

类别	标志	名称	说明
紧急疏散逃生标志		拉开	提示门的拉开方向
		击碎板面	提示需击碎板面才能取到钥匙、工具，操作应急设备或开启紧急逃生出口
灭火设备标志		灭火设备	标示灭火设备集中摆放的位置
		手提式灭火器	标示手提式灭火器的位置
		推车式灭火器	标示推车式灭火器的位置
		消防软管卷盘	标示消防软管卷盘、消火栓箱、消防水带的位置

（续）

类别	标志	名称	说明
灭火设备标志		地下消火栓	标示地下消火栓的位置
		地上消火栓	标示地上消火栓的位置
禁止和警告标志		禁止烟火	标示禁止吸烟或各种形式的明火
		禁止用水灭火	标示禁止用水作灭火剂或用水灭火
		禁止阻塞	标志禁止阻塞的指定区域（如疏散通道）
		禁止锁闭	表示禁止锁闭的指定部位（如疏散通道和安全出口的门）

（续）

类别	标志	名称	说明
禁止和警告标志		当心易燃物	警示来自易燃物质危险
		当心爆炸物	警示来自爆炸物的危险，在爆炸物附近或处置爆炸物时应当心
方向辅助标志		疏散方向（绿底）	指示安全出口的方向。可组合使用
		火灾报警装置或灭火设备的方位（红底）	指示火灾报警装置或灭火设备的方位
紧急疏散逃生标志和方向辅助标志组合示例			指示安全出口的方向
火灾报警装置标志与方向辅助标志组合示例			指示"消防按钮"在左方

(续)

类别	标志	名称	说明
标志、方向与文字辅助标志组合示例		安全出口 EXIT	指示安全出口的方向
		地上消火栓	指示"地上消火栓"在右方

1.5 危险源辨识

1.5.1 危险源

危险源是指可能导致人身伤害和危害健康操作的根源、状态与行为，或其组合。根据现代系统安全理论没有任何一种事物是绝对安全的，任何事物中都潜伏着危险因素。通常所说的安全或危险只不过是一种主观的判断。不可能根除一切危险源和危险，只可以减少来自现有危险源的危险性，把危险降低到可接受的程度，即可接受危险。安全工作的目标就是控制危险源，努力把事故发生概率降到最低，万一发生事故，则把伤害和损失控制在较轻的程度上。

1.5.2 基础辨识法

1.5.2.1 直观经验分析方法

适用于有可供参考先例、有以往经验可以借鉴的系统，不能应用在没有可供参考先例的新开发系统。

（1）对照、经验法

对照有关标准、法规、检查表或依靠分析人员的观察分析能力，借助于经验和判断能力对评价对象的危险、有害因素进行分析的方法。

（2）类比方法

利用相同或相似工程系统或作业条件的经验和劳动安全卫生的统计资料来类推、分析评价对象的危险、有害因素。

1.5.2.2 系统安全分析方法

应用系统安全工程评价方法中的某些方法进行危险、有害因素的辨识。系统安全分析方法常用于复杂、没有事故经验的新开发系统。常用的系统安全分析方法有事件树、事故树等。

1.5.3 根据《生产过程危险和有害因素分类与代码》(GB/T 13861—2022)进行辨识

1.5.3.1 人的因素

(1)心理、生理性危险和有害因素

负荷超限；健康状况异常；从事禁忌作业；心理异常；辨识功能缺陷；其他心理、生理性危险和有害因素。

(2)行为性危险和有害因素

指挥错误；操作错误；监护失误；其他行为性危险和有害因素。

1.5.3.2 物的因素

(1)物理性危险和有害因素

设备、设施、工具、附件缺陷；防护缺陷；电危害；噪声；振动危害；电离辐射；非电离辐射；运动物伤害；明火；高温物质；低温物质；信号缺陷；标志标识缺陷；有害光照；信息系统缺陷；其他物理性危险和有害因素。

(2)化学性危险和有害因素

理化危险；健康危险；其他化学性危险和有害因素。

(3)生物性危险和有害因素

致病微生物；传染病媒介物；致害动物；致害植物；其他生物性危险和有害因素。

1.5.3.3 环境因素

(1)室内作业场所环境不良

室内地面滑；室内作业场所狭窄；室内作业场所杂乱；室内地面不平；室内梯架缺陷；地面、墙和天花板上的开口缺陷；房屋基础下沉；室内安全通道缺陷；房屋安全出口缺陷；采光照明不良；作业场所空气不良；室内温度、湿度、气压不适；室内给、排水不良；室内涌水；其他室内作业场所环境不良。

(2)室外作业场地环境不良

恶劣气候与环境；作业场地和交通设施湿滑；作业场地狭窄；作业场地杂乱；作业场地不平；交通环境不良；脚手架、阶梯和活动梯架缺陷；地面及地面开口缺陷；建(构)筑物和其他结构缺陷；门和周界设施缺陷；作业场地地基下沉；作业场地安全通道缺陷；作业场地安全出口缺陷；作业场地光照不良；作业场地空气不良；作业场地温度、湿度、气压不适；作业场地涌水；排水系统故障；其他室外作业场地环境不良。

(3)地下(含水下)作业环境不良

隧道/矿井顶板或巷帮缺陷；隧道/矿井作业面缺陷；隧道/矿井地板缺陷；地下作业面空气不良；地下火；冲击地压(岩爆)；地下水；水下作业供养不当；其他地下作业环境不良。

(4)其他作业环境不良

强迫体位；综合性作业环境不良；以上未包括的其他作业环境不良。

1.5.3.4 管理因素

职业安全卫生管理机构设置和人员配备不健全；职业安全卫生责任制不完善或未落实；职业安全卫生管理制度不完善或未落实；职业安全卫生投入不足；应急管理缺陷；其他管理因素缺陷。

1.5.4 根据《企业职工伤亡事故分类》(GB/T 6441—1986)参照事故类别进行辨识

1.5.4.1 常见事故类别

物体打击；车辆伤害；机械伤害；起重伤害；触电；淹溺；灼烫；火灾；高处坠落；坍塌；冒顶片帮；透水；放炮；火药爆炸；瓦斯爆炸；锅炉爆炸；容器爆炸；其他爆炸；中毒和窒息；其他伤害等。

①物体打击　不包括因机械设备、车辆、起重机械、坍塌等引发的物体打击。
②机械伤害　不包括车辆、起重机械引起的机械伤害。
③车辆伤害　不包括起重设备提升、牵引车辆和车辆停驶时发生的事故。
④触电　包括雷击伤亡事故。
⑤淹溺　包括高处坠落淹溺，不包括矿山、井下透水淹溺。
⑥灼烫　不包括电灼伤和火灾引起的烧伤。
⑦高处坠落　不包括触电坠落事故。
⑧冒顶片帮、透水　属于井下专有事故。
⑨放炮　爆破作业中发生的伤亡事故。
⑩火药爆炸　火药、炸药及其制品在生产、运输、贮存中发生的爆炸事故。
⑪其他伤害　包括跌伤、扭伤、野兽撕咬、冻伤等。

1.5.4.2 受伤部位

受伤部位指身体受伤的部位，分为：颅脑（脑、颅骨、头皮）；面颌部；眼部；鼻；耳；口；颈部；胸部；腹部；腰部；脊柱；上肢（肩胛部、上臂、肘部、前臂）；腕及手（腕、掌、指）；下肢（髋部、股骨、膝部、小腿）；踝及脚［踝部、跟部、跖部（距骨、舟骨、跖骨）、趾］等。

1.5.4.3 起因物

导致事故发生的物体、物质，称为起因物，分为：锅炉；压力容器；电气设备；起重机械；泵、发动机；企业车辆；船舶；动力传送机构；放射性物质及设备；非动力手工具；电动手工具；其他机械；建筑物及构筑物；化学品；煤；石油制品；水；可燃性气体；金属矿物；非金属矿物；粉尘；梯；木材；工作面（人站立面）；环境；动物；其他。

1.5.4.4 致害物

致害物为能直接引起伤害及中毒的物体或物质，常见的大类有：水；放射性物质；电气设备；锅炉、压力容器；化学品；机械；金属件；噪声；手工具（非动力）；电动手工具等。化学品里还分为酸、碱、氢、氨、氯气、乙醇、乙炔、砷化物、硫化物、卤化物、含氰物等。

1.5.4.5 伤害方式

根据致害物与人体发生接触，伤害方式有碰撞、撞击、坠落、跌倒、灼烫、辐射、火灾、爆炸、中毒、触电等。吸入有毒气体、皮肤吸收有毒物质和经口都属于中毒。

1.5.4.6 不安全状态、不安全行为

不安全状态、不安全行为能导致事故发生的物质条件，能造成事故的人为错误。无防护罩、无报警装置、无安全标志、绝缘不良、防护不当等属于防护、保险、信号等装置缺乏或有缺陷；设计不当、安全间距不够、工件上有毛刺、有锋利倒棱等属于设备、设施缺陷，通风不良、无通风、照度不足、所用防护用品不符合安全要求等都属于个人防护用品用具缺陷，未经许可开动、关停、忘记关闭设备、操作错误、未戴护目镜或面罩、未戴防护手套、不安全装束、易燃易爆场合明火等都属于不安全行为。

1.5.5 实验室危险源辨识

实验室是实验教学、科研的主要场所，各实验室使用的仪器、药品、环境设施各不相同，实验室进出的人员繁杂、流动性大、层次差别大，综合以上因素，稍有疏忽就可能导致火灾、毒害、爆炸、机电伤人等事故。

我们通常将危险源定义为可能导致伤害或疾病、财产损失、工作环境破坏或这些情况组合的根源和状态，而危险源辨识就是识别危险源的存在并确定其特性的过程，需要综合考虑"人、机、环、管"4个方面。首先要识别处于某种状态的、能够提供导致事故能量或毒性的物质，这是导致安全事故发生最基本的要素，也是决定事故严重程度的因素，然后要辨识能导致危险源发生意外演变为事故的可能性因素。危险源辨识就是利用科学方法对过程中的危险因素性质、构成要素、触发因素、危险程度和后果进行分析和研究，并做出科学判断。

实验室的危险源主要包括：管制类化学品、易燃易爆化学品、易燃易爆和有毒气体、放射性物品、病原微生物、传染病媒介物、辐射、激光、强磁、强电、高温或超低温、高压、高速运动等设施或物质。

辨识方法：通过实验室门口的安全信息牌、实验室内设备及设施上的安全警示标志进行初步辨识。分析判断实验项目中可能存在的危险、有害因素，涉及高温、低温、高压、腐蚀、毒害、爆炸、刺激气味、振动等危险源。机械设备可从运动零部件和工件、操作条件、误运转和误操作等方面进行辨识。电气设备可从触电、断电、火灾、爆炸、误运转、误操作、静电等方面进行辨识。除此之外，还需要将可能发生的事故模式及后果预测、事故发生的原因及条件、操作过程中的危险，操作失误存在的危险，实验工具存在的缺陷、安全防范措施，防护设施是否符合要求、事故处理应急救援方法和预案等潜在危险源纳入分析和判断。

1.5.6 实验室基础标志

①实验场所应张贴安全信息牌。每个房间门口挂有安全信息牌，信息包括：安全风险点的警示标识、安全责任人涉及危险类别、防护措施和有效的应急联系电话等，并及时更新。

②涉及危险源的实验场所，应有明确的警示标志。涉及危化品、病原微生物、放射性同位素、强磁等高危场所，有显著明确的警示标志。

③实验室水、电、气管线布局合理，安装施工规范。采用管道供气的实验室，输气管道及阀门无漏气现象，并有明确标志；供气管道有名称和气体流向标志，无破损；高温、

明火设备放置位置与气体管道有安全间隔距离。

④废弃的实验室有安全防范措施和明显标志。

⑤实验室应配备合适的灭火设备,并定期开展使用训练。烟感报警器、灭火器、灭火毯、消防沙、消防喷淋等,应正常有效、方便取用;灭火器种类配置正确;灭火器在有效期内(压力指针位置正常等),安全销(拉针)正常,瓶身无破损、腐蚀。

⑥紧急逃生疏散路线通畅。在显著位置张贴有紧急逃生疏散路线图,疏散路线图的逃生路线应有2条(含)以上;路线与现场情况符合;主要逃生路径(室内、楼梯、通道和出口处)有足够的紧急照明灯,功能正常,并设置有效标识指示逃生方向;师生应熟悉紧急疏散路线及火场逃生注意事项。

⑦存在可能受到化学和生物伤害的实验区域,需配置应急喷淋和洗眼装置并有显著标志。

⑧个人防护用品分散存放,存放地点有明显标志。在紧急情况需使用的防化服等个人防护器具应分散存放在安全场所,以便于取用。

⑨化学品标签应显著完整清晰。化学品包装物上应有符合规定的化学品标签;当化学品由原包装物转移或分装到其他包装物内时,转移或分装后的包装物应及时重新粘贴标志。化学品标签脱落模糊、腐蚀后应及时补上,如不能确认,则以废弃化学品处置。

⑩气体管路和钢瓶连接正确、有清晰标志。管路材质选择合适,无破损或老化现象,定期进行气密性检查;存在多条气体管路的房间须张贴详细的管路图;有钢瓶定期检验合格标志(由供应商负责);无过期钢瓶、未使用的钢瓶有钢瓶帽;确认"满、使用中、空瓶"3种状态;使用完毕及时关闭气瓶总阀。

⑪实验室应设立化学废弃物暂存区。要远离火源、热源和不相容物质,避免日晒、雨淋,存放2种及以上不相容的实验室危险废弃物时,应分不同区域暂存;暂存区应有警示标识并有防遗洒、防渗漏设施或措施。

⑫辐射设施和场所应设有警示、连锁和报警装置。放射源贮存库应设"双人双锁",并有安全报警系统和视频监控系统,辐照设施设备和Ⅱ类以上射线装置具有能正常工作的安全连锁装置和报警装置,有明显的安全警示标志、警戒线和剂量报警仪。

⑬特殊设备应配备相应安全防护措施。特别关注高温、高压、高速运动、电磁辐射等特殊设备,对使用者有培训要求,有安全警示标志和安全警示线(黄色),设备安全防护措施完好;自研自制设备,须充分考虑安全系数,并有安全防护措施。

⑭所有激光区域内张贴警告标志。

⑮起重机械需定期保养,设置警示标志,安装防护设施在用起重机械至少每月进行一次日常维护保养和自行检查,并做记录;制定安全操作规程,并在周边醒目位置张贴警示标志,有必要的防护措施;起重设备声光报警正常,室内起重设备要标有运行通道;废弃不用的起重机械应及时拆除。

⑯压力容器的存放区域合理,有安全警示标志。大型实验气体罐的贮存场所应通风、干燥、防止雨(雪)淋、水浸,避免阳光直射,严禁明火和其他热源;大型实验气体(窒息、可燃类)罐必须放置在室外,周围设置隔离装置、安全警示标志;可燃性气罐远离火源热源。

⑰冰箱内存放的物品须标识明确,试剂必须可靠密封。标识至少包括:名称、使用人、

日期等，并经常清理；试剂瓶螺口拧紧，无开口容器；实验室冰箱中不放置非实验用食品。

⑱烘箱、电阻炉等加热设备须制定安全操作规程。加热设备周边醒目位置张贴有高温警示标志，并有必要的防护措施张贴有安全操作规程、警示标志；烘箱等加热设备内不准烘烤易燃易爆试剂及易燃物品；不使用塑料筐等易燃容器盛放实验物品在烘箱等加热设备内烘烤；使用完毕，清理物品、切断电源，确认其冷却至安全温度后方能离开；使用电阻炉等明火设备时有人值守；使用加热设备时，温度较高的实验需有人值守或有实时监控措施。

本章小结

安全标志能向人员警示场所或环境的危险状况，指导人们采取合理行为，提醒人们预防危险，是一种有效、得力的措施，是安全管理工作的基础性工作。做好危险有害因素的辨识，进一步做好风险评价、风险防控，能有效预防事故发生，减少财产损失、人员伤害和危害。

课后习题

一、判断题

1. 实验室安全警示标志缺陷属于危险有害因素。（　　）
2. 事故与损失是偶然关系。（　　）
3. 夏季天气热时可以在实验室内穿露有脚趾的鞋。（　　）
4. 实验室应配备急救箱，不用时应上锁。（　　）
5. 某实验室氮气瓶因未做固定措施，可能会发生化学性危害。（　　）

二、单选题

1. 化学品安全标签中，居"危险"信号词下方的是（　　）。
   A. 化学品标志　　B. 危险性说明　　C. 象形图　　D. 防范说明

2. 图标  表示的危险特性为（　　）。

   A. 易燃气体　　B. 易燃液体　　C. 氧化性液体　　D. 自反应物质

3. 下列关于安全与危险的描述中，错误的是（　　）。
   A. 安全是一个相对的概念
   B. 危险是一种主观的判断
   C. 可以根除一切危险源和危险
   D. 安全工作贯穿于系统整个寿命周期

4. 根据《生产过程危险和有害因素分类》（GB/T 13861—2022）将生产过程中人、物、环境、管理的各种主要危险和有害因素进行了分类。下列危险和有害因素中，属于物的因素的是（　　）。
   A. 防护装置、设施缺陷　　　　B. 门和围栏缺陷
   C. 脚手架、活动梯架缺陷　　　D. 作业场地湿滑

5. 下图，不考虑标志用色的问题，设置有缺陷的是（　　）。
   A. ①　　B. ②　　C. ③　　D. ④

三、简答题

1. 实验室的危险源识别，可以从哪几个方面着手？
2. 实验室信息牌需要包含哪些关键要素？
3. 危险源的基础辨识法有哪些？各有什么优缺点？
4. 根据《企业职工伤亡事故分类》(GB/T 6441—1986)事故类别有哪些？实验室常见事故类别有哪些？
5. 危险源辨识等同于隐患排查吗？

第 2 章　消防安全

> **典型案例**
>
> 　　2019年9月29日13时10分,浙江宁波某日用品有限公司员工孙某某在厂房西侧一层灌装车间用电磁炉加热制作香水的原料——异构烷烃混合物,在将加热后的混合物倒入塑料桶时,因静电放电引起可燃蒸气起火燃烧。孙某某未就近取用灭火器灭火,而是采用嘴吹、纸板扑打、覆盖塑料桶等方法灭火,持续4分钟左右,灭火未成功。火势渐大并烧熔塑料桶,引燃周边易燃可燃物,一层车间迅速进入全面燃烧状态并发生数次爆炸。事故共造成20人死亡,2人受伤,过火总面积约1100m^2,直接经济损失约2380.4万元。

● ● ● 学习目标

1. 工作、生活中自觉遵守场所秩序,预防火灾发生;
2. 掌握消防安全技能和设施设备的使用方法。

● ● ● 重点内容

1. 火灾发生原理与规避;
2. 消防安全技能的掌握和设施设备的使用。

● ● ● 学习建议

1. 理解火灾发生的原理,从而避免火灾发生;
2. 掌握火灾发生时紧急避险技能,达到自救、救人的目的。

　　火灾是威胁人类安全的重要灾害,也是威胁校园安全的重要因素,消防安全问题已成为高校安全防范的重中之重。大学生宿舍、教室等场所人员密集,实验室等场所易燃可燃物集中,如果不注意用火用电安全,极易引起火灾事故,造成人身和财产的重大损失。

2.1　消防安全通识

　　消防安全涉及各行各业、千家万户,与社会稳定、经济发展及人民生命财产安全密切相关。有学者研究2001年至2019年的100起实验室安全事故中,火灾事故51起。因此,提高消防意识、普及消防安全知识可有效预防和减少火灾带来的危害。

2.1.1 消防基础知识

(1) 燃烧的条件

可燃物与氧化剂作用发生的放热反应,通常伴有火焰、发光和发烟的现象,称为燃烧。燃烧的充分条件是:可燃物、氧化剂、温度和未受抑制的链式反应,同时具备这4个条件称为有焰燃烧。

(2) 火灾的定义和分类

我们把在时间和空间上失去控制的燃烧所造成的灾害,称为火灾。根据国家规定的火灾分类(GB/T 4968—2008),火灾现场可根据可燃物的类型和燃烧特性,分为A类、B类、C类、D类、E类、F类(表2-1)。

表2-1 火灾定义和分类

火灾类型	定义	实例
A类	不可熔化的固体物质火灾	木材、毛、麻等引发的火灾
B类	液体火灾和可熔化的固体物质火灾	汽油、煤油、乙醇、沥青、石蜡等引发的火灾
C类	气体火灾	煤气、天然气、甲烷、氢气等引发的火灾
D类	金属火灾	钾、钠、镁、铝镁合金等引发的火灾
E类	带电火灾	物体带电燃烧引发的火灾
F类	烹饪器具内的烹饪物引发的火灾	动植物油脂燃烧引起的火灾

(3) 发生火灾时造成热传播的途径

发生火灾时所造成的热传播有热传导、热对流、热辐射3种途径。热传导是指热量通过直接接触的物体,从温度高的部位传递到温度较低的部位的过程;热对流是指热量通过流动介质,由空间的一处传播到另一处的现象;热辐射是指以电磁波形式传递热量的现象。在这3种传导途径中,热对流是影响初期火灾发展的最主要方式。影响热对流的主要因素为温差、通风孔洞的面积以及通风孔洞所在的高度。当火灾处于发展阶段时,热辐射成为热传播的主要方式,热辐射传播的热量与火焰温度的四次方成正比。

2.1.2 常用灭火器及使用方法

灭火器是一种可携式灭火工具,是火灾初期最有效地终止火灾的消防装置。灭火器通常存放在公众场所或可能发生火灾的地方,内放置化学物品,用以救灭火灾。不同种类的灭火器内装填的成分不一样,是专为不同的火灾起因而设。使用时必须注意选择合适类型灭火器,以免产生反效果及引起危险。

灭火器的种类很多,按其移动方式可分为:手提式和推车式;按驱动灭火剂的动力来源可分为:储气瓶式、储压式、化学反应式;按所充装的灭火剂则又可分为:泡沫、干粉、卤代烷、二氧化碳、清水等。

常见的灭火器主要有3种,分别是干粉灭火器、二氧化碳灭火器和泡沫灭火器。这3种灭火器中的灭火剂成分不同,灭火原理、使用方法、灭火对象等各方面都有较大的差异。

(1) 干粉灭火器

①灭火原理　干粉灭火器的灭火剂主要由灭火组分、疏水成分、惰性填料等组成。灭火组分是干粉灭火剂的核心，常见的灭火剂组分有磷酸铵盐、碳酸氢钠、氯化钠、氯化钾等。灭火组分是燃烧反应的非活性物质，当其进入燃烧区域火焰中时，能捕捉并终止燃烧反应产生的自由基，降低燃烧反应的速率。当火焰中干粉浓度足够高，与火焰接触面积足够大，自由基中止速率大于燃烧反应生成的速率时，链式燃烧反应被终止，火焰就会被熄灭。现在常见的干粉灭火器主要有两种：ABC干粉灭火器（灭火剂的主要成分是磷酸铵盐）和BC干粉灭火器（灭火剂的主要成分是碳酸氢盐）。这两类灭火器由于内含灭火剂的不同，可适用于不同类型的火源。

②适用范围　ABC干粉灭火器可用于扑救A类、B类、C类、E类、F类火灾，而BC干粉灭火器可扑灭B类、C类、E类、F类火灾。干粉灭火器灭火效率高、速度快，一般在数秒至十几秒之内即可将初起小火扑灭。干粉灭火剂对人畜低毒，对环境造成的危害小。但对于自身能够释放或提供氧源的化合物火灾，如钠、镁、镁铝合金等金属火灾，以及一般固体的深层火或潜伏火及大面积火灾现场，干粉灭火器的灭火效果并不理想。

③使用方法　普通干粉灭火器体积小，使用方便，具体使用方法如下：右手拖着压把，左手拖着灭火器底部，取下灭火器，带入火灾现场；除掉铅封，拔掉保险销；左手握着喷管，右手提着压把，站在上风口方向距离火焰2m的地方，右手用力压下压把；左手拿着喷管左右摆动，喷射火的底部的燃烧物，使干粉覆盖整个燃烧区。推车式干粉灭火器与普通干粉灭火器相比，灭火剂量大，具有移动方便、操作简单、灭火效果好的特点。具体使用方法如下：将干粉车拉或推到现场，右手抓着喷粉枪，左手顺势展开喷粉胶管，直至平直；在灭火前除掉铅封，拔出保险销；用手掌使劲按下供气阀门，左手持喷粉枪管托，右手把持枪把，用手指扣动喷粉开关开始灭火；对准火焰喷射，不断靠前左右摆动喷粉枪，喷射火的底部，确保干粉笼罩在燃烧区，直至把火扑灭为止。

(2) 二氧化碳灭火器

①灭火原理　二氧化碳是一种不燃烧、不助燃的惰性气体，密度约为空气的1.5倍。在常压下，1kg的液态二氧化碳可产生约$0.5m^3$的气体。二氧化碳的灭火原理主要是窒息灭火。灭火时将二氧化碳释放到起火空间，增加了燃烧区上方二氧化碳的浓度，致使氧气含量降低，当空气中二氧化碳的浓度达到30%~35%，或氧气含量低于12%时，大多数燃烧就会停止。二氧化碳灭火时还有一定的冷却作用，其原理是二氧化碳从贮存容器中喷出时，液体迅速气化成气体，从周围吸收部分热量，由此起到冷却的作用。

②适用范围　二氧化碳灭火器可扑灭B类、C类、E类、F类火灾。二氧化碳灭火器灭火速度快、无腐蚀性、灭火不留痕迹，特别适用于扑救重要文件、贵重仪器、带电设备（600V以下）的火灾。但二氧化碳灭火器不能扑救内部引燃的物质、自燃分解的物质火灾及D类火灾（D类火灾是金属火灾，需用专用干粉灭火器），因为有些活泼金属可以夺取二氧化碳中的氧从而使燃烧继续进行。

③使用方法　二氧化碳灭火器的使用方法与干粉灭火器类似，具体如下：用右手握着压把，提着灭火器到现场；在灭火前除掉铅封，拔掉保险销；站在距火源2m的地方，左手拿着喇叭筒，右手用力压下压把；对着火源根部喷射，并不断推前，直至把火焰扑灭。

(3) 泡沫灭火剂

凡是能与水混溶，并可通过化学反应或机械方法产生泡沫的灭火剂均称为泡沫灭火剂。泡沫灭火剂一般由发泡剂、泡沫稳定剂、降黏剂、抗冻剂、助溶剂、防腐剂及水组成。按泡沫产生的机理可将其分为化学泡沫灭火剂和空气泡沫灭火剂。化学泡沫灭火剂是通过两种药剂的水溶液发生化学反应产生灭火泡沫；空气泡沫灭火剂是通过泡沫灭火剂的水溶液与空气在泡沫产生器中进行机械混合搅拌而生成的，泡沫中所含的气体一般为空气。空气泡沫灭火器又可分为蛋白泡沫灭火器、氟蛋白泡沫灭火器、水成膜泡沫灭火器和抗溶性泡沫灭火剂等。

① 灭火原理　泡沫灭火剂喷出后在燃烧物表面形成泡沫覆盖层，使燃烧物表面与空气隔离，达到窒息灭火的目的。泡沫封闭了燃烧物表面后，可以遮断火焰对燃烧物的热射，阻止燃烧物的蒸发或热解挥发，使可燃气体难以进入燃烧区。另外，泡沫析出的液体对燃烧表面有冷却作用，泡沫受热蒸发产生的水蒸气还有稀释燃烧区氧气浓度的作用。

② 适用范围　蛋白泡沫灭火器、氟蛋白泡沫灭火器、水成膜泡沫灭火器适用于扑救 A 类火灾和 B 类中的非水溶性可燃液体的火灾，不适用于扑救 D 类、E 类火灾以及遇水发生燃烧爆炸的物质的火灾。抗溶性泡沫灭火器主要应用于扑救 B 类中乙醇、甲醇、丙酮等一般水溶性可燃液体的火灾，不宜用于扑救低沸点的醛以及有机酸、胺类等液体的火灾。

③ 使用方法　泡沫灭火器使用方法与干粉灭火器和二氧化碳灭火器有所不同，使用时需要将灭火器颠倒过来，使灭火器内的灭火剂发生化学反应。具体步骤如下：右手拖着压把，左手拖着灭火器底部，轻轻取下灭火器，右手提着灭火器到现场；右手捂住喷嘴，左手执筒底边缘，把灭火器上下颠倒过来呈垂直状态，用劲上下晃动几下，然后放开喷嘴；右手抓筒耳，左手抓筒底边缘，把喷嘴朝向燃烧区，站在离火源 8m 的地方喷射，并不断前进，兜围着火焰喷射，直至把火扑灭；灭火后，把灭火器平放在地上，喷嘴朝下。泡沫灭火器不可用于扑灭带电设备的火灾，抗溶性泡沫灭火器以外的泡沫灭火器不能用于扑灭水溶性液体（如甲醇、乙醇等）火灾。

2.2　避险逃生

在社会生活中，火灾已成为威胁公共安全，危害人民群众生命财产的一种多发性灾害。据统计，全世界每天发生火灾 1 万多起，造成数百人死亡。近几年来，我国平均每年发生火灾约 30 万起，死 2000 多人，伤 3000 多人，每年火灾造成的直接财产损失达 10 多亿元人民币。尤其是造成几十人、几百人死亡的特大恶性火灾不断发生，给国家和人民群众的生命财产造成巨大损失。总结以往造成群死群伤及重大经济损失的特大火灾的教训，其中最根本的一点是要提高人们火场疏散与逃生的能力。一旦火灾降临，在浓烟毒气和烈焰包围下，不少人葬身火海，也有人死里逃生。面对滚滚浓烟和熊熊烈焰，只要冷静机智运用火场自救与逃生知识，就有极大可能脱险。

2.2.1　火灾逃生"十三诀"

第一诀：逃生预演，临危不乱。

每个人对自己工作、学习或居住所在的建筑物的结构及逃生路径要做到了然于胸，必要时可集中组织应急逃生预演，使大家熟悉建筑物内的消防设施及自救逃生的方法。这样，火灾发生时，就不会觉得走投无路。请记住：事前预演，将会事半功倍。

第二诀：熟悉环境，暗记出口。

当你处在陌生的环境时，如入住酒店、商场购物或进入娱乐场所时，为了自身安全，务必留心疏散通道、安全出口及楼梯方位等，以便关键时候能尽快逃离现场。请记住：在安全无事时，一定要居安思危，给自己预留一条通路。

第三诀：通道出口，畅通无阻。

楼梯、通道、安全出口等是火灾发生时最重要的逃生之路，应保证畅通无阻，切不可堆放杂物或设闸上锁，以便紧急时能安全迅速地通过。请记住：自断后路，必死无疑。

第四诀：扑灭小火，惠及他人。

当发生火灾时，如果发现火势并不大，且尚未对人造成很大威胁时，当周围有足够的消防器材，如灭火器、消防栓等，应奋力将小火控制、扑灭；千万不要惊慌失措地乱叫乱窜，置小火于不顾而酿成大灾。请记住：争分夺秒扑灭"初期火灾"。

第五诀：保持镇静，明辨方向，迅速撤离。

突遇火灾，面对浓烟和烈火，首先要强令自己保持镇静，迅速判断危险地点和安全地点并决定逃生的办法，尽快撤离险地。千万不要盲目地跟从人流和相互拥挤、乱冲乱窜。撤离时要注意，朝明亮处或外面空旷地方跑，要尽量往楼层下面跑，若通道已被烟火封阻，则应背向烟火方向离开，通过阳台、气窗、天台等往室外逃生。请记住：人只有沉着镇静，才能想出好办法。

第六诀：不入险地，不贪财物。

在火场中，人的生命是最重要的。身处险境，应尽快撤离，不要因害羞或顾及贵重物品，而把宝贵的逃生时间浪费在穿衣或寻找、搬离贵重物品上。已经逃离险境的人员，切忌草率重返险地，自投罗网。请记住：留得青山在，不怕没柴烧。

第七诀：简易防护，蒙鼻匍匐。

逃生时经过充满烟雾的路线，要防止烟雾中毒、预防窒息。为了防止火场浓烟呛入，可采用湿毛巾、口罩蒙鼻，匍匐撤离的办法。烟气较空气轻而飘于上部，贴近地面撤离是避免烟气吸入、滤去毒气的最佳方法。穿过烟火封锁区，应佩戴防毒面具、头盔、阻燃隔热服等护具，如果没有这些护具，那么可向头部、身上浇冷水或用湿毛巾、湿棉被、湿毯子等将头、身裹好，再冲出去。请记住：多件防护工具在手，总比赤手空拳好。

第八诀：善用通道，莫入电梯。

按规范标准设计建造的建筑物，都会有2条以上逃生楼梯、通道或安全出日。发生火灾时，要根据情况选择进入相对较为安全的楼梯通道。除可以利用楼梯外，还可以利用建筑物的阳台、窗台、天面屋顶等周围的安全地点，沿着落水管、避雷线等建筑结构中凸出物滑下楼脱险。在高层建筑中，电梯的供电系统在火灾时会随时断电或因热的作用电梯变形而使人被困在电梯内，同时，由于电梯井犹如贯通的烟囱般直通各楼层，有毒的烟雾直接威胁被困人员的生命。因此，火灾发生时千万不要乘普通的电梯逃生。请记住：逃生的时候，乘电梯极危。

第九诀：缓降逃生，滑绳自救。

高层、多层公共建筑内一般都设有高空缓降器或救生绳，人员可以通过这些设施安全地离开危险的楼层。如果没有这些专门设施,而安全通道又已被堵,救援人员不能及时赶到的情况下,可以迅速利用身边的绳索或床单、窗帘、衣服等自制简易救生绳,并用水打湿从窗台或阳台沿绳缓滑到下面楼层或地面,安全逃生。请记住:胆大心细,救命绳就在身边。

第十诀:避难场所,固守待援。

假如用手摸房门已感到烫手,此时一旦开门,火焰与浓烟势必仰面扑来。逃生通道被切断,短时间内无人救援。这时候,可采取创造避难场所、固守待援的办法。首先应关紧迎火的门窗,打开背火的门窗,用湿毛巾与湿布塞堵门缝或用水浸湿棉被蒙上门窗然后不停用水淋透房间,防止烟火渗入,固守在房内,直到救援人员到达。请记住:坚盾何惧利矛。

第十一诀:缓晃轻抛,寻求援助。

被烟火围困暂时无法逃离的人员,应尽量待在阳台、窗口等易于被人发现和能避免烟火近身的地方。在白天,可以向窗外晃动鲜艳衣物,或外抛轻型晃眼的东西;在晚上可以用手电筒不停地在窗口闪动或者敲击东西,及时发出有效的求救信号,引起救援者的注意。因为消防人员进入室内都是沿墙壁摸索行进,所以在被烟气窒息失去自救能力时,应努力滚到墙边或门边,便于消防人员寻找、营救;此外,滚到墙边也可防止房屋结构塌落砸伤自己。请记住:充分暴露自己,才能争取有效拯救自己。

第十二诀:火已及身,切勿惊跑。

火场上的人如果发现身上着了火,千万不可惊跑或用手拍打,因为奔跑或拍打时会形成风势,加速氧气的补充,促旺火势。当身上衣服着火时,应赶紧设法脱掉衣服或就地打滚,压灭火苗;能及时跳进水中或向身上浇水、喷灭火剂就更有效。请记住:就地打滚虽狼狈,烈火焚身可免除。

第十三诀:跳楼有术,虽损求生。

身处火灾烟气中的人,精神上往往陷于极端恐怖和接近崩溃,惊慌的心理极易导致不顾一切地伤害性行为,如跳楼逃生。应该注意的是,只有消防队员准备好救生气垫并指挥跳楼时或楼层不高(一般4层以下),非跳楼即烧死的情况下,才可采取跳楼的方法。即使已没有任何退路,若生命还未受到严重威胁,也要冷静地等待消防人员的救援。跳楼也要技巧,应尽量往救生气垫中部跳或选择有水池、软雨篷、草地等方向跳;如有可能,要尽量抱些棉被、沙发垫等松软物品或打开大雨伞跳下,以减缓冲击力。如果徒手跳楼一定要扒窗台或阳台使身体自然下垂跳下,以尽量降低垂直距离,落地前要双手抱紧头部身体弯曲蜷成一团,以减少伤害。跳楼虽可求生,但会对身体造成一定的伤害,所以要慎之又慎。请记住:跳楼不等于自杀,关键是要有办法。

2.2.2 常见避险逃生工具的使用

(1)灭火毯

灭火毯又称消防被、灭火被、防火毯、消防毯、阻燃毯、逃生毯,在发生火灾时,正确使用就可以大大减少被烧伤的危险。

使用方法:

①双手拉出灭火毯。

②将灭火毯披盖在自己身体或包裹住被救对象的身体,迅速逃离火场。

(2) 火灾自救面具

火灾自救面具统称呼吸器、空气呼吸器，是用来防御缺氧环境或空气中有毒有害物质进入人体呼吸道的保护用具。

使用方法：

①保持冷静，打开包装盒，取出呼吸器。

②拔掉滤毒罐前孔和后孔的两个红色橡胶塞，将头罩戴进头部，向下拉至颈部，滤毒罐应置于鼻子的前面。

③收紧头带，以妥当地包住头部。

④平静地深呼吸，并选择最安全的通往紧急出口的路线逃离火场，若走不出就等待救援，站在窗前，使自己易于被人发现。

(3) 缓降器

缓降器由挂钩(或吊环)、吊带、绳索及速度控制器等组成，是一种可使人沿(随)绳(带)缓慢下降的安全营救装置。工作时，通过缓降绳索带动主机内的行星轮减速机构运转与摩擦轮毂内的摩擦块产生摩擦作用，保证使用者安全缓降至地面。它可用专用安装器具安装在建筑物窗口、阳台或楼房平顶等处，也可安装在举高消防车上，营救处于高层建筑物火场上的受灾人员。

2.3 火灾预防与预警

2.3.1 火灾的预防

(1) 排除发生火灾爆炸事故的物质条件

排除发生火灾爆炸事故的物质条件，即控制可燃物、防止形成火灾和爆炸的介质。在易燃易爆化学物品生产、贮存、运输、使用等工作中，防止泄漏、扩散或与空气形成爆炸性混合气体；在可能积聚可燃气体、蒸气、粉尘的场所，设通风除尘装置；在房屋装修装饰过程中，尽量避免使用可燃、易燃材料，建筑物内尽量少堆放或不堆放可燃、易燃物品等。

(2) 控制和消除一切点火源

①消除明火，如危险场所严禁携带烟火，不得使用明火作业和用电炉加热等。

②消除电器火花，如必须使用有中国电工"工"字标志和国家3C产品强制认证"CCC"标志的合格电器产品。电器在不使用时应当断电并拔下电源插头，电源线路应穿管保护，电源插座应当固定，严禁私拉乱接电线，在易燃易爆场所选用防爆型或封闭式电器设备和开关等。

③防止静电火花，如严禁穿化纤衣服进入易燃易爆场所，保持设备静电接地良好等。

④防止雷击，如安装必要的防雷设施，在无人时关闭室内电源的空气开关，拔下不使用的电器插头，避免雷击或雷电感应打火等。

⑤防止摩擦撞击打火，如在易燃易爆场所严禁使用铁制工具、穿带钉鞋等。

⑥避免暴晒、高温烘烤、故障发热或化学反应发热等。

(3)控制火势蔓延的途径

①在易燃易爆化学物品储存仓库之间、油罐之间留出适当的防火间距。
②设置防油堤、防液堤、防火水封井、防火墙等。
③在建筑物内设防火分区、防火门窗等。

(4)限制爆炸波的冲击、扩散

①在有可燃气体、液体蒸气和粉尘的实验室设泄压门窗、轻质屋顶。
②在有放热、产生气体、形成高压的反应器上安装安全阀、防爆片。
③在燃油、燃气、燃煤类的燃烧室外壁或底部设置防爆门窗、防爆球阀。
④在易燃物料的反应器、反应塔、高压容器顶部装设放空管等。

2.3.2 火灾预警和报警

火灾自动报警系统是建筑物内的重要消防设施,是现代消防不可缺少的安全技术措施。火灾自动报警系统由火灾触发器件、火灾警报装置、火灾报警控制器和消防联动控制系统等组成。火灾自动报警系统可以和自动喷水灭火系统,室内消火栓系统,防、排烟系统,通风系统,防火门等相关设备联动,自动或手动发出指令以启动消防设备。火灾自动报警系统能在火灾初期,将燃烧产生的烟雾量、热量、光辐射等物理量,通过火灾探测器转变成电信号,传输到火灾报警控制器,并同时显示出火灾发生的部位、时间等,使人们能够及时发现火灾,采取有效措施进行扑救,最大限度地减少因火灾造成的生命和财产的损失。

本章小结

本章主要介绍了实验室消防知识,通过对燃烧的条件、火灾的定义与分类、热传播的途径的介绍,强调了加强实验室日常检查的重要性。同时,对常用灭火器的分类及使用方法加以说明。此外,介绍了实验室火势蔓延时应如何避险逃生,还对火灾的预防与预警做了重点阐述。

课后习题

一、判断题

1. 泡沫灭火器在使用时可用于扑灭带电设备的火灾。( )

2. 当你处在陌生的环境时,如入住酒店、商场购物、进入娱乐场所时,为了自身安全,务必留心疏散通道、安全出口及楼梯方位等,以便关键时候能尽快逃离现场。( )

3. 楼梯、通道、安全出口等是火灾发生时最重要的逃生之路,应保证畅通无阻,切不可堆放杂物或设闸上锁,以便紧急时能安全迅速地通过。( )

4. 身处火灾烟气中的人,精神上往往陷于极端恐怖和接近崩溃,惊慌的心理极易导致不顾一切地伤害性行为,如跳楼逃生。应该注意的是,只有消防队员准备好救生气垫并指挥跳楼时或楼层不高(一般4层以下),非跳楼即烧死的情况下,才可采取跳楼的方法。( )

5. 火灾自动报警系统还不能在火灾初期,将燃烧产生的烟雾量、热量、光辐射等物理量,通过火灾探测器转变成电信号,传输到火灾报警控制器。( )

二、单选题

1. 面粉生产车间严禁吸烟的主要原因是(   )。
   A. 防止爆炸   B. 防止火灾
   C. 保护环境   D. 保护工人免受尼古丁危害
2. 发现火灾隐患和消防安全违法行为,可以拨打火灾隐患举报电话(   ),向当地消防部门进行举报。
   A. 96119   B. 12580   C. 12315   D. 10086
3. 烟头中心温度可达(   ),它超过了棉、麻、毛织物、纸张、家具等可燃物的燃点。若乱扔烟头接触到这些可燃物,容易引发火灾。
   A. 100~200℃   B. 200~300℃   C. 700~800℃   D. 800~900℃
4. 任何人发现火灾,都应当立即报警。任何单位、个人都应当(   )为报警提供便利,不得阻拦报警。
   A. 无偿   B. 有偿   C. 自愿   D. 自觉
5. 当遇到火灾时,应迅速向(   )逃离。
   A. 着火的相反方向   B. 人员多的方向
   C. 安全出口的方向   D. 着火方向

三、填空题

1. 燃烧同时具备条件:_____、_____、_____和_____。
2. 常见的3种灭火器,分别是_____、_____和_____。
3. 灭火器按其移动方式可分为:_____和_____。
4. 灭火器按所充装的灭火剂则又可分为:_____、_____、卤代烷、_____、清水等。
5. 二氧化碳灭火器可扑灭:_____、_____、_____和_____。

四、简答题

1. 发生火灾时热传播主要有哪几种途径?
2. 发生火灾时,影响初期火灾发展的最主要热传播因素是什么?
3. 简述常见干粉灭火器的使用方法。
4. 火灾如何逃生?逃生"十三诀"是什么?
5. 常见避险逃生工具有哪些?

第 3 章　水电安全

> **典型案例**
>
> 2016 年 12 月 2 日凌晨，某高校综合实验大楼实验室内洗手池上水管破裂漏水，造成楼下计算机实验室大面积渗水、地面大量积水，致使天花板吊顶全部变形脱落、30 多台计算机进水受损，严重影响正常的教学秩序。针对该情况后勤部门积极响应，加急处理，及时关掉上水阀门，更换维修破损水管，才避免了更多的财产损失。此次漏水事故的发生，有水管意外破裂等偶然因素的存在，但也暴露出学校相关部门在水电管理方面存在管理不细、不到位的问题。

●●● 学习目标

1. 了解实验室用水分级、分类；
2. 了解实验室常见的水电安全事故发生的原因；
3. 理解用电的主要防护手段与触电的预防措施。

●●● 重点内容

1. 掌握实验室用水的注意事项；
2. 掌握触电对人体产生的危害与防护措施。

●●● 学习建议

1. 搜集身边的水电安全事故，了解其起因及处理措施，观察身边有无对应的可以排查的隐患；
2. 养成离开实验室后断水断电的习惯，在实验室中细心观察，绝不留下任何安全隐患。

3.1　用水安全

高校实验室安全管理是保证高等教育高质量、内涵式发展的重要保证，是科研工作顺利开展的基础。实验室水电安全是涉及校园安全的头等大事，也是《高校实验室安全检查项目表》中最基本、最重要的常规检查项目。

用水安全和实验室日常运行紧密相关，实验室的水路必须经专业人员进行设计安装和改造，以确保实验室用水安全。下面将从实验室用水分级、用水分类、用水安全以及实验室用水注意事项 4 个方面介绍实验室用水安全。

3.1.1 实验室用水分级

根据《分析实验室用水规格和试验方法》(GB/T 6682—2008)规定，我国把实验室用水分为下列三级：

①三级水　用于一般化学分析实验，可用蒸馏或离子交换等方法制取。

②二级水　用于微生物培养、滴定实验、水质分析实验、化学合成实验室等，可通过多次蒸馏或离子交换制得。

③一级水　用于仪器分析实验，如液相色谱/质谱、原子吸收、离子色谱与生命科学实验。

细胞培养、流式细胞仪、分子生物学实验用水等，可用二级水经过石英设备蒸馏或离子交换混合窗处理后，再通过0.2nm微孔滤膜过滤制取，相关参数见表3-1。

表3-1　分析实验室用水规格和试验方法

名称	一级	二级	三级
pH值范围(25℃)	—	—	5.0~7.5
电导率(25℃)/(mS/m)	≤0.01	≤0.10	≤0.50
可氧化物质含量(以O计)/(mg/L)	—	≤0.08	≤0.40
吸光度(254nm，1cm光程)	≤0.001	≤0.01	—
蒸发残渣(105±2)℃含量/(mg/L)	—	≤1.0	≤2.0
可溶性硅(以SiO_2计)含量/(mg/L)	≤0.01	≤0.02	—

注：1. 由于在一级水、二级水的纯度下，难于测定其真实的pH值，因此，对一级水、二级水的pH值范围不做规定。

2. 由于在一级水的纯度下，难于测定可氧化物质和蒸发残渣，对其限量不做规定，可用其他条件和制备方法来保证一级水的质量。

3.1.2 实验室用水分类

①自来水　实验室用得最多的水，一般器皿的清洗、真空泵用水、冷却水都是用自来水。

②蒸馏水　实验室最常用的一种纯水，虽然设备便宜，但极其耗能和费水，而且速度慢，应用会逐渐减少。蒸馏水能去除自来水中大部分的污染物，但挥发性的杂质无法去除，如二氧化碳、氨、二氧化硅以及一些有机物，新制备的蒸馏水无菌，但贮存后易繁殖细菌。此外，贮存的容器材质若是非惰性物质，离子和容器的塑形物质会析出，造成二次污染。

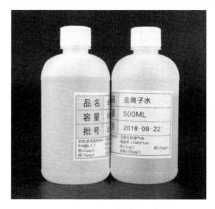

图3-1　去离子水

③去离子水　应用离子交换树脂去除水中的阴离子和阳离子，但水中仍然存在可溶性的有机物，可以污染离子交换柱从而降低其功效，去离子水存放后易引起细菌的繁殖，如图3-1所示。

④反渗水　生成原理是水分子在压力的作用下，通过反渗透膜成为纯水，水中的杂质被反渗透膜截留排出。

⑤超纯水　水电阻率达到18MΩ·cm的纯净水。水越纯，电阻率越大。超纯水在总有机物、细菌、内毒素等指标方面并不相同，要根据实验的具体要求来确定。

3.1.3　实验室用水安全注意事项

①上水　水龙头或水管漏水时，应及时修理。

②下水　下水道排水不畅时，应及时疏通。

③水龙头、阀门要做到不滴、不漏、不冒、不放任自流，下水道堵塞及时疏通、发现问题及时修理。

④停水后，要检查水龙头是否拧紧。开水龙头发现停水，要随即关上水龙头，以免来水时引发水患。

⑤冷却水　输水管必须使用橡胶管，不得使用乳胶管；上水管与水龙头的连接处及上水管、下水管与仪器或冷凝管的连接处必须用管箍夹紧；下水管必须插入水池的下水管中。

⑥超纯水　应按照"操作规程"进行操作，取水时应注意及时关闭取水开关，防止溢流。

⑦进入雨季前，对所有防水设施进行全面细致的检查，发现问题及时处理，确保防水设施的可靠性和有效性。要对地下室或低洼地区的设备、化学品、仪器等进行检查，同时加强对大型仪器设备的保护，对地下室等易受涝部位要配置沙袋、水泵进行保护。

⑧发生水淹时，如设备不能撤离到安全位置，应使设备处于动力关闭、加固和适当防护状态，防止造成设备不必要的损坏。同时，应加强巡视，隔离危险地带，禁止一切人员进入危险区域。

⑨仪器设备被水浸淋后，电线容易产生短路、漏电。所有设备必须联系厂家或相关维修部门检测，检测合格后才能继续使用。

⑩被水浸淋后的设备及线路发生接地短路时，在室内抢修人员不得进入距离故障点4m以内范围，在室外抢修人员不得进入距离故障点8m以内范围。凡是进入上述范围内的抢救人员，必须穿绝缘靴；接触电气设备外壳及架构时，应戴绝缘手套。

⑪用水设备的防冻保暖　一些老的实验大楼可能部分水管裸露在室外，冬天容易冰冻，室外水管、水龙头的防冻可用麻织物或绳子进行包扎。对于已冰冻的水龙头、水表和水管，不能用滚烫的水来浇，以免造成水管爆裂，应先用热毛巾包裹水龙头，然后浇温水，使水龙头解冻，再拧开龙头，用温水沿自来水龙头慢慢向管子浇洒，使水管解冻。切忌用火烧、烤。

⑫实验室水患多半由冷凝装置胶管的老化、滑脱引起，因此，这些胶管一般采用厚壁橡胶管。使用频繁的胶管1~2个月就应更换一次。冷凝装置用水的流量要适合，防止压力过高导致胶管脱落。离开实验室时原则上应关闭冷凝水。

⑬实验室在建设时需要安装地漏。如果没有安装地漏，也应安装漏水报警器。

⑭实验室人员应了解实验室自来水阀门的位置，当发生水患时立即关闭总阀门。

3.2　用电安全

实验室是从事实验教学、科学研究、社会服务的重要场所。高等学校实验室的仪器设备种类和规模都处于一个快速增长期，随着实验室仪器设备日益增多，用电安全问题越来越被关注。用电不当是引发火灾、电器设备损毁的"罪魁祸首"。实验室用电安全问题十分突出，如用电客观需求突增，负荷加大，实验室规划不合理，导致用电负荷高，乱搭乱接现象严重，电源走线混乱，电线电路老化等常见用电问题。因此，掌握安全用电知识，预防触电、火灾等用电事故的发生，对保障生命和财产的安全具有重大意义。

3.2.1　安全用电常识

实验室中的各种仪器设备离不开电，电是支撑当今科学研究的重要能源资源。电是实验室中一种无形的存在，虽然无形，但插座中接出的220V交流电却能危及实验室操作人员的生命安全，在某些高压实验室、工业生产实验室中的电压甚至高于220V。因此，操作过程中需做好安全防范，加强观察与用电安全知识的储备。

①实验室内电气设备及线路设施必须严格按照安全用电规程和设备的要求实施，不能乱接电线、乱拉电线，随意改线。

②在实验室使用大功率设备时必须专线专用。例如，空调、水浴锅、干燥箱等大功率的加热设备都应该采取专线专用。使用多种电气设备时，其总用电量和分线用电量均应小于设计容量，不得随意用接线板，拉接电源。如超负荷用电，则易引起线路发热，引发火灾。

③严禁使用破损的插头、插座或接线板，不使用两插的接线板，发现插座松动，接线板电线裸露应及时更换。不得购买和使用质量低劣的接线板，一定要选用有国家认证标志的合格电器产品。

④为防止触电、电击，所有仪器的金属外壳必须接地。

⑤仪器拆装维护或安装耗材时要先断电再操作，不能带电操作，在缺乏技术指导的时候不应私自拆卸修理。电气设备在未验明无电时，一律认为有电，不能盲目触及。一些技术性要求较高的操作，尽量让专业人员来做。

⑥仪器及相关线缆不要被水浸湿，仪器的放置环境应保持干燥，防止受潮影响仪器的正常使用和使用寿命，仪器受潮易引发安全隐患。一些老旧的实验大楼，特别是一楼易产生潮湿的问题，解决方法是经常开空调或者除湿机。另外，仪器周围不宜堆放文件、书籍等易燃物品。实验室中随意堆放钢瓶、试剂、纸箱，有非常严重的安全隐患。作为实验室管理人员应该定期检查，督促实验室做好相关物品存放的工作。

⑦实验前应先检查用电设备，再接通电源。实验结束后，先关仪器设备，再关闭电源；工作人员离开实验室或遇突然断电的情况，应关闭电源，尤其要关闭加热电器的电源开关。

⑧开放性实验不确定性强、偶然性大、持续时间也长，容易带来安全问题，因此往往需要2人以上开展实验。由于实验工作者在凌晨容易出现精力不够集中，为防止操作失误，实验室严禁通宵实验，特别是加热等操作安全隐患极大的实验。

3.2.2　触电防范

触电是电击伤的俗称，通常是指人体直接触及电源或高压电经过空气或其他导电介质传递电流通过人体时引起的组织损伤和功能障碍，重者会心跳和呼吸骤停。我国规定的安全电压为36V，即低于安全电压的电压等级对人体造成的伤害有限（安全范围），但事实上，人体根据自身对电能的承受能力往往有着各自的安全电压，其他国家如美国的安全电压规定为40V；法国为交流24V、直流50V。

触电的伤害可归纳为电击和电伤两类。

(1) 电击

一般指电流造成的人体内部伤害，通常因为电流流经人体，对人体内的组织器官造成挫伤，引起全身发麻、抽搐，甚至休克等现象。如电流作用于人体中枢神经，会使心脑和呼吸机能的正常工作受到破坏，人体发生抽搐和痉挛，失去知觉；电流也可能使人体呼吸功能紊乱，血液循环系统活动大大减弱而造成假死；电流引起人的心室颤动，使心脏不能再压送血液，会导致血液循环停滞和大脑缺氧，发生窒息甚至死亡。

(2) 电伤

一般指电流对人体造成的可见(外部)伤害，由于电流具有热效应、化学效应、机械效应等，对人体的皮肤表面会造成较大的损伤，电伤是触电伤害中常见的一种，也能造成人的死亡。

对于触电伤害，除做好绝缘防护外，还需要通过约束实验室中的带电操作行为来规范、避免触电伤害。从实验者角度出发，带电操作的基本常识如下：

①不能用潮湿的手接触电器、灯头、插头等。

②所有电源的裸露部分都应有绝缘装置，电器外壳应接地、接零。

③已损坏的接头、插座、插头或绝缘不良的电线应及时更换。

④安装漏电保护装置，小型电器设备采用安全电压。

⑤维修或安装电器设备时，必须先切断电源。

3.2.3 触电应急处理

触电急救的原则是在现场采取积极措施保护伤员生命。首先要使触电者迅速脱离电源，触电者未脱离电源前，救护人员不可用手直接触及伤员，使伤者脱离电源方法及触电后正确处理方法如下：

①切断电源开关。

②若电源开关较远，可用干燥的木橛，竹竿等挑开触电者身上的电线或带电设备。

③可用几层干燥的衣服将手包住，或者站在干燥的木板上，拉触电者的衣服，使其脱离电源。

④触电者脱离电源后，应视其神志是否清醒再进一步采取急救措施。神志清醒者，应使其就地躺平，严密观察，暂时不要站立或走动，就地仰面躺平，且确保气道通畅，并于5秒时间间隔呼叫伤员或轻拍其肩膀，以判定伤员是否意识丧失。禁止摇动伤员头部呼叫伤员。

⑤抢救人员时应立即就地坚持用人工肺复苏法正确抢救，并第一时间拨打校医务室电话。

⑥拨打120急救电话联系救治。

3.2.4 电气火灾防范

电气火灾和爆炸是指由于电气设备过热，或短路、接地、设备损坏等原因产生电弧及电火花，将周围易燃物引燃，发生火灾或爆炸的事故。电气火灾和爆炸事故除了可能造成人身伤亡和设备损坏外，还可能造成系统大面积或长时间停电，给国民经济造成重大损失。因此，电气防火和防爆是电气安全的重要内容。

电气火灾发生的可能原因如下：

(1) 过载造成电气火灾

过载是指电气设备或导线的负荷超过其额定输出功率，长时间过载会产生高热，引起火灾。造成过载的主要原因主要有3个：

①导线截面大小选择不当，实际负荷超过了导线的安全载流量。

②设备或导线随意装接增加负荷，造成超载运行。

③设备检修、维护不及时，长期处于带"病"运行状态。

(2) 短路造成电气火灾

短路就是电器设备或导线由于各种原因相接或相碰，致使电流突然增大的现象。短路时，由于电流突然增大，其瞬间的发热量也很大，大大超过了线路正常工作时的发热量，且在短路点易产生强烈的火花和电弧，不但能使绝缘层迅速燃烧，而且会使金属熔化，引起附近的易燃、可燃物燃烧，造成火灾。

(3) 接触不良造成电气火灾

接触不良指的是线路与线路连接时，由于接头处理不当或松动，使接头的接触电阻过大的现象。接触电阻过大会使接头附近产生极大的热量，容易引发火灾。

(4) 漏电造成电气火灾

所谓漏电，就是线路的某一个地方因为某种自然原因或人为原因，如风吹雨打、潮湿、高温、碰压、划破、摩擦、腐蚀等，使电线的绝缘或支架材料的绝缘能力下降，导致导线与导线之间、导线与大地之间有一部分电流通过的现象。当漏电发生时，漏泄的电流在流入大地途中，如果遇电阻较大的部位时，会产生局部高温，致使附近的可燃物着火，从而引起火灾。此外，在漏电点产生的漏电火花，同样也会引起火灾。

电气火灾一旦发生，将会对实验室和实验室中的个人造成极大的影响，包括设备损坏、人身伤害、带来直接或间接经济财产损失。造成电气火灾的原因往往是小小的因素，如小小的电弧或电火花。针对电气火灾事故的发生原因，可以点对点提出应对措施，将电气火灾风险降至最低，具体如下：

①加强电气设备维护与管理。正确选用电气设备，具有爆炸危险的场所应按国家标准《爆炸性环境 第1部分：设备 通用要求》(GB/T 3836.1—2021)规范选择防爆电气设备，且一定要安装过载保护装置。

②实验过程中需有专业人员在场监护。正确使用插头插座。通电仪器尽可能避免高温潮湿环境。加装短路保护装置以避免短路事故。

③定期检查线路接头，保证电路接头不裸露、不松动。加强电气设备的维护、保养、检修，以保持正常运行，包括保持电气设备的电压、电流、温升等参数不超过允许值。保持电气设备足够的绝缘能力。保持电气连接良好等。

④保证设备通风良好，防止设备过热。安装漏电保护线路，时常检查线路绝缘情况并登记在册。

3.2.5 静电防护

静电是处于静止状态的电荷，或者说是不流动的电荷（流动的电荷即电流）。当电荷聚集在某个物体的某些区域或其表面上时就形成了静电,当带静电物体接触零电位物体(接地物体)或与其有电位差的物体时,就会发生电荷转移,也就是我们常见的静电放电(ESD)现象。

静电危害发生的主要原因是静电放电,此外静电引力也会对工作、实验造成危害。在发生静电火花放电时,静电能量瞬时集中释放,形成瞬时大电流,在存有易燃易爆品或粉尘、油雾等场所极易引起爆炸和火灾。静电放电过程产生强烈的电磁辐射可对一些敏感的电子器件和设备造成干扰和损坏。另外,高压静电放电会造成电击,危及人身安全。静电引力会使元件吸附灰尘造成污染;使胶卷、薄膜、纸张收卷不齐,影响精密实验过程的测量结果等。

静电防范原则主要围绕抑制静电产生、加速静电泄漏和进行静电中和3个方面进行,具体措施如下:

(1) 控制静电的产生

对于各种材质,其摩擦带电序列依次由正电荷到负电荷为:(+)玻璃、有机玻璃、尼龙、羊毛、丝绸、赛璐珞、棉织品、纸、金属、黑橡胶、涤纶、维尼纶、聚苯乙烯、聚丙烯、聚乙烯、聚氯乙烯、聚四氟乙烯(-)。材料带电序列远离,则易产生静电。

(2) 控制物体接触方式

要抑制静电的产生,需要缩小物体间的接触面积和压力,降低温度,减少接触次数和分离速度,避免接触状态急剧变化。如化学实验中将苯倒入容器中时,需要缓慢倒入,且倒完后应将液体静置一段时间,待静电消散后再进行其他操作。

(3) 接地

接地是加速静电泄漏的最简单常用的办法,即将金属导体与大地(接地装置)进行电气上的连接,以便将电荷泄漏到大地。此法适合于消除导体上的静电,而不宜用来消除绝缘体上的静电,因为绝缘体的接地容易发生火花放电,引起易燃易爆液体、气体的点燃或造成对电子设施的干扰。

(4) 屏蔽

用接地的金属线或金属网等将带电的物体表面进行包覆,从而将静电危害限制到不致发生的程度,屏蔽措施还可防止电子设施受到静电的干扰。如可采用防静电袋、导电箱盒等包覆物体。

(5) 增湿

可采用喷雾、洒水等方法增加室内湿度,随着湿度的增加,绝缘体表面上结成的薄薄水膜能使其表面电阻大为降低,加速静电的泄漏。从消除静电危害的角度考虑,一般保持相对湿度在70%以上较为合适。

(6) 中和

这种方法是采用静电中和器或其他方式产生与原有静电极性相反的电荷,使已产生的静电得到中和而消除,避免静电积累。常用的中和器有离子风机、离子风枪等。

(7) 使用抗静电材料

在特殊的实验室可采用抗静电材料进行装修,如使用防静电地板、导电地板、防静电桌垫、防静电椅、导电椅等。

（8）佩戴个人防护用品

穿着防静电无尘衣帽和导电鞋，佩戴静电手套、指套、腕带等消除或泄漏所带的静电。

本章小结

现如今的实验室已经离不开水与电这两个要素，实验室的水电安全是极其重要的存在，本章从用水安全和用电安全两个角度出发，介绍了实验室中可能存在的水电安全隐患，供老师、同学们参考借鉴。实验室中的水电安全事故均可以避免，做好定期排查工作，养成良好的用水用电习惯，自觉遵守实验室安全操作准则可以将风险降到最低；同时还需要积累必备的安全常识，知道如何应对突发的水电安全事故，将实验室的水电安全变为一种常态。

课后习题

一、判断题

1. 对电气设备和大型仪器等隐患的定期排除内容包括：设备是否接地良好，设备电线是否老化等。
2. 实验室内使用空气开关后可以不配备必要的漏电保护器。（　）
3. 电源插座、接线板、电线的容量应满足电器功率的需要。（　）
4. 可以接触低压电源，不能接触高压电源。（　）
5. 电灼伤、电烙印和皮肤金属化属于电伤。（　）
6. 如果救护过程经历了5小时，触电者仍然未醒，应该继续进行。（　）
7. 在拉拽触电者脱离电源的过程中，救护人员应采用双手操作，保证受力均匀，帮助触电者顺利地脱离电源。（　）
8. 有金属外壳的家用电器，一定要插在三孔插座上。（　）
9. 实验室冷凝装置的胶管一般采用厚壁橡胶管。（　）
10. 任何情况下，在安全电压范围内都不会发生触电事故。（　）

二、单选题

1. 被电击的人能否获救，关键在于（　）。
   A. 触电的方式　　　　　　　　B. 人体电阻的大小
   C. 能否尽快脱离电源并紧急救护　D. 触电的部位
2. 电动工具的电源引线，其中黄绿双色线应作为（　）线使用。
   A. 相线　　　　B. 火线　　　　C. 零线　　　　D. 保护接地
3. 实验室用水通常可分为（　）。
   A. 一级　　　　B. 二级　　　　C. 三级　　　　D. 四级
4. 下列哪些不是绝缘材料？（　）
   A. 铁丝　　　　B. 棉布　　　　C. 木材　　　　D. 矿物油
5. 短路就是电器设备或导线由于各种原因相接或相碰，致使（　）突然增大的现象。
   A. 电阻　　　　B. 电流　　　　C. 电容　　　　D. 电感
6. 电器线路发生火灾的原因是多方面的，其中导线接触不良，（　）使温度升高，造成接头过热而引起的火灾就是其中的一种。
   A. 电流增大　　　　　　　　　B. 电源电压升高

C. 电阻增大　　　　　　　　　　D. 电压和电流都增大

7. 当触电者脱离电源以后，如果神志清醒，呼吸正常，皮肤也未灼伤，应如何处理？（　　）

   A. 立即进行人工呼吸
   B. 立即人工呼吸和胸外按压同时或交替进行
   C. 摇晃其身体、掐人中确定其清醒与否
   D. 只需安排其到空气清新的地方休息，令其平躺，不要行走

8. 计算机着火了，应如何紧急处理？（　　）

   A. 迅速往计算机上泼水灭火
   B. 拔掉电源插头，然后用湿棉被盖住计算机
   C. 马上拨打火警
   D. 找灭火器灭火

9. 防止人体触电最根本的措施是（　　）。

   A. 对电气工作人员或用电人员进行安全教育和管理
   B. 在容易触电的场合采购安全电压
   C. 对电气设备进行安全接地
   D. 绝缘盒保护措施

10. 有人触电时，使触电人员脱离电源的错误方法是（　　）。

    A. 借助工具使触电者脱离电源　　B. 抓触电人的手
    C. 抓触电人的干燥外衣　　　　　D. 切断电源

11. 引起电器线路火灾的原因是（　　）。

    A. 短路　　　B. 电火花　　　C. 负荷过载　　　D. 以上都是

12. 发生触电事故的危险电压一般是（　　）以上。

    A. 24V　　　B. 26V　　　C. 65V　　　D. 110V

13. 金属梯子不适于（　　）。

    A. 坑穴或密闭场所　　　　　B. 带电作业的工作场所
    C. 高空作业　　　　　　　　D. 静电

14. 实验室三级水主要用于（　　）。

    A. 一般化学分析实验　　　　B. 仪器分析实验
    C. 微生物培养　　　　　　　D. 生命科学实验

15. 如果工作场所潮湿，为避免触电，使用手持电动工具的人应（　　）。

    A. 站在铁板上操作　　　　　B. 站在绝缘胶板上操作
    C. 穿防静电鞋操作　　　　　D. 戴上安全帽

三、简答题

1. 实验室中的用水如何分类？如何分级？
2. 简单概括实验室中的用水注意事项。
3. 我国规定的人体安全电压为多少伏？你还知道哪些国家规定的人体安全电压？
4. 造成电气火灾的原因有哪些？
5. 静电是什么？静电是如何产生的？如何通过防护避免静电造成的危害？

第 4 章　化学品安全

> **典型案例**
> 　　近年来，高校实验室安全事故时有发生，造成人员伤亡，冲击着人民群众和广大师生的安全感。2018 年 12 月 26 日，北京交通大学市政与环境工程实验室进行垃圾渗滤液污水处理科研实验时发生爆炸，爆炸原因是实验在使用搅拌机对镁粉和磷酸搅拌、反应过程中，料斗内产生的氢气被搅拌机转轴处金属摩擦、碰撞产生的火花点燃爆炸，继而引发镁粉粉尘爆炸，爆炸引起周边镁粉和其他可燃物燃烧，事故造成 3 名参与实验的研究生不幸遇难。

●●● **学习目标**

1. 了解化学品安全知识；
2. 了解化学品的基本使用要求。

●●● **重点内容**

1. 掌握化学品的正确使用方法；
2. 掌握化学品安全贮存和废物处置方法。

●●● **学习建议**

1. 化学品种类繁多，对于不明性状的化学品，请参照《化学品安全技术说明书》(MSDS)及相关资料，熟悉其理化参数、危害、注意事项、应急措施等；
2. 在日常实验时可参照本章相关内容，加强对化学品，特别是危化品的规范使用和管理。

4.1　化学品常识

　　化学品是指天然生成或人工合成的，由各种化学元素组成的纯净物或混合物。广泛应用于工业、农业、医疗卫生、生命科学、检验检疫、环境保护、能源开发、国防军工、科学研究和国民经济的各行各业，在我们日常生活和工作中都离不开化学品。据美国化学文摘登录，全世界已有的化学品多达 700 万种，其中已作为商品上市的有 10 万余种，经常使用的有 7 万多种，每年全世界新出现化学品有 1000 多种。化学品中有不少具有易燃、易爆、有毒和腐蚀等危险性，目前列入我国《危险化学品目录(2015 版)》的危险化学品，共有 28 类 95 个危险类别 2828 种。如对危险化学品处置不当，极易发生安全事故，如印度博帕尔农药厂毒气泄漏事件、墨西哥圣胡安尼科大爆炸等，均造成了严重的生命和财产损失，教训十分深刻。因此，了解化学品安全知识，掌握化学品的正确使用、安全贮存和废物处置方法，加强化学品预防安全措施和应急安全处理方法学习是涉及危化品人员必须具备的能力之一。

4.1.1　化学品的分类

化学品按其危险性可分为危险化学品和一般化学品两大类。

危险化学品是指在正常使用的情况下，会导致对身体或健康的危害，或向环境释放有毒有害物质。《危险化学品安全管理条例》第三条中说明，危险化学品是指具有毒害、腐蚀、爆炸、燃烧、助燃等性质，对人体、设施、环境具有危害的剧毒化学品和其他化学品。

一般化学品是指除危险化学品外的其他化学品，通常包括无机类、金属类、指示剂类和其他类。

《化学品分类和危险性公示　通则》(GB 13690—2009)按理化危险分为16类，分别为：
①爆炸物。
②易燃气体。
③易燃气溶胶。
④氧化性气体。
⑤压力下气体。
⑥易燃液体。
⑦易燃固体。
⑧自反应物质或混合物。
⑨自然液体。
⑩自然固体。
⑪自热物质和混合物。
⑫遇水放出易燃气体的物质或混合物。
⑬氧化性液体。
⑭氧化性固体。
⑮有机过氧化物。
⑯金属腐蚀剂。

按化学品健康危险分为10类，分别为：
①急性毒性。
②皮肤腐蚀/刺激。
③严重眼损伤/眼刺激。
④呼吸或皮肤过敏。
⑤生殖细胞致突变性。
⑥致癌性。
⑦生殖毒性。
⑧特异性靶器官系统毒性(一次接触)。
⑨特异性靶器官系统毒性(反复接触)。
⑩吸入危险。

4.1.2 各类危险化学品的定义及特性

参照《危险货物分类和品名编号》(GB 6944—2012)和危险货物品名表(GB 12268—2012),下面将危险化学品分为 8 类进行介绍。

4.1.2.1 爆炸品

(1)定义

凡是在外界作用下(如摩擦、撞击、震动、高温或其他外界因素的激发),能发生剧烈的化学反应,瞬时产生大量的气体和热量,使周围的压力急剧上升,发生爆炸,对周围环境造成破坏的,同时伴有光、声、烟雾等效应的物品,均为爆炸物品。

(2)特性

①爆炸性 爆炸物品具有化学不稳定性,在一定外因的作用下,能以极快的速度发生猛烈的化学反应,瞬间产生的大量气体和热量在短时间内无法逸散开去,致使周围的温度迅速升高和产生巨大的压力而引起爆炸。

②敏感度 任何一种爆炸品的爆炸,都需要外界供给它一定能量——起爆能。不同的爆炸品所需的起爆能也不同,某一爆炸品所需的最小起爆能即为该爆炸品的敏感度。起爆能同敏感度成反比,起爆能越小,则敏感度越高,敏感度是确定炸药爆炸危险性的一个重要标志。爆炸物品的敏感度同它的爆炸危险性成正比,敏感度越高,则爆炸危险性越大。不同的炸药对不同形式的外界作用,其敏感度是不同的。

影响爆炸品敏感度的主要因素有:

a. 化学结构:含有容易发生迅速分解的不稳定基团的化合物,在外界能量作用下,不稳定基团的化学键很容易破裂而发生爆炸。分子中含有这些基团数量越多,敏感度越高。如硝基苯加热可分解,但不易发生爆炸;二硝基苯虽有爆炸危险性,但不敏感;三硝基苯易爆炸。

b. 温度:外界温度升高,爆炸品具有的能量相应增加,起爆时需外界提供的能量相应减少,故温度升高,爆炸品敏感度增加。

c. 杂质:坚硬或有尖棱的杂质,在冲击时能量集中在尖棱上,会产生高能中心,促使爆炸。

③殉爆 爆炸品爆炸后产生的冲击波和碎片能引起一定距离内其他爆炸品爆炸的现象称为殉爆。首先发生爆炸的爆炸品称为主爆炸品,后发生爆炸的爆炸品称为被爆炸品。

④其他性质

a. 很多炸药,都具有一定的毒性。

b. 许多炸药具有较强的吸湿性,受潮或遇湿后会降低爆炸能力,甚至无法使用。例如,礼花弹、爆竹等应防止受潮失效。

4.1.2.2 压缩气体和液化气体

(1)定义

压缩气体指在温度小于 50℃时,包装容器内蒸气压力大于 300kPa,或在标准大气压 101.3kPa、温度 20℃时,在包装容器内完全处于气态的物质。该类物质包括压缩气体、液化气体、溶解气体和冷冻液化气体、多种气体或多种物质蒸气的混合物、充有气体的物品和烟雾剂。在钢瓶等容器中处于气体状态的气体称为压缩气体,处于液体状态的气体称为液化气体。此外，本类物质还包括加压溶解的气体，如乙炔。

常见的压缩气体和液化气体(图 4-1)有：

①易燃气体　此类气体是指 20℃ 和 101.3kPa 条件下，与空气的混合物按体积分数占 13% 或更少时可点燃，或不论易燃下限如何，与空气混合，燃烧范围的体积分数至少为 12% 的气体。主要有氢气、一氧化碳、乙炔等。

②不燃气体　压缩气体包括氧气、氩气、氮气、二氧化碳等；液化气体包括液氮、液氩、液氧、液氨等。此类气体由于处于压力状态下，仍具有潜在的爆裂危险；其中氧气和压缩空气等还具有强氧化性，属气体氧化剂或氧化性气体，泄漏时遇可燃物或含碳物质也会着火或使火灾扩大。所以，此类气体的危险性是不可忽视的。

③有毒气体　此类气体包括已知对人类具有毒性或腐蚀性强到对健康造成危害的气体和半数致死浓度 $LC_{50} < 5000 mL/m^3$ 的对人类具有毒性或腐蚀性的气体。这些气体吸入后能引起人畜中毒，甚至死亡，有些还能燃烧。主要有氯气、光气、溴甲烷、氰化氢等。

图 4-1　常见的压缩气体和液化气体标志

(2) 特性

①可缩性和膨胀性　气体通常经过加压后以压缩或液化状态贮存在钢瓶中。钢瓶受热后，容器内的压缩气体、液化气体或加压溶解的气体受热膨胀，压力升高，当压力超过钢瓶的耐压强度，就会发生破裂爆炸。特别是液化气体装得太满时受液体膨胀的影响尤其危险，应严禁超量灌装，并防止容器受热。

②易燃易爆性　易燃气体及有些可燃有毒气体，在钢瓶破裂或阀门、法兰连接处密封不良时，泄漏出来后能与空气形成爆炸性混合物，遇火源即发生火灾、爆炸事故。易燃气体爆炸极限的下限越低或爆炸极限范围越大，其危险性越大。有的气体相互接触后会发生化学反应引起燃烧爆炸。例如，氢气和氯气混合后，遇光照即有爆炸危险；乙炔遇氯气、氟会发生爆炸；高压氧气泄漏后遇到油脂等可燃物会燃烧等。凡内容物性质相抵触的气瓶应分别存放。

③扩散性　比空气重的气体，泄漏后往往沉积于低洼处，不易散发，增加了其危险性。

④毒害性　很多气体具有毒害性，与人体接触会引起中毒，严重时能导致死亡。如氯气、硫化氢等气体毒性都非常大，吸入高浓度可致人死亡。

⑤助燃性　氧气、压缩空气等。

⑥窒息性　氩气、氮气、二氧化碳、氮气等气体虽无毒、不燃，也不助燃，但在高浓度时会导致人畜窒息死亡。

⑦静电性　高压气体喷出时会摩擦产生静电,在受热、撞击、振动等外界作用下,均易引起燃烧、爆炸或中毒等事故。

4.1.2.3　易燃液体

(1) 定义

易燃液体是指在常温下极易着火燃烧的液态物质,这类物质大都是有机化合物,其中很多属于石油化工产品。按照国家标准的规定,在物品闪点温度(闭杯闪点不高于61℃,或开杯闪点不高于65.6℃)时放出易燃蒸气的液体或液体混合物,或是在溶液或悬浮液中含有固体的液体,也包括在温度等于或高于其闪点的条件下运输的液体,还有液态退敏爆炸品都属于易燃液体(图4-2)。

所谓闪点,是指可燃性液体在规定条件下,加热到它的蒸气与火焰接触发生瞬间闪火时的最低温度。闪点越低,火灾危险性越大。一般将易燃液体按闪点(闭杯)的高低分成以下3类:

①低闪点液体　闪点<-18℃的液体,如汽油、乙醛、丙酮、乙醚等。

②中点液体　-18℃≤闪点<23℃的液体,如石油醚、石油原油、石脑油、苯、甲醇、乙醇、香蕉水等。

③高闪点液体　23℃≤闪点≤61℃的液体,如煤油、医用碘酒、松节油等。

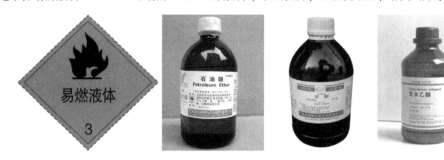

图4-2　易燃液体标志及示例

(2) 特性

①高度易燃性　易燃液体的主要特征是具有高度易燃性,这类物品非常容易燃烧。主要原因是易燃液体的闪点低,其燃点也低(燃点一般约高于闪点1~5℃),接触火源极易着火持续燃烧;易燃液体几乎全部是有机化合物,分子组成中含有碳原子和氢原子,易和氧反应而燃烧;大多数易燃液体相对分子质量小,沸点低,容易挥发,遇明火或火花极易着火燃烧;易燃液体着火所需能量小,只要极小能量的火花即可点燃。易燃液体的蒸气一般比空气重,易沉积在低洼处或室内,经久不散,增加了着火的危险性。

②易爆性　易燃液体挥发性大,当盛放易燃液体的容器有某种破损或不密封时,挥发出来的易燃蒸气扩散到存放或运载该物品的库房或车厢的整个空间,与空气混合,当浓度达到一定范围,即到达爆炸极限时,遇明火或火花即能引起燃烧爆炸。

③流动扩散性　易燃液体的黏度一般都很小,不仅本身极易流动,还因渗透、浸润及毛细现象等作用,即使容器只有极细微裂纹,易燃液体也会渗出容器壁外,扩大其表面积,并源源不断地挥发,使空气中的易燃液剂等易燃液体蒸气浓度增高,从而增加了燃烧爆炸的危险性。

④热膨胀性　易燃液体的膨胀系数比较大，受热后体积容易膨胀，同时其蒸气压也随之升高，从而使密封容器中内部压力增大，造成"鼓桶"，甚至爆裂。在容器爆裂时，会产生火花而引起燃烧爆炸。因此，易燃液体应避热存放；灌装时，容器内应留有5%以上的空隙，不可灌满。

⑤忌氧化剂和酸　易燃液体与氧化剂或氧化性的酸类(特别是硝酸)接触，能发生剧烈反应而引起燃烧爆炸。因此，易燃液体不得与氧化剂及有氧化性的酸类混储混运。

⑥毒性　大多数易燃液体及其蒸气均有不同程度的毒性。例如，甲醇、苯、二硫化碳等，不但吸入其蒸气会中毒，有的经皮肤吸收也会造成中毒事故。因此，接触、处置时应注意个人防护。

4.1.2.4　易燃固体、自燃物品和遇湿易燃物品

(1)定义

①易燃固体　指燃点低，对热、撞击、摩擦敏感，易被外部火源点燃，燃烧迅速，并可能散发出有毒烟雾或有毒气体的固体，但不包括已列入爆炸品的物品。常见的主要有硫黄、红磷、AC发泡剂、N发泡剂、OB发泡剂、晒图盐、感光剂、镁、铝粉、硅粉、冰片、樟脑、硝化纤维塑料(赛璐珞)、棉花等(图4-3)。

图4-3　易燃固体标志及示例

②自燃物品　指自燃点低，在空气中易发生氧化反应，放出热量，而自行燃烧的物品。常见的主要有黄磷、油纸、油棉纱、赛璐珞碎屑、活性炭、保险粉等(图4-4)。

图4-4　自燃物品标志及示例

③遇湿易燃物品　指遇水或受潮时，发生剧烈化学反应，放出大量的易燃气体和热量的物品，有的不需明火即能燃烧或爆炸。常见的主要有金属钾、钠、钙、电石、铝粉、锌粉等(图4-5)。

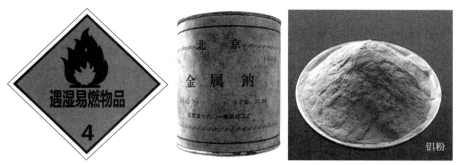

图 4-5 遇湿易燃物品标志及示例

(2) 特性

① 易燃固体的特性 易燃固体的燃点都比较低,一般在 400℃ 以下,因此在受热、摩擦、撞击等情况下很容易使温度升高达到自燃点而着火。如萘等固体还容易升华,其蒸气遇火源很容易燃烧。易燃固体的燃烧速度都比较快且火焰猛烈。

金属粉末如镁粉、铝粉等在外界火源作用下能直接与空气中的氧发生反应而燃烧,不产生火焰,只发出光,燃烧的温度很高,可达 1000℃ 以上。金属粉末燃烧的危险性与粒度有关,粒度越小越容易燃烧,若粉末在空气中飞扬时,遇火源会发生爆炸。许多易燃固体燃烧时还会放出大量有毒气体。

② 自燃物品的特性 自燃物品发生自燃不需要外界火源,而是由于物品本身发生的物理、化学、生化反应放出热量,在适当条件下热量积蓄使温度升高。这些物品自燃点都很低,一般在 200℃ 以下,放出的热量很容易达到自燃点而自行燃烧。如黄磷在常温下遇空气极易发生氧化反应发热从而发生自燃。温度、湿度增加时,氧化剂(如空气、氧化性酸)及金属粉末等物质的存在都能加快氧化反应速度,增加放热而引起自燃。

③ 遇湿易燃物品的特性 这类物质遇水和潮湿空气都能发生剧烈反应,放出易燃气体和大量热量,这些热量成为点火源引燃易燃气体而发生火灾、爆炸。遇水放出易燃气体的物质与酸反应更为激烈,这类物质中有些有毒,有些具有腐蚀性,大多还有还原性。

4.1.2.5 氧化剂和有机过氧化物

(1) 定义

① 氧化剂 指处于高氧化态、具有强氧化性,易分解并放出氧和热量的物质,包括含有过氧基的无机物,其本身不一定可燃,但能导致可燃物的燃烧,与松软的粉末状可燃物能组成爆炸性混合物,对热、振动或摩擦较敏感。常见的如漂白粉(次氯酸钙)、过硫酸铵(钾、钠)、过氧化氢、高锰酸钾、硝酸盐、高氯酸盐、次氯酸盐、氯酸盐、浓硫酸、硝酸等(图 4-6)。

② 有机过氧化物 有机过氧化物是指分子组成中含有过氧基的有机物,其本身易燃易爆。极易分解,对热、振动或摩擦极为敏感。一般含有过氧基的有机物基本都是,常见的主要有过氧化甲乙酮(俗称白料)、过甲酸、过乙酸等(图 4-7)。

(2) 特性

① 氧化剂的特性

a. 强氧化性:与易燃物、有机物、还原剂等接触会发生氧化反应,有些反应激烈时,会引起燃烧和爆炸。氧化剂分解温度较低,受热易分解放出氧,遇可燃物质引起燃烧。

图 4-6　氧化剂标志及示例

图 4-7　有机过氧化物标志及示例

b. 爆炸性：少数氧化性物质很不稳定，在摩擦、撞击、振动、明火、高热或遇酸剧烈反应时会引起爆炸。部分物质遇水分解，放出氧和热量，促使可燃物燃烧。

c. 毒性和腐蚀性：如三氟化溴、五氟化溴对大多数金属有腐蚀性，遇水和水蒸气猛烈反应生成具强腐蚀性和刺激性的氟化氢烟雾，吸入易中毒。

②有机过氧化物的特性

a. 爆炸性：有机过氧化物因分解温度更低更容易分解放出氧，使可燃物剧烈氧化而引起燃烧爆炸。有机过氧化物受摩擦、撞击、振动、明火、高热等作用也会发生爆炸，遇酸剧烈反应，有爆炸危险，如过氧化二苯甲酰遇浓硫酸即会发生爆炸。多数有机物与还原剂，有机物与硫、磷等混合有成为爆炸性混合物的危险。

b. 刺激性和毒性：能灼伤皮肤。

4.1.2.6　有毒品

（1）定义

有毒品指进入生物机体后，当累积达一定的量时，能与体液和器官组织发生生物化学作用或生物物理学作用扰乱或破坏机体的正常生理功能，引起某些器官和系统暂时性或持久性的病理改变，甚至危及生命的物品。其经口半数致死量：固体 $LD_{50} \leqslant 500mg/kg$；液体 $LD_{50} \leqslant 2000mg/kg$；经皮肤接触 24 小时，$LD_{50} \leqslant 1000mg/kg$；粉尘、烟雾及蒸气吸入半数致死量 $LC_{50} \leqslant 10mg/L$。按其毒性的程度可分为剧毒品和毒害品。

①剧毒品　列入《危险货物品名表》(GB 12268—2012)的剧毒品约有 2150 种(图 4-8)。按剧毒品半数致死量的接触方式可分为：

a. 经口半数致死量：固体 $LD_{50} \leqslant 50mg/kg$，液体 $LD_{50} < 200mg/kg$。

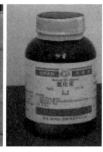

图 4-8 剧毒品标志与示例

b. 经皮肤接触 24 小时，半数致死量 $LD_{50} \leqslant 1000mg/kg$。

c. 粉尘、烟雾及蒸气吸入半数致死量 $LC_{50} \leqslant 500mg/L$ 的固体或液体。

按剧毒品化学组成的化学性质可分为：

a. 无机剧毒品：常见的无机剧毒品主要有电镀用的氰化物（氰化钾、氰化钠等）、三氧化二砷（砒霜）、氯化汞等 73 种。

b. 有机剧毒品：常见的有机剧毒品主要有甲苯二异氰酸酯（TDI）、硫酸甲酯、丙烯氰等 262 种。

②毒害品　按毒害品化学组成的化学性质可分为：

a. 无机毒害品：列入《危险货物品名表》（GB 12268—2012）的约有 700 种，如汞、铅、钡、氟的化合物。

b. 有机毒害品：列入《危险货物品名表》（GB 12268—2012）的约 1150 种，如草酸等。

（2）特性

毒性物质的毒性都很大，少量进入人体就会引起中毒。有些毒性物质不仅毒性大，还有易燃易爆及腐蚀危险性，如有机毒害品硝基苯和 2,4-二异氰酸酯等都可燃烧；有些无毒性物质也有燃烧、爆炸危险，如氰化氢在空气中很容易发生燃烧爆炸，爆炸极限浓度 5.4%~46.6%；氰化钾有极强的腐蚀性；部分毒害品遇酸、受热分解还会放出有毒气体烟雾。

4.1.2.7　放射性物品

放射性物品是指含有放射性核素，并且其活度和比活度均高于国家规定的豁免值的物品。根据放射性物品的特性和危害程度，可将其分为一类、二类、三类放射性物品。

（1）一类放射性物品

指Ⅰ类放射源、高水平放射性废物、乏燃料等释放到环境后对人体健康和环境产生重大辐射影响的放射性物品。

（2）二类放射性物品

指Ⅱ类和Ⅲ类放射源、中等水平放射性废物等释放到环境后对人体健康和环境产生一般辐射影响的放射性物品。

（3）三类放射性物品

指Ⅳ类和Ⅴ类放射源、低水平放射性废物、放射性药品等释放到环境后对人体健康和环境产生较小辐射影响的放射性物品。

4.1.2.8 腐蚀品

(1) 定义

腐蚀品是指能灼伤人体组织并对金属等物品造成损坏的固体或液体。与皮肤接触在 4 小时内出现可见坏死现象，或温度在 55℃ 时，对 20 号钢的表面均匀腐蚀率每年超过 625mm 的固体或液体(图 4-9)。腐蚀品按其性质分为：

①酸性腐蚀品　危险性较大，它能使动物皮肤受腐蚀，也可腐蚀金属。其中强酸可使皮肤立即出现坏死现象。这类物品主要包括各种强酸和遇水能生成强酸的物质，常见的有硝酸、硫酸、盐酸、五氯化磷、二氯化硫、磷酸、甲酸、氨乙酰氯、冰醋酸、氯磺酸、溴素、酸性电池液等。

②碱性腐蚀品　危险性较大，其中强碱易皂化作用，故易腐蚀皮肤，可使动物皮肤很快出现可见坏死现象。碱性腐蚀品常见的有氢氧化钠、氢氧化钾、硫化钠、乙醇钠、二乙醇胺、二环己胺、水合肼、氨水、碱性电池液等。

③其他腐蚀品　常见的其他腐蚀品主要有苯酚钠、氟化铬、次氯酸钠、甲醛等。

图 4-9　腐蚀品标志与示例

(2) 特性

①腐蚀性　在化学危险物品中，腐蚀品是化学性质比较活泼，能和很多金属、有机化合物、动植物机体等发生化学反应的物质。这类物质能灼伤人体组织，对金属、动植物机体、纤维制品等具有强烈的腐蚀作用。

②毒性　多数腐蚀品有不同程度的毒性，有的还是剧毒品。

③易燃性　许多有机腐蚀物品都具有易燃性，如甲酸、冰醋酸、苯甲酰氯、丙烯酸等。

④氧化性　如硝酸、硫酸、高氯酸、溴素等腐蚀品均具有氧化性，当这些物品接触木屑、食糖、纱布等可燃物时，会发生氧化反应，引起燃烧。

4.1.3 危险化学品的危害

危险化学品由于具有危险有害的特性，因此一旦发生事故往往会造成严重的后果。化学品的危害主要包括燃爆危害、健康危害和环境危害。

4.1.3.1 燃爆危害

燃爆危害是指化学品能引起燃烧、爆炸的危害程度。绝大多数危险化学品都具有易燃易爆危险特性，在生产、经营、贮存、使用及运输、装卸等过程中若控制不当或管理不善，很容易引起火灾、爆炸事故。因此，了解危险化学品的火灾、爆炸危害，对及时采取防范措施，做好安全生产，防止事故发生具有重要意义。

爆炸通常伴随发热、发光、压力上升、真空和电离等现象，具有很强的破坏作用。它与爆炸物的数量和性质、爆炸时的条件以及爆炸位置等因素有关。主要破坏形式有以下几种：

(1) 直接的破坏作用

盛装易燃易爆介质的机械设备、管道、容器等爆炸后会产生许多碎片，这些碎片飞出过程中具有较大的能量，会在相当大的范围内造成危害。一般碎片在 100~500m 内飞散。如 1979 年浙江温州电化厂液氯钢瓶爆炸，钢瓶的最远飞离碎片距爆炸中心 830m，其中还有碎片击穿了附近的液氯钢瓶、液氯计量槽、储槽等，导致大量氯气泄漏，发展成为重大恶性事故，死亡 59 人，伤 779 人。

(2) 冲击波的破坏作用

危险化学品爆炸时，产生的高温、高压气体以极高的速度膨胀，像活塞一样挤压周围空气，把爆炸反应释放出的部分能量传递给周围压缩的空气层，空气受冲击而发生扰动，使其压力、密度等产生突变，这种扰动在空气中的传播称为冲击波。冲击波的传播速度快，在传播过程中，可以对周围环境中的机械设备和建筑产生破坏作用而使人员伤亡。冲击波还可在它的作用区域内产生震荡作用，使物体因震荡而松散，甚至破坏。

冲击波的破坏作用主要是由其波阵面上的超压引起的。在爆炸中心附近，空气冲击波波阵面上的超压可达几个甚至十几个大气压，在这样高的超压作用下，建筑物会被摧毁，机械设备、管道等也会受到严重的破坏。

当冲击波大面积作用于建筑物时，波阵面超压在 20~30kPa 内，就足以使大部分砖木结构建筑物受到强烈破坏。波阵面超压在 100kPa 以上时，除坚固的钢筋混凝土建筑外，其余部分将全部破坏。

(3) 造成火灾

爆炸发生后，爆炸气体产物的扩散只发生在极短促的瞬间内，对一般可燃物来说，不足以造成起火燃烧，且冲击波造成的爆炸风还有灭火作用。但是爆炸时产生的高温高压可将易燃液体的蒸气点燃，也可能把其他易燃物点燃引起火灾。

当盛装易燃物的容器、管道发生爆炸时，爆炸抛出的易燃物有可能引起大面积火灾，这种情况在油罐、液化气瓶爆炸后最易发生。正在运行的燃烧设备或高温的化工设备被破坏，其灼热的碎片可能会飞出，点燃附近贮存的燃料或其他可燃物，引起火灾。

(4) 造成中毒和环境污染

在实际生产中，许多物质不仅是可燃的，而且是有毒的，发生爆炸事故时，会使大量有害物质外泄，造成人员中毒和环境污染。2003 年 12 月 23 日，位于重庆市开县(今开州区)高桥镇中石油川东北气矿"罗家 16H 井"发生特大井喷事故，造成 243 人中毒死亡，1000 多人住院，59790 名群众不同程度中毒和受灾，9 万多人被迫离开家园，并造成大量牲畜、家禽、野生动物、鱼类死亡和严重环境污染。

4.1.3.2 健康危害

由于危险化学品具毒性、刺激性、致癌性、致畸性、致突变性、腐蚀性、麻醉性、窒息性等特性，导致人员中毒的事故每年都发生多起。2000—2002 年化学事故统计显示，由危险化学品的毒性危害导致的人员伤亡占化学事故伤亡的 49.9%，关注危险化学品的健康危害，将是危险化学品安全管理的一项重要内容。2005 年 3 月 29 日，京沪高速公路淮安段发生特大液氯槽车泄漏事故。泄漏的氯气造成大面积环境污染，死亡29人，350多人中毒入院治疗，受灾农作物面积20620亩*，畜禽死亡15000头，直接经济损失达到2901万元。常见的健康危害有以下几种：

(1) 刺激

①皮肤　当某些危险化学品和皮肤接触时，危险化学品可使皮肤保护层脱落，而引起皮肤干燥、粗糙、疼痛，这种情况称作皮炎，许多危险化学品能引起皮炎。

②眼睛　危险化学品和眼部接触导致的伤害轻至轻微的、暂时性的不适，重至永久性的伤害，伤害严重程度取决于中毒的剂量及采取急救措施的快慢。

③呼吸系统　雾状、气态、蒸气化学刺激物和上呼吸系统(鼻和咽喉)接触时，会产生火辣辣的感觉，这一般是由可溶物引起的，如氨水、甲醛、二氧化硫、酸、碱等，其易被鼻咽部湿润的表面所吸收。一些刺激物对气管的刺激可引起气管炎，甚至严重损害气管和肺组织，如二氧化硫、氯气、煤尘等。一些化学物质将会渗透到肺泡区，引起强烈的刺激或导致肺水肿。表现有咳嗽、呼吸困难(气短)、缺氧以及痰多，如二氧化氮、臭氧与光气等。

(2) 过敏

①皮肤　过敏是指接触后在身体接触部位或其他部位产生的皮炎(皮疹或水疱)，如环氧树脂、胺类硬化剂、偶氮染料、煤焦油衍生物和铬酸等。

②呼吸系统　对化学物质的过敏会引起职业性哮喘，这种症状的反应常包括咳嗽(特别是夜间)以及呼吸困难，如气喘和呼吸短促等，引起这种反应的危险化学品有甲苯、聚氨酯、甲醛等。

(3) 缺氧(窒息)

窒息涉及对身体组织氧化作用的干扰。这种症状分为3种：单纯窒息、血液窒息和细胞内窒息。

①单纯窒息　这种情况是由于周围大气中氧气被惰性气体所代替，如氮气、二氧化碳、乙烷、氢气或氦气等，而使氧气量不足以维持生命的继续。一般情况下，空气中含氧量为21%，若降到17%以下，机体组织的供氧不足，就会引起头晕、恶心、调节功能紊乱等症状。这种情况一般发生在空间有限的工作场所，缺氧严重时会导致昏迷甚至死亡。

②血液窒息　这种情况是由于化学物质直接影响机体传送氧的能力，典型的血液窒息性物质就是一氧化碳。空气中一氧化碳含量达到0.05%时就会导致血液携氧能力严重下降。

③细胞内窒息　这种情况是由于化学物质直接影响机体和氧结合的能力，如氰化氢、硫化氢等。这些物质会影响细胞和氧的结合能力，尽管血液中含氧充足。

(4) 昏迷和麻醉

接触高浓度的某些危险化学品，如乙醇、丙醇、丙酮、丁酮、乙炔、烃类、乙醚、异丙醚等会导致中枢神经抑制。这些危险化学品有类似醉酒的作用，一次大量接触可导致昏迷甚至死亡，但也会导致一些人上瘾于这种麻醉品。

---

*　1亩≈0.067hm^2。

(5) 全身中毒

全身中毒是指化学物质引起的对一个或多个系统产生有害影响并扩展到全身的现象,这种作用不局限于身体的某一点或某一区域。

(6) 致癌

长期接触一定的化学物质可能引起人体细胞的无节制生长,形成癌性肿瘤。这些肿瘤可能在第一次接触这些物质以后许多年才表现出来,这一时期称为潜伏期,一般为4~40年。造成职业肿瘤的部位是变化多样的,未必局限于接触区域,如砷、石棉、铬、镍等物质可能导致肺癌；鼻腔癌和鼻窦癌是由铬、镍、木材、皮革粉尘等引起的；膀胱癌与接触联苯胺、萘胺、皮革粉尘等有关；皮肤癌与接触砷、煤焦油和石油产品等有关；接触氯乙烯单体可引起肝癌；接触苯可引起再生障碍性贫血。

(7) 致畸

接触化学物质可能对未出生胎儿造成危害,干扰胎儿的正常发育。在怀孕的前3个月,胎儿的脑、心脏、胳膊和腿等重要器官正在发育,一些研究表明化学物质可能干扰正常的细胞分裂过程,如麻醉性气体、水银和有机溶剂等,从而导致胎儿畸形。

(8) 致突变

某些危险化学品对工人遗传基因的影响可能导致其后代发生异常,实验结果表明80%~85%的致癌化学物质对后代有影响。

(9) 尘肺

尘肺是由于在肺的换气区域发生了微小尘粒的沉积以及肺组织对这些沉积物的反应。该病症很难在早期发现肺的变化,当X射线检查发现这些变化的时候病情已经较重了。尘肺病患者肺的换气功能下降,在紧张活动时将出现呼吸短促症状,这种危害是不可逆的,能引起尘肺病的物质有石英晶体、石棉、滑石粉、煤粉等。

4.1.3.3 环境危害

随着化学工业的发展,各种危险化学品的产量大幅度增加,新危险化学品也不断涌现。人们在充分利用危险化学品的同时,也产生了大量的化学废物,其中不乏有毒有害物质。由于毫无控制的随意排放及危险化学品其他途径的排放,环境状况日益恶化。如何认识危险化学品的污染危害,最大限度地降低危险化学品的污染,加强环境保护力度,已是人们亟待解决的重大问题。环境危害主要体现在以下几个方面：

(1) 对大气的危害

①破坏臭氧层　研究结果表明,含氯化学物质,特别是氯氟烃进入大气会破坏同温层的臭氧,臭氧减少导致地面接收的紫外线辐射量增加,从而导致皮肤癌和白内障的发病率大量增加。

②导致温室效应　大气层中的某些微量组分能使太阳的短波辐射透过加热地面,而地面增温后所放出的热辐射,都被这些组分吸收,使大气增温,这种现象称为温室效应。这些能使地球大气增温的微量组分称为温室气体。主要的温室气体有二氧化碳、甲烷、一氧化二氮、氟氯烷烃等,其中二氧化碳是造成全球变暖的主要因素。温室效应产生的影响主要有使全球变暖和海平面上升。如全球海平面在过去的百年里平均上升了14.4cm,我国沿海的海平面也平均上升了11.5cm,海平面的升高将严重威胁低地势岛屿和沿海地区人民的生产和生活。

③引起酸雨　由于硫氧化物(主要为二氧化硫)和氮氧化物的大量排放,在空气中遇水蒸气形成酸雨,对动物、植物、人类等均会造成严重影响。

④形成光化学烟雾　大气中未燃烧的煤尘、二氧化硫与空气中的水蒸气混合并发生化学反应形成伦敦型烟雾,也称为硫酸烟雾。汽车、工厂等排入大气中的氮氧化物或碳氢化合物,经光化学作用生成臭氧、过氧乙酸硝酸酯等形成的洛杉矶型烟雾。这些光化学烟雾对大气环境形成了严重的污染危害。

(2)对土壤的危害

据统计,我国每年向陆地排放有害化学废物2242万t,由于大量化学废物进入土壤,可导致土壤酸化、土壤碱化和土壤板结等危害。

(3)对水体的污染

水体中的污染物概括地说可分为四大类:无机无毒物、无机有毒物、有机无毒物和有机有毒物。无机无毒物包括一般无机盐和氮、磷等植物营养物等;无机有毒物包括各类重金属(汞、镉、铅、铬)和氧化物、氟化物等;有机无毒物主要是指在水体中的比较容易分解的有机化合物,如碳水化合物、脂肪、蛋白质等;有机有毒物主要为苯酚、多环芳烃和多种人工合成的具积累性的稳定有机化合物,如多氯联苯和有机农药等。有机物的污染特征是耗氧,有毒物的污染特性是生物毒性。

①含氮、磷及其他有机物的生活污水、工业废水排入水体,会使水中养分过多,藻类大量繁殖,海水变红,称为"赤潮",这会造成水中溶解氧的急剧减少,严重影响鱼类生存。

②重金属、农药、挥发酚类、氧化物、砷化合物等污染物可在水中生物体内富集,造成其损害、死亡,破坏生态环境。

③石油类污染可导致鱼类等水生生物死亡,还可引起水上火灾。

(4)对人体的危害

一般来说,未经污染的环境对人体功能是适合的,在这种环境中人能够正常地吸收环境中的物质而进行新陈代谢。但当环境受到污染后,污染物通过各种途径侵入人体,将会毒害人体的各种器官组织,导致其功能失调或者发生障碍,同时可能会引起各种疾病,严重时将危及生命。

①急性危害　在短时间内,有害物大量进入人体所引起的中毒为急性中毒。急性危害对人体影响最明显,较典型的是1952年12月发生在英国伦敦的烟雾事件,死亡者达4000余人。

②慢性危害　小量的有害物质经过长期的侵入人体所引起的中毒为慢性中毒。慢性中毒一般要经过长时间积累之后才逐渐显露出来,对人的危害是慢性的,如由镉污染引起的骨痛病便是环境污染慢性中毒的典型例子。

③远期危害　化学物质往往会通过遗传影响到子孙后代,引起胎儿致畸、基因致突变等。

4.2　化学品使用安全管理

化学品存在于我们生活的方方面面,在众多的化学品中,有相当一部分是危险化学品。危险化学品作为特殊的商品，极大地改善了人们的生活，但其固有的危险性也给人类的生存带来威胁。在使用前必须全面了解其安全性能，加强危险化学品的安全管理工作，使用时才能采取有针对性的安全防护措施，以避免造成不必要的危害。当前，关于危险化学品的管理，我国已出台了一些相关的管理办法和标准，包括《中华人民共和国安全生产法》《危险化学品安全管理条例》《危险化学品安全使用许可证实施办法》等一些法律法规，在危险化学品的生产、经营、运输、贮存、使用和处置废弃等全生命周期进行安全管理。本节主要介绍高校对危险化学使用安全管理。

4.2.1 化学品的采购

4.2.1.1 一般化学品的采购

一般化学品的采购，需要从具有化学品经营许可资质的公司购买，使商品质量得到保障。

4.2.1.2 危险化学品的采购

危险化学品应统一采购，其采购的两项基本要求：

(1)危险化学品企业安全生产许可证

购买危险化学品时需要供货单位提供危险化学品企业安全生产许可证，并确认其提供的化学试剂和化工原料是否符合该证规定的经营范围。

(2)许可制度

购买剧毒化学品、易制毒化学品、易制爆化学品、放射性物品、麻醉品和精神类药品等国家特定种类危险化学品时，应通过学校向公安、环保和食品药品监督管理等部门提出申请备案，获批准后凭证购买，个人不得擅自购买。

采购时，须查验供货单位的特定种类危险化学品经营许可资质。

4.2.2 危险化学品的申购管理

4.2.2.1 危险化学品的申购流程

为规范和加强学校实验室化学品的安全管理，预防和减少危险化学品事故，各高校采购危险化学品一般均执行逐级审批制度，即由使用部门填写申购单，经院(部、中心)主管负责人签字，保卫处和高校实验室设备管理部门审批，加盖公章后，由采购供应单位按申购程序负责向市、区有关部门报批，凭采购证申购。

国家管制类和非管制类危险化学品申购要求如下：

①国家非管制类一般危险化学品购买需向具有生产经营许可资质的单位申购，对相关供应商的经营许可资质进行审核，并留存相关资质证书资料。

②剧毒品、易制毒品、易制爆品、爆炸品等国家管制类危险化学品购买需经学校审批，报公安部门批准或备案后，向具有经营许可资质的单位购买；高校职能部门保留资料、建立档案；不得私自从外单位获取管控化学品；购买此类危险化学品应有规范的验收记录。

③麻醉药品、精神药品等购买前须向食品药品监督管理部门申请，报批同意后向定点供应商或者定点生产企业采购。

高校危险化学品一般申购流程如图4-10所示。

4.2.2.2 剧毒品采购管理

《危险化学品安全管理条例》第三十八条规定购买剧毒化学品，应当遵守下列规定：

①依法取得危险化学品安全生产许可证、危险化学品安全使用许可证、危险化学品经营许可证的企业，凭相应的许可证件购买剧毒化学品、易制爆危险化学品。民用爆炸物品生产企业凭民用爆炸物品生产许可证购买易制爆危险化学品。

②前款规定以外的单位购买剧毒化学品的，应当向所在地县级人民政府公安机关申请取得剧毒化学品购买许可证；购买易制爆危险化学品的，应当持本单位出具的合法用途说明。

③个人不得购买剧毒化学品（属于剧毒化学品的农药除外）和易制爆危险化学品。

剧毒化学品生产企业、经营企业不得向个人或者无购买凭证、准购证的单位销售剧毒化学品。剧毒化学品购买凭证、准购证不得伪造、变造、买卖、出借或者以其他方式转让，不得使用作废的剧毒化学品购买凭证、准购证。

任何单位和个人不得生产、经营、使用国家明令禁止的危险化学品。禁止用剧毒化学品生产灭鼠药以及其他可能进入群众日常生活的化学产品和日用化学品。

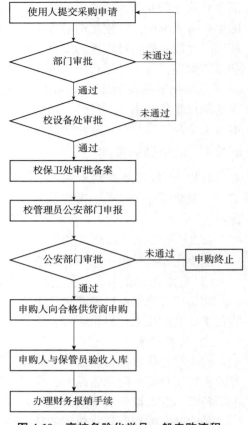

图 4-10　高校危险化学品一般申购流程

4.2.3　实验室化学品的存放管理

4.2.3.1　危险化学品的贮存方式

根据《常用化学危险品贮存通则》（GB 15603—1995），危险化学品贮存方式分为 3 种：隔离贮存、隔开贮存和分离贮存。

（1）隔离贮存

在同一房间或同一区域内，不同的物料之间分开一定距离，非禁忌物料（注：禁忌物料是指化学性质相抵触或灭火方法不同的化学物料）间用通道保持空间的贮存方式。

（2）隔开贮存

在同一建筑或同一区域内，用隔板或墙，将其与禁忌物料分离开的贮存方式。

（3）分离贮存

在不同的建筑物或远离所有建筑的外部区域内的贮存方式。

4.2.3.2　危险化学品分类贮存要求

根据危险化学品的性能分区、分类、分库贮存，化学性质相抵触、配伍禁忌或灭火方法不同的各类危险化学品不得混合贮存，危险化学品贮存管理要求如下：

①爆炸物品不准和其他类物品同贮，必须单独隔离限量贮存。

②压缩气体和液化气体必须与爆炸物品、氧化剂、易燃物品、自燃物品、腐蚀性物品

隔离贮存。

③易燃气体不得与助燃气体、剧毒气体同贮，氧气不得与油脂混合贮存。

④易燃液体、遇湿易燃物品、易燃固体不得与氧化剂混合贮存，具有还原性的氧化剂应单独存放。

⑤自燃物品：黄磷、烃基金属化合物、浸动植物油制品须分别专库贮藏。

⑥遇湿易燃物品须专库贮藏。

⑦氧化剂和有机过氧化物一、二级无机氧化剂与一、二级有机氧化剂必须分别贮藏，但硝酸铵、氯酸盐类、高锰酸盐、亚硝酸盐、过氧化钠、过氧化氢等必须分别专库贮藏。

⑧腐蚀性物品，包装必须严密，不允许泄漏，严禁与液化气体和其他物品共存。

⑨毒害品仓库应远离居民区和水源，贮存于阴凉或通风干燥的场所，不能接近酸类物质，配备与毒害品性质适应的消防器材、报警装置和急救药箱。种类不同、危险程度和灭火方法不同的毒害品要分开存放，性质相抵的禁止同库混存。剧毒品应专库贮存或存放在彼此间隔的单间内，需安装防盗报警器，库门装双锁。

4.2.3.3 危险化学品限量贮存要求

实验室危险化学品存量原则上不应超过100L或100kg，其中易燃易爆性化学品的存放总量不应超过50L或50kg，且单一包装容器不应大于20L或20kg（按50m^{2}实验室面积为标准）；单个实验装置存在10L以上甲类物质储罐，或20L以上乙类物质储罐，或50L以上丙类物质储罐，须加装泄露报警器及通风联动装置。

4.2.3.4 危险化学品贮存环境要求

①易燃易爆化学品的库房耐火等级不低于三级，应冬暖夏凉、干燥、易于通风、密封和避光。

②毒害品的库房耐火等级不低于二级，且机构完整、干燥、通风良好。机械通风排毒要有必要的安全防护措施。

③腐蚀性化学品库房应是阴凉、干燥、通风、避光的防火建筑，建筑材料最好经过防腐蚀处理。贮藏发烟硝酸、溴素、高氯酸的库房应是低温、干燥通风的一、二级耐火建筑。溴氢酸、氢酸要避光贮藏。

④贮藏室、贮藏区、贮存柜等应通风、隔热、避光、安全。

⑤有机溶剂贮存区应远离热源和火源。

⑥易泄漏、易挥发的试剂贮存时应保证充足的通风。

⑦试剂柜中不能有电源插座或接线板。

⑧存放氧化剂的库温不宜超过35℃，相对湿度宜保持在80%以下。

⑨爆炸物品、一级易燃物品、有毒物品以及遇火、遇热、遇潮能引起燃烧、爆炸或发生化学反应、产生有毒气体的危险化学品不得在露天或潮湿、积水和建筑物中贮存。

⑩受日光照射能发生化学反应引起燃烧、爆炸、分解、化合或能产生有毒气体的化学危险品应贮存在一级建筑物中，其包装应采取避光措施。

4.2.4 实验操作安全管理

做好实验室的技术安全、环境保护和消防工作是关系到人身和财产安全的大事，是确保学校教学、科研工作正常进行的前提条件。各实验室要经常对教职工和学生进行安全知识教育，坚持"安全第一，预防为主"和"谁主管，谁负责"的原则，建立健全实验室安全管理规章制度，涉及危险性实验，须制定实验安全作业指导书（或标准操作规程）和应急预案，涉及危险化学品的反应装置应设置自动化控制系统或设置双重电源供电，控制系统应配置不间断电源，并做好有毒有害废气的处理和防护。

4.2.4.1 实验安全作业指导书

实验安全作业指导书是帮助实验人员规范正确操作实验仪器设备的指导性文件，对实验人员安全正确完成实验操作，确保实验结果准确十分重要。实验安全作业指导书是用以指导某个具体过程形成的技术性细节描述的可操作性文件，是作业指导者对作业者进行标准作业的正确指导的基准，也是检验员用于指导工作的依据。利用实验安全作业指导书可以在最短的时间里培养实验作业人员达到熟练规范安全操作的技能，提高工作效率，保证实验结果准确可靠。它是一种标准的操作程序。

实验安全作业指导书应以满足实验操作为目的，形式不拘一格，简洁明了可获唯一理解即可。根据实践操作经验和规范，一般由实验室技术人员为主组织编制，实验设备管理人员和部分技术骨干为编制工作人员，在完成标准方法证实和危害辨识分析的基础上进行编制。

（1）实验安全指导书的编制

实验安全作业指导书（实验操作）包含但不限于以下内容：

实验安全作业指导书

1. 范围
2. 规范性引用文件
3. 术语和定义
4. 职责
5. 安全操作规范
   5.1 *** 实验安全操作规范
   5.2 *** 实验安全操作规范
6. 记录
7. 注意事项

（2）实验安全指导书的使用

①实验安全作业指导书是指导开展实验工作和管理工作的指导性文件，作为一种标准实验操作规范，编制完成后应组织评审，审核批准后再发布实施，并打印成册，组织实验人员进行相关实验方法的培训。

②实验安全作业指导书需指定部门（如实验室管理办公室或部门办公室）负责发放、传递、收回和销毁工作。

③实验安全作业指导书应放置于相关实验室，便于人员进行取阅，并应限制在指定实验室内使用，未经部门批准，任何部门和个人不得擅自对外交流、外借、复印和外送。

④实验安全作业指导书不得私自随意修改，如修改、方法变更或升级，应由执行部门或实验室提出修改意见，由部门负责人审批修改或更新。

⑤实验安全作业指导书应妥善保管，保持整洁，一旦损坏或丢失，实验室应立即向办

公室办理损坏或挂失手续和申请补(换)手续。

4.2.4.2 实验室应急预案

为有效预防、及时控制和妥善处置实验室突发安全事件，建立健全预警和应急机制，提高应对突发事件的能力，保护师生人身安全和实验室财产安全，最大限度地减少突发事件造成的损失，实验室应依据自身实验特点和实验工艺制定相应的实验室应急预案，对可能发生的事故进行迅速有效地控制和处置，保障实验室安全和正常运转。

（1）编制内容

实验室应急预案一般包括：火警处理应急处置、触电事故应急处置、高温烧伤事故应急处置、爆炸事故应急处置、中毒应急处置、化学灼伤应急处置、生物安全事故应急处置等。

实验室应急预案包含但不限于以下内容：安全工作应急小组及主要职责、应急原则、部门安全事故处理程序、应急部门联系方式、各安全事故防范措施和应急处置程序。

（2）编制要求

应急部门应组织宣传、贯彻国家应急工作的方针政策，负责组织应急准备工作，参加相关单位举办的应急人员培训，定期开展各类应急演习，使实验人员熟悉所涉及工作的危险性，掌握应急处理措施。

应急预案应置于醒目处或上墙，便于人员熟悉和查阅。应急联系部门(人)和联系方式如有变动应及时更新相关信息。

4.2.4.3 危险工艺和装置实验安全管理

危险化学品以其理化性质具有的特殊性决定了在生产中容易发生事故，而且事故后果严重，具生产工艺复杂，要求高，变化多，危险性大，对生产设施要求严格等特点。根据危险化学品的性质和生产条件设置安全设施，主要有以下几方面：

①防止危险化学品的蒸气、粉尘、气体在工作场所积聚的措施　无论易燃、易爆、有毒、腐蚀还是具有其他危害性，一律应及时排出，防止积聚。应有充分有效的通风设施，包括自然通风和机械通风，管理者与监察员可以检查其是否正常运行，效果是否理想。

通风时应注意：如果气体、蒸气、粉尘比空气重，自然通风的窗户下沿应低，机械排风的吸风口应接近地面，从实验室的下部吸风。排气如果比空气轻，应在实验室的最高端设排气孔。另外，可检查车间厂房、设备上是否有粉尘堆积，应勤加清扫，以消除二次污染源。

②危险化学品的反应装置应设置自动化控制系统，安装防止危险化学品气体、蒸气浓度超标的检测装置。应设置气体浓度自动检测报警仪，最好能与机械排风联动，一旦有害气体浓度超标，除及时报警外，自动启动机械排风。

③防止有害物质或事故扩散的措施　除设备应密闭外，还应按照实际情况采取防止有害物或事故扩散的措施。

④紧急放料和排放设施　有些反应的工艺条件不易控制，容易因温度、压力猛升而产生爆炸危险，可以设置紧急排放设施。生产过程中一旦出现反应异常，压力、温度猛升等失控局面时，可迅速开启反应釜底部阀门，将物料通过管径很粗的放料管放入隔壁房间的敞口容器内，避免反应锅爆炸，有的可导入火炬，放空烧掉。

⑤防止产生着火源　易燃危险化学品生产系统和场所均应防止产生火源。涉及放热反

应的危险化工工艺生产装置应设置双重电源供电或控制系统应配置不间断电源,设置自动控制和电源冗余设计。电气设备、仪表、安全设施、工具、设备都不得产生火源,所以防爆区域的机械排风、检测仪表、电气设备、工具等均应防爆。

⑥防止火灾蔓延的措施　除防火间距外,常用的有防火墙、防爆墙、耐火建筑等。此外,还有阻火器、水封井、安全液封、火花熄灭器等。水封井设在下水管网上,可防止燃烧的蔓延,也可阻止轻微爆炸波的扩展。

4.2.4.4　有毒有害废气的处理和防护

现有实验室试验过程中产生的有毒有害气体通常通过通风橱、通风罩或换气扇排放到大气中,但难免造成环境污染。有的实验用吸附设备无法放进通风橱中,造成有毒有害气体排放困难。还有实验使用臭氧消毒,这些废气如果直接排放,对实验人员及外部环境都会造成伤害和严重污染,而且实验室多为封闭环境,潜在危险更加严重。所以,做好实验室有毒有害废气的处理和防护管理尤为重要。

(1)有毒有害废气的处理方法

目前市面上大多通过对气体回收利用或无害处理的方法处理实验室产生的有毒有害废气。回收利用或无害处理的工艺技术方法主要有:

①冷凝法　工业排出废气中各组分物质在不同温度下具有不同饱和蒸气压,降低温度,能使一些有害气体或蒸气冷凝成液体,从而被分离除去。本法一般适用于吸附或化学转化等处理技术的前处理。

②燃烧法　对某些有害气体进行氧化燃烧或高温分解,使其转化为无害物质,适用高浓度可燃性气体,简便易行,并可回收热能。

③催化转化法　利用不同催化剂对各类物质的不同催化活性,使废气中的污染物转化成无害的化合物或比原来存在状态更易除去的物质,以达到净化有害气体的目的。一般常用催化氧化法和催化还原法。此法效率高,反应温度低,操作简便,应用广泛。

④吸收法　用溶液或溶剂吸收工业废气中有害气体,使之被分离除掉。此法适用于大多数有害气体的处理,应用也较广,但吸收净化效率不高,吸收液需要定期处理。

⑤吸附法　用多孔性固体吸附剂可吸附工业废气中大多数有害气体组分,尤其适用于低浓度有害气体的去除,净化效率较高,解吸后气体可回收利用。

⑥过滤法　含有放射性物质的废气,须经过滤器过滤后再排往大气中。

(2)防护措施

实验室产生的废气特点是分布散、排量小、不连续,未引起足够的重视,事实上,实验室污染种类杂、浓度高、毒性强,并且实验室一般地点都处于高校内或者市区繁华地段,离我们更近,治理难度大。在实验过程中采取必要的防护措施,可有效避免发生意外事故。

①产生废气的实验场地应远离火种、热源,远离易燃可燃物,工作场所严禁吸烟。防止气体泄漏到工作场所空气中。

②产生有毒有害废气的实验,应在通风橱中进行。操作人员必须经过专门培训,严格遵守操作规程。

③空气中浓度超标时,建议佩戴空气呼吸器或氧气呼吸器。紧急事态抢救或撤离时,必须佩戴氧气呼吸器。

④部分实验除佩戴空气呼吸器,还需穿戴面罩式胶布防毒衣,戴橡胶手套。

4.2.5 管制类化学品使用管理

目前,管制类化学品主要包括:剧毒化学品 148 种[《剧毒化学品目录(2020 版)》]、易制爆危险化学品 9 类 74 种[《易制爆危险化学品名录(2017 年版)》]、麻醉药品 121 种[《麻醉药品品种目录(2013 年版)》]和精神药品第一类和第二类 149 种[《精神药品品种目录(2013 年版)》]、易制毒化学品 3 类 38 种[《易制毒化学品的分类和品种目录》]、实验气体 3 类 164 种[《危险化学品目录》(2015 版)]。

4.2.5.1 剧毒化学品的使用管理

依据《毒害性商品贮存养护技术条件》(GB 17916—2013)对毒害性商品贮存条件、贮存技术、贮存期限等的规定,有以下使用管理要求:

(1)贮存条件

①库房干燥、通风。机械通风排毒应有安全防护和处理措施。

②库房耐火等级不低于二级。

(2)安全要求

①仓库应远离居民区和水源。

②商品避免阳光直射、暴晒,远离热源、电源、火源,在库内(区)固定和方便的位置配备与毒害性商品性质相匹配的消防器材、报警装置和急救药箱。

③不同种类的毒害性商品,视其危险程度和灭火方法的不同应分开存放,性质相抵的毒害性商品不应同库混存。

④剧毒性商品应专库贮存或存放在彼此间隔的单间内,并安装防盗报警器和监控系统,库门装双锁,实行双人收发、双人保管制度。其中,防盗安全门应符合《防盗安全门通用技术条件》(GB 17565—2007)的要求,防盗安全级别为乙级(含)以上;防盗锁应符合《机械防盗锁》(GA/T 73—2015)的要求;防盗保险柜应符合《防盗保险柜》(GB 10409—2001)的要求;监控管控执行公安要求。

(3)环境要求

库区和库房内保持整洁。对散落的毒害性商品应按照其安全技术说明书提供的方法妥善收集处理,库区的杂草及时清除。用过的工作服、手套等用品应放在库外安全地点,妥善保管并及时处理。更换贮存毒害性商品品种时,要将库房清扫干净。

库房温度不宜超过 35℃。易挥发的毒害性商品,库房温度应控制在 32℃以下,相对湿度应在 85%以下。对于易潮解的毒害性商品,库房相对湿度应控制在 80%以下。

(4)管理使用要求

有专人管理并做好贮存、领取、发放情况登记;库房内设置温湿度表,按时观测记录;严格控制库内温湿度,保持在要求范围之内;定期检查库内设施、消防器材、防护用具是否齐全有效。定期进行毒害品质量检查(每种药品抽查 1~2 件),检查结果逐项记录,并做好标记。入库、检查、使用等登记资料至少保存 1 年。

作业人员应持有毒害性商品养护上岗作业资格证书,应佩戴手套和相应的防毒口罩或面具,穿防护服;作业中不应饮食,不应用手擦嘴、脸、眼睛;每次作业完毕,应及时用肥皂(或专用洗涤剂)洗净面部、手部,用清水漱口,防护用具应及时清洗,集中存放;操作时轻拿轻放,不应碰撞、倒置,防止包装破损,商品散漏。

4.2.5.2 易制爆化学品的使用管理

依据《易燃易爆性商品贮存养护技术条件》(GB 17914—2013)对易燃易爆性商品贮存条件、贮存技术、贮存期限等的规定，有以下使用管理要求：

(1) 贮存条件

①贮存易燃易爆商品的库房耐火等级不低于二级。

②库房应干燥、易于通风、密闭和避光，并应安装避雷装置；库房内可能散发(或泄漏)可燃气体、可燃蒸气的场所应安装可燃气体检测报警装置。

③各类商品依据性质和灭火方法的不同，应严格分区、分类和分库存放。

a. 易爆性商品应贮存于一级轻顶耐火建筑的库房内。

b. 低、中闪点液体，一级易燃固体，自燃物品，压缩气体和液化气体类应贮存于一级耐火建筑的库房内。

c. 遇湿易燃商品、氧化剂和有机过氧化物应贮存于一、二级耐火建筑的库房内。

d. 二级易燃固体、高闪点液体应贮存于耐火等级不低于二级的库房内。

e. 易燃气体不应与助燃气体同库贮存。

(2) 安全要求

商品应避免阳光直射、远离火源、热源、电源及产生火花的环境。存放场所出入口应设置防盗安全门，或存放在专用贮存柜内；贮存场所防盗安全级别应为乙级(含)以上；专用贮存柜应具有防盗功能，符合双人双锁管理要求，并安装机械防盗锁。

以下品种应专库贮存：

①爆炸品　黑色火药类、爆炸性化合物应专库贮存。

②压缩气体和液化气体　易燃气体、不燃气体和有毒气体应专库贮存。

③易燃液体可同库贮存，但灭火方式不同的商品应分库贮存。

④易燃固体可同库贮存，但发乳剂 H 与酸或酸性物品应分库贮存。

⑤硝酸纤维素酯、安全火柴、红磷及硫化磷、铝粉等金属粉类应分库贮存。

⑥自燃商品　黄磷、烃基金属化合物、浸动、植物油制品应分库贮存。

⑦遇湿易燃物品须专库贮存。

⑧氧化剂和有机过氧化物，一、二级无机氧化剂与一、二级有机氧化剂应分库贮存；硝酸铵、氯酸盐类、高锰酸盐、亚硝酸盐、过氧化钠、过氧化氢等应分别专库贮存。

(3) 环境要求

库房周围无杂草和易燃物。库房内地面无漏洒商品，保持地面与货垛清洁卫生；库房温湿度依据各类易制爆化学品温湿度条件设置。

(4) 管理使用要求

库房内设置温湿度表，按规定时间进行观测和记录；根据商品的不同性质，采取密封、通风和库内吸湿相结合的温湿度管理办法，严格控制并保持库房内的温湿度；每天对库房内外进行安全检查，检查地面是否有散落物等异常现象，发现问题及时处理；定期检查库内设施、消防器材、防护用具是否齐全有效。

根据商品性质，应定期进行以感官为主的库内质量检查，每种商品抽查 1~2 件，检查商品自身变化，商品容器、封口、包装和衬垫等在贮存期间的变化。

①爆炸品　检查外包装，不应拆包检查。爆炸性化合物可拆箱检查。

②压缩气体和液化气体　用称量法检查其质量；可用检漏仪检查钢瓶是否漏气；也可用棉球蘸稀盐酸液(用于氨)、稀氨水(用于氯)涂在瓶口处进行检查。

③易燃液体　检查封口是否严密，有无挥发或渗漏，有无变色、变质和沉淀现象。

④易燃固体　检查有无溶(熔)、升华和变色、变质现象。

⑤自燃物品、遇湿易燃物品　检查有无挥发、渗漏、吸潮溶化，以及稳定剂是否足量。

⑥氧化剂和有机过氧化物　检查包装封口是否严密，有无吸潮溶化、变色变质；有机过氧化物、含稳定剂的容器内要足量，封口严密有效。

按质量计量的商品应抽检质量，以控制商品保管损耗。每次质量检查后，外包装上均应作出明显的标记，并作好记录。

作业人员应有操作易燃易爆性商品的上岗作业资格证书，应穿防静电工作服，戴手套和口罩等防护用具；禁止穿钉鞋；操作中轻搬轻放，防止摩擦和撞击。汽车出入库要带好防火罩，排气管不应直接对准库房门；各项操作不应使用能产生火花的工具，不应使用叉车搬运、装卸压缩和液化的气体钢瓶；热源与火源应远离作业现场；库房内不应进行分装、改装、开箱、开桶、验收等，以上活动应在库房外进行。

4.2.5.3　麻醉药品和第一类精神药品的使用管理

依据《麻醉药品和精神药品管理条例》管理规定，对麻醉药品和第一类精神药品的使用管理有以下要求：

(1)贮存条件

麻醉药品和第一类精神药品的使用单位应当设立专库或者专柜贮存麻醉药品和第一类精神药品。专库应当设有防盗设施并安装报警装置；专柜应当使用保险柜。专库和专柜应当实行双人双锁管理。

(2)安全要求

贮存单位应当设置贮存麻醉药品和第一类精神药品的专库。该专库应当符合下列要求：

①安装专用防盗门，实行双人双锁管理。

②具有相应的防火设施。

③具有监控设施和报警装置，报警装置应当与公安机关报警系统联网。

(3)环境要求

库房具有适宜药品分类保管和符合药品贮存要求，库房内墙壁、顶棚和地面光洁、平整、门窗结构严密；库区地面平整、无积水和杂草，没有污染源；库区应有符合规定要求的消防、安全措施。

参照药品批发与零售企业根据所经营药品的贮存环境要求，麻醉药品和第一类精神药品的贮存环境应根据药品不同保存方式和保存条件设置不同温、湿度条件的库房。其中冷库温度应达到2~10℃，阴凉库温度不超过20℃，常温库温度为0~30℃，各库房相对湿度应保持在45%~75%。

(4)管理使用要求

麻醉药品和第一类精神药品的使用单位，应当配备专人负责管理工作，并建立贮存麻醉药品和第一类精神药品的专用账册。药品入库双人验收，出库双人复核，做到账物相符。专用账册的保存期限应当自药品有效期期满之日起不少于5年。

因治疗疾病需要，个人凭医疗机构出具的医疗诊断书、本人身份证明，可以携带单张处方最大用量以内的麻醉药品和第一类精神药品；携带麻醉药品和第一类精神药品出入境的，由海关根据自用、合理的原则放行。

医务人员为了医疗需要携带少量麻醉药品和精神药品出入境的，应当持有省级以上人民政府药品监督管理部门发放的携带麻醉药品和精神药品证明。海关凭携带麻醉药品和精神药品证明放行。

科学研究、教学单位需要使用麻醉药品和精神药品开展实验、教学活动的，应当经所在地省、自治区、直辖市人民政府药品监督管理部门批准，向定点批发企业或者定点生产企业购买。

需要使用麻醉药品和精神药品的标准品、对照品的，应当经所在地省、自治区、直辖市人民政府药品监督管理部门批准，向国务院药品监督管理部门批准的单位购买。

4.2.5.4 易制毒化学品的使用管理

依据《易制毒化学品管理条例》规定的易制毒化学品的分类和目录，第一类易制毒化学品应贮存于特殊药品库，第二类、第三类易制毒化学品必须贮存在危险品仓库内，贮存场地应符合国家标准对安全、消防要求。参照特殊药品库和危险品仓库使用管理相关规定，易制毒化学品使用管理有以下要求：

（1）贮存条件

易制毒化学品必须贮存在专用仓库、专用场地或者专用贮存室内，贮存方式、方法与贮存数量必须符合国家标准，并由具备专业知识的人员管理，管理人员必须配备可靠的个人安全防护用品。

根据易制毒化学品的种类、特性，设置相应的监测、通风、防晒、调温、防火、灭火、防爆、泄压、防毒、消毒、中和、防潮、防雷、防静电、防渗漏、防护围堤等安全设施、设备，并按照国家标准和有关规定进行维护、保养，保证符合安全运行要求。仓库门锁应双人双钥匙管理，仓库应安装铁门、铁窗。

贮存的易制毒化学品具有易燃、易爆特性时，其贮存区域或仓库内输配电线路、灯具、火灾事故照明都应符合防爆要求，严禁吸烟、禁用手机和明火。

易制毒化学品专用仓库，应当符合国家标准对安全、消防的要求，设置明显标志。在贮存场所还应设置通信、报警装置，并保证在任何情况下都处于正常使用状态。

（2）安全要求

①分类存放　库房内物品应保持一定的间距，分类存放；易制毒化学物品必须根据其分歧特性专库专储，尤其是第二类、第三类易制毒化学物品，应按腐蚀性、易燃性等分类存放；凡用玻璃容器盛装的易制毒化学危险品，严防撞击、振动、摩擦、重压和倾斜。

②通风　通风可以散热，防止热量积蓄，包管在库易制毒化学物品性质稳定，仓库一般采用排风扇方式进行通风。

③控制温度　每天对温度进行两次的监控。

④控制湿度　每天对湿度进行两次的监控。控制湿度通常有密封包装和通风除湿等方法。

（3）环境要求

易燃易爆的易制毒化学品贮存温度不能超过28℃。

(4)管理使用要求

易制毒化学品出、入库前均应按单据进行检查验收、登记。验收内容包括：名称、规格、数量、质量、包装、危险标志、有无泄漏、安全技术说明书和安全标签等，经检验合格后方可出、入库；当物品性质未弄清时不得入库。

易制毒化学入库后应采取适当的养护措施，在贮存期内，定期检查，发现其品质变化、包装破损、渗漏、稳定剂短缺等问题时，应及时处理。

易制毒化学品搬运应轻拿轻放，严禁摔碰、撞击和强烈振动，严禁肩扛背负；开启包装时忌用蛮力，防止包装破裂，开拆易燃易爆品包装箱时，不可使用会产生火花的铁质工具；生产领料、发料、回库要注意核对原料名称、数量须经双方确认。

4.2.5.5 实验气体的使用管理

依据《气瓶安全技术监察规程》（TSGR 0006—2014）、《气瓶安全监察规定》（2015 年修订）、《危险化学品安全管理条例》等对实验气体的贮存条件、贮存技术、贮存期限等的规定，有以下使用管理要求：

(1)贮存条件

①气瓶宜贮存在室外带遮阳、雨篷的场所或独立的气体钢瓶室。建筑应符合《建筑设计防火规范》（GB 50016—2014）的有关规定。

②气瓶贮存室不得设在地下室或半地下室，也不能和办公室或休息室设在一起。

③使用气体应配置气瓶柜或气瓶防倒链、防倒栏栅等设备，合理固定，危险气体钢瓶尽量置于室外，若在室内应放置于带有排风且有报警探头的气瓶柜。

④贮存可燃、爆炸性气体气瓶的库房，应配备防爆型电气设备，电器开关和熔断器都应设置在库房外。

⑤盛装有毒气体的气瓶，或所装介质互相接触后能引起燃烧爆炸的气瓶，应分室贮存，并在附近设置防毒用具或灭火器材。

⑥禁止将气瓶放置到可能导电的环境存放。

(2)安全要求

①气瓶的存放应控制在最小需求量；涉及有毒、可燃气体的场所，应配有通风设施和相应的气体监控和报警装置等，张贴必要的安全警示标志。

②气瓶的放置地点不得靠近热源，且距明火 10m 以上。盛装易起聚合反应或分解反应气体的气瓶应避开放射性射线源。

③不得用温度超过 40℃ 的热源对气瓶加热，如乙炔瓶瓶温过高会降低丙酮对乙炔的溶解度，而使瓶内乙炔压力急剧增高，造成危险。

④存有大量惰性气体或液氮、二氧化碳的较小密闭空间，为防止大量泄漏或蒸发导致缺氧，需安装氧含量监测报警装置。

⑤严禁在走廊和公共场所存放气体钢瓶，独立的气体钢瓶室应通风、不混放、有监控，气瓶柜需上锁并由专人管理。

(3)环境要求

气体钢瓶存放点须通风、远离热源、避免暴晒，地面平整干燥。放置地点不得靠近热源，应与办公、居住域保持 10m 以上距离。气瓶应防止暴晒、雨淋、水浸，环境温度超过 40℃ 时，应采取遮阳等措施降温。

(4) 管理使用要求

①实验气体的采购　实验室气体应从定点供应商处采购，如采购非定点供应商中的气体，须经学校相关管理部门审批。气体应由定点供应商送货上门，采购人须进行验收。气瓶颜色符合《气瓶颜色标志》(GB/T 7144—2016)的规定要求，对于实验气体名称标识不清或不对应、气体钢瓶没有安全帽和防震圈、气体钢瓶颜色缺失或不符合国标的规定要求、气体钢瓶缺乏检定标志等，采购人应拒绝接收，并及时报告所在部门实验室与安全员、学校管理部门。

②气体钢瓶的搬运安全　在搬动气体钢瓶时，应装上防震圈、旋紧安全帽，以保护开关阀，防止其意外转动和减少碰撞。搬运气体钢瓶时，一般用钢瓶推车，也可以用手平抬或垂直转动，严禁手抓开关总阀移动，切勿拖拉、滚动或滑动气体钢瓶。

③气体钢瓶的管路连接安全　供气管路需选用合适的管材；易燃、易爆、有毒的危险气体连接管路必须使用金属管，其中乙炔、氨气、氢气的连接管路不得使用铜管；气体管线应整齐有序，不得直接放置在地上，并做好标志；对于存在多条管路或外接气源的实验室，应绘制、张贴气体管路布置图；气体钢瓶上选用的减压器要分类专用，安装后及时检漏；使用中要经常注意有无漏气、压力表读数等，防止气体外泄和设备过压。

④气体钢瓶的使用安全　使用气体前确认"满、使用中、空瓶"3种状态，开启气体钢瓶时，先旋动总阀，后开减压器；用完后，先关闭总阀，放尽余气后，再关减压器；切不可只关减压器，不关总阀。开关减压器、总阀和止流阀时，动作必须缓慢，防止产生静电。

操作易燃易爆性气体钢瓶时，应配各专用工具，并严禁与油类接触。操作人员不能穿戴沾有各种油脂或易感应产生静电的服装、手套，以免引起燃烧或爆炸。

瓶内气体不得用尽，必须保留一定剩余压力；惰性气体钢瓶的剩余压力，应不小于0.05MPa；可燃性气体应剩余0.2~0.3MPa；液化气体气体钢瓶应留有不小于0.5%~1.0%规定充装量的剩余气体。

严禁使用没有相关合格信息的气体钢瓶；气体钢瓶若有缺陷、安全附件不全、已损坏，不能保证安全使用时，须立即停止使用。

在可能造成回流的使用场合，使用设备或系统管路上必须配置防止倒灌的装置，如单向阀、止回阀、缓冲罐等。

⑤储气罐的使用安全　液氮等储气罐作业场所应设置安全标志，与周围物品或建筑物保持一定的距离，并保持通风和隔热。

储气罐使用管理人员应定期对罐内压力、温度、液面高度、管道等进行巡视检查，保证其正常运行。充装气体时，须做好应急防护措施，确保安全。

⑥日常安全管理　定期检查钢瓶、气路的气密性；建立气体钢瓶台账；开展有关实验气体使用的安全教育和应急演练。

4.2.6　化学性实验废弃物处置管理

4.2.6.1　化学性实验废弃物的收集

由于化学性实验废弃物的性状和危险性不同、数量不等，其收集和贮存应遵循一些基本原则，防止发生安全事故。

(1) 化学性实验废弃物收集原则

为防止化学性实验废弃物对实验室和室外环境的污染,化学性实验废弃物的收集一般遵循"分类收集,妥善存放"的原则。定期交由专业机构分别集中处理(无害化或回收有价物质),在实际工作中,应选择合适的方法检测,尽可能减少化学性实验废弃物量及其污染。化学性实验废弃物排放应符合国家有关环境排放标准。

(2) 化学性实验废弃物收集和贮存方法

化学性实验废弃物处置不当,不仅会污染环境,而且可能造成危险。因此,操作人员需了解一些常见化学性实验废弃物的收集和存放方法。

根据性状,化学性实验废弃物可分为固体废弃物、液体废弃物和气体废弃物。

①固体废弃物　可用塑料瓶、塑料袋、塑料桶或纸箱密封保存,针头等利器须放入利器盒中收集。

②液体废弃物　可分类存放于专用废液桶、无色或棕色玻璃瓶中密封保存,废弃的化学试剂应存放在原试剂瓶中,保留原标签,并瓶口朝上放入专用固废箱中,废液桶须满足耐腐蚀、抗溶剂、耐挤压、抗冲击的要求。

③气体废弃物　可吸收至合适的溶剂中用棕色玻璃瓶密封保存,在通风管道的终端安装吸附材料,禁止有毒有害气体直接排放到大气。

所有实验室危险废弃物收集容器上须粘贴专用的标签。严禁将实验室危险废弃物直接排入下水道,严禁与生活垃圾、感染性废物或放射性废物等混装。盛装废弃物的容器应存放于通风、避光、低温、干燥的专用房间或仓库。

(3) 注意事项

①若用旧试剂瓶收集液体废弃物,旧试剂瓶中的残余试剂不得与化学性实验废弃物发生化学反应。下列废液不得相互混合:

　　a. 过氧化物与有机物。

　　b. 氰化物、硫化物、次氯酸盐与酸。

　　c. 盐酸、氢氟酸等挥发性酸与非挥发性酸。

　　d. 浓硫酸、磺酸、羟基酸、聚磷酸等酸类与其他的酸。

　　e. 铵盐、挥发性胺与碱。

②化学性实验废弃物容器应有外包装箱;盛有化学性实验液体废弃物的玻璃容器应避免相互碰撞,否则可能破损,造成液体泄漏事故。

③酸存放时,应远离活泼金属(如钠、钾、镁等)、氧化性酸或易燃有机物;相混后会产生有毒气体的物质(如氰化物、硫化物等)存放时,应远离酸及一些性质活泼的物质;易燃物应避光保存,并远离一切有氧化作用的酸或能产生火花火焰的物质;贮存量不可太多,需及时处理。

④化学性实验废弃物不得贮放在通风橱、试剂柜、实验室内的过道旁或烘箱附近、走廊等处;化学性实验废弃物不得随意丢弃于垃圾桶;贮放化学性实验废弃物的地点不得对周围环境有影响或成为安全隐患。

⑤在实验室内,化学性实验废弃物不宜贮放时间过长,尽可能在 1~2 周内处理;特殊废弃物应立即处理。对于毒性大的废液,如硫醇、胺等能发出臭味的废液,能产生氰、硫化氢、磷化氢等有毒气体的废液,燃烧性强的二硫化碳、乙醚之类的废液等,必须及

时、妥善处置。

⑥化学性实验废弃物搬运时应轻拿轻放；尤其是对于含有过氧化物、硝酸甘油、过氧乙醚之类的爆炸性物质的废液，须更加谨慎。

4.2.6.2 化学性实验废弃物暂存区的设置

化学性实验废弃物收集后，由于不能及时回收处理，须设置化学性实验废弃物暂存区或废弃物暂存柜存放实验废弃物。化学性实验废弃物暂存区或暂存柜应设置于远离火源、热源和不相容物质的区域，避免日晒、雨淋。存放两种及以上不相容的实验室危险废弃物时，应分不同区域暂存。化学性实验废弃物暂存区标牌需贴在醒目位置并有警示标志，可用有色胶带贴于地面与其他区域区分开。配置防渗漏托盘用于放置废弃物，并制定应急处置措施。在条件允许的情况下，安装监控设备，对化学废弃物暂存区实时监控。

建立实验室内化学废弃物回收台账，记录每次倾倒和回收的时间、成分、数量、人员等信息，并由专人负责管理台账。

4.2.6.3 化学性实验废弃物贮存站管理

高校一般需设置化学性实验废弃物贮存站，作为废弃物转运处理前学校的集中贮存点。贮存站应有具体的管理办法和安全应急预案，并将贮存站安全运行、实验室危险废物出站转运等日常管理工作落实到专职人员的岗位职责中。化学性实验废弃物贮存站的建设、运行和管理应满足如下要求：

①化学废弃物贮存设施的选址、设计、建设、运行管理应满足《危险废物贮存污染控制标准》(GB 18597—2001)、《工业企业设计卫生标准》(GBZ 1—2010)和《工作场所有害因素职业接触限值》(GBZ 2—2002)的有关要求，不能在地下室空间，须有通风、隔热、避光、防盗、防爆、防静电、泄露报警、应急喷淋、安全警示标志等技防措施；若贮存站在实验楼内，必须有警示、通风、隔热、避光、防盗、防爆、防静电、泄露报警、应急喷淋等技防措施。

②危险废弃物贮存间必须要密闭建设，门口内侧设立围堰，地面应做好硬化及"三防"(防扬散、防流失、防渗漏)措施。存放危废为液体的必须有泄漏液体收集装置(如托盘、导流沟、收集池等)，存放危废为具有挥发性气体的合库内必须有导出口及气体净化装置。应分区、分类存放化学性实验废弃物，液体物品堆叠高度不大于1.5m。

③危险废弃物贮存间门口需张贴标准规范的危险废物标志和危废信息板，危废库内要张贴《危险废物管理制度》《危险废物产生工艺流程》《危险废物责任制度》《危险废物安全责任结构图》《危险废物环境污染应急预案》等。

④化学废弃物贮存设施应配备通信设备、照明设施和消防设施(如灭火器、灭火毯、沙箱、自动喷淋等)，禁止存放除危险废物及应急工具以外的其他物品。

⑤贮存危险废弃物时应按其种类和特性进行分区贮存，不同种类危险废弃物应有明显的过道划分，每个贮存区域之间宜设置挡墙间隔，墙上张贴危废名称，液态危废需将盛装容器放至防泄漏托盘内并在容器粘贴危险废物标签，固态危废包装须完好、无破损并系挂危险废物标签，并应设置防雨、防火、防雷、防扬尘装置。

⑥贮存易燃易爆危险废物应配置有机气体报警、火灾报警装置和导出静电的接地装置等。

⑦废弃危险化学品贮存应满足《常用化学危险品贮存通则》(GB 15603—1995)、《危险化学品安全管理条例》《废弃危险化学品污染环境防治办法》的要求。危险废物贮存间须按

照"双人双锁"制度管理即两把钥匙分别由两个危废负责人管理，不得一人管理。贮存废弃剧毒化学品还应充分考虑防盗要求，且由专人24小时看管。

⑧危险废物贮存期限应符合《中华人民共和国固体废物污染环境防治法》的有关规定。

⑨建立危险废物贮存的台账制度，并悬挂于贮存间内，贮存间要有台秤，转入及转出需要填写危废种类、数量、时间及负责人员姓名，记录危险废物出入库交接相关内容。

4.2.6.4 化学性实验废弃物的转运

高校化学废弃物处置应委托有危险废物处置资质的专业厂家集中处置。危险废物运输应由持有危险废物经营许可证的单位按照其许可证的经营范围组织实施，承担危险废物运输的单位应获得交通运输部门颁发的危险货物运输资质。危险废物公路运输应按照《道路危险货物运输管理规定》（交通运输部令〔2013〕第2号）、《危险货物道路运输规则》（JT/T 617—2018）以及《汽车运输、装卸危险货物作业规程》（JT 618—2004）执行；危险废物铁路运输应按《铁路危险货物运输安全监督管理规定》（交通运输部令〔2022〕第24号）（2022年12月1日起施行）规定执行；危险废物水路运输应按《水路危险货物运输规则》（交通运输部令〔1996〕第10号）规定执行。

废弃危险化学品的运输应执行《危险化学品安全管理条例》有关运输的规定，运输单位承运危险废物时，应在危险废物包装上按照《危险废物贮存污染控制标准》设置标志，其中医疗废物包装容器上的标志应按《医疗废物专用包装袋、容器和警示标志标准》（HJ 421—2008）要求设置。

危险废物运输时的中转、装卸过程应遵守以下技术要求：

①卸载区的工作人员应熟悉废物的危险特性，转运人员应使用专用运输工具，并配备适当的个人防护装备和应急物资，如收集工具、手套、口罩等。装卸剧毒废物应配备特殊的防护装备。

②卸载区应配备必要的消防设备和设施，并设置明显的指示标志。

③危险废物装卸区应设置隔离设施，液态废物卸载区应设置收集槽和缓冲罐。

校外转运之前，贮存站必须妥善管理实验室危险废物，采取有效措施，防止废物的扩散、流失、渗漏或者产生交叉污染。实验室危险废物的校外转运必须按照国家有关规定填写危险废物电子或者纸质转移联单，任何单位和个人未经许可不得非法转运。危险废物转运有以下几点注意事项：

①危险废物内部转运应综合考虑校内的实际情况确定转运路线，尽量避开教学区、办公区和生活区。

②危险废物转运作业应采用专用的工具，转运时，贮存站管理员须做好实验室危险废物相关记录。

③危险废物转运结束后，应对转运路线进行检查和清理，确保无危险废物遗失在转运路线上，并对转运工具进行清洗。

④收集不具备运输包装条件的危险废物，且危险特性不会对环境和操作人员造成重大危害时，可在临时包装后进行暂时贮存，但正式运输前应按《危险废物收集 贮存 运输技术规范》（HJ 2025—2012）要求进行包装。

⑤危险废物收集前应进行放射性检测，如具有放射性则应按《放射性废物管理规定》（GB 14500—2002）进行收集和处置。

4.2.7 其他化学安全

①配制试剂需要张贴标签。装有配制试剂、合成品、样品等的容器上标签信息应明确,标签信息应包括名称或编号、使用人、日期等。

②不使用饮料瓶存放试剂、样品,如确需使用,必须撕去原包装纸,贴上统一的试剂标签。

③不使用破损量筒、试管、移液管等玻璃器皿。

4.3 化学品防护措施

近年来,因经济建设和社会需求的不断增加,化工行业也随之迅猛发展起来,同时也使得危险化学品应用越来越多,化学品事故也频繁发生,尤其是特大事故发生数量呈上升趋势,如"天津滨海新区仓库发生特大火灾爆炸事故",给我们带来了惨痛的教训。化学品中具有易燃、易爆、有毒有害及腐蚀性,对人员、设施、环境易造成伤害或损害的属于危险化学品。危险化学品在生产、贮运、销售、使用过程中易造成人员中毒、窒息、灼伤、烧伤和冻伤等事故。化学品事故不但会给人们带来财产损失,还会威胁到我们的生命安全。因此,及时有效地预防化学品危害,做好防护措施,对挽救生命、降低伤害有重要意义。

4.3.1 个人防护措施

高校化学实验室是集教学、科研以及培养专业人才为一体的实验场所,实行开放式管理,化学品使用具有品类多、使用量少、人员操作技能水平不等的特点,为预防化学事故造成人员伤害,降低化学品事故潜在风险水平、加强安全防护等级、做好个人防护措施是高校实验室日常安全管理的重要内容之一。

根据化学品中有毒有害物质侵入人体的途径,可以从呼吸防护、皮肤防护和消化道防护采取相应措施,保护高校师生在使用化学品时的安全。

4.3.1.1 呼吸防护

正确使用呼吸防护用品(如防毒口罩、防毒面罩等)是防止有毒物质从呼吸道进入人体引起职业中毒的重要措施之一。需要指出的是,这种防护只是一种辅助性的保护措施,根本的解决办法还在于改善劳动条件,降低作业场所有毒物质的浓度。用于防毒的呼吸用品,可分为过滤式防毒面具和隔离式防毒面具两类。

4.3.1.2 皮肤防护

皮肤防护主要依靠个人防护用品,如防化服、安全鞋、防化手套、防化眼镜或防护面屏等,这些防护用品可以避免有毒物质与人体皮肤的接触。对于外露的皮肤,则需涂上皮肤防护剂。由于工种不同,个人安全防护用品的配备也有所区别。操作者应按工种要求穿用不同防护等级的防护用品,对于裸露的皮肤,也应视其所接触的不同物质,采用相应的皮肤防护剂。

皮肤被有毒物质污染后,应立即清洗。许多污染物不易被普通肥皂清洗掉,而应按不同的污染物分别采用不同的清洗剂。一旦发现危险化学品泄漏,化学品浓度较高时建议选用全封闭防化服配合空气呼吸器使用,安全防护等级需达到 B 级以上。

4.3.1.3 消化道防护

防止有毒物质从消化道进入人体,一是要严格遵守有关规定,在有毒工作场所作业时不饮水、不吃食物,防止有毒有害物质进入体内;二是提高安全防范意识,养成良好的卫生习惯,做到饭前洗手,注意个人卫生。

4.3.2 化学品使用个人防护措施

4.3.2.1 易制爆化学品使用防护措施

①呼吸系统防护 空气中粉尘浓度较高时,建议佩戴自吸过滤式防尘口罩。
②眼睛防护 必要时,戴化学安全防护眼镜。
③身体防护 穿防静电工作服。
④手防护 戴一般作业防护手套。
⑤其他防护 工作现场禁止吸烟、进食和饮水。工作完毕,淋浴更衣,注意个人清洁卫生。

4.3.2.2 压缩气体和液化气体使用防护措施

①呼吸系统防护 无毒气体操作时一般不需要特殊防护,但当作业场所空气中氧气浓度低于18%时,必须佩戴空气呼吸器、氧气呼吸器或长管面具。有毒有害气体操作时,如空气中有毒有害气体浓度超标,建议佩戴空气呼吸器或氧气呼吸器。紧急事态抢救或撤离时,必须佩戴氧气呼吸器。
②眼睛防护 如操作氨气等刺激性较强气体时,需佩戴化学安全防护眼镜。
③身体防护 有毒有害气体操作时需穿戴面罩式胶布防毒衣。易燃易爆气体操作时需穿防静电工作服。
④手防护 有毒有害气体操作时需戴橡胶手套。
⑤其他防护 工作现场禁止吸烟、进食和饮水。操作有毒有害气体工作完毕要淋浴更衣,保持良好的卫生习惯。在进入罐、限制性空间或其他高浓度区作业时,须有人监护。

4.3.2.3 易燃液体使用防护措施

①呼吸系统防护 如实验可能接触其蒸气时,应该佩戴自吸式过滤式防毒面罩(半面罩)。紧急事态抢救或撤离时,建议佩戴空气呼吸器。
②眼睛防护 戴化学安全防护眼镜。
③身体防护 穿防静电工作服。
④手防护 戴乳胶手套。
⑤其他防护 工作现场严禁吸烟。避免长期反复接触。

4.3.2.4 易燃固体、自燃物品和遇湿易燃物品使用防护措施

①呼吸系统防护 佩戴自吸式过滤式防毒面罩(半面罩)。
②眼睛防护 戴化学安全防护眼镜。
③身体防护 穿防静电工作服。
④手防护 戴防化学手套或乳胶手套。
⑤其他防护 工作场所禁止吸烟、进食和饮水,饭前要洗手。工作完毕,淋浴更衣,保持良好的卫生习惯。遇湿易燃物品应避免接触潮湿空气。

4.3.2.5 氧化剂和有机过氧化物使用防护措施

①呼吸系统防护　空气中有害化学品浓度超标时，必须佩戴自吸过滤式防毒面具(全面罩)。紧急事态抢救或撤离时，应该佩戴空气呼吸器。

②眼睛防护　呼吸系统防护中已做防护。

③身体防护　穿连衣式胶布防毒衣。

④手防护　戴橡胶手套。

⑤其他防护　工作现场禁止吸烟、进食和饮水。工作完毕，淋浴更衣，保持良好的卫生习惯。

4.3.2.6 有毒品使用防护措施

①呼吸系统防护　佩戴头罩型电动送风过滤式防尘呼吸器。

②身体防护　穿连衣式胶布防毒衣。

③手防护　戴橡胶手套。

④其他防护　工作现场禁止吸烟、进食和饮水。工作完毕，彻底清洗。车间应配备急救设备及药品。单独存放被毒物污染的衣服，洗后备用。作业人员应学会自救互救。避免氰化钾接触潮湿空气。

4.3.2.7 放射性物品使用防护措施

①工作人员要穿上合适的防护服，同时挂上警示标志防止其他人员误入。

②在放射性工作场所和接触、操作放射源的过程中，应随时检测辐射剂量，建立个人接受辐射剂量卡，保证工作人员在允许的辐射剂量下工作。

③对从事放射性作业的工作人员，要进行有关的电离辐射危害的卫生知识和预防措施的宣传教育，增强自我保护意识。

④减少操作作业时间，采用作业人员轮流替换的作业方法减少个人受射线照射的时间。

⑤在日常作业中，尽量采用机械操作方式，增加人与放射源的距离，从而达到距离防护的效果。

⑥在操作部位和放射源或射线装置之间增加有效吸收射线的屏蔽材料，加强屏蔽防护。

4.3.2.8 腐蚀品使用防护措施

①呼吸系统防护　在进行可能接触烟雾的实验时，应佩戴自吸过滤式防毒面具(全面罩)或空气呼吸器。紧急事态抢救或撤离时，必须佩戴氧气呼吸器。

②眼睛防护　呼吸系统防护中已做防护。

③身体防护　穿耐酸碱橡胶服。

④手防护　戴耐酸碱橡胶手套。

⑤其他防护　工作现场禁止吸烟、进食和饮水。饭前要洗手。工作完毕，淋浴更衣，注意个人清洁卫生。

4.3.3 化学品搬运安全防护措施

高校在化学品使用过程中，经常会出现化学品领用、转移、入库等操作，特别是从高校危险化学品库领用、入库危险化学品时，存在化学品需较远距离搬运现象，为此，做好化学品搬运安全防护措施显得尤为必要。

4.3.3.1 基本操作防护措施

①在搬运化学危险物品前，要预先做好准备工作，了解物品性质，检查装卸搬运的工

具是否牢固,不牢固的应予以更换或修理。工作完毕后,沾染在工具上面的物质必须清除,防止相互抵触的物质发生化学反应。对操作过氧化剂物品的工具,必须清洗后方可使用。

②操作人员应根据不同物资的危险特性,分别穿戴相应合适的防护用具,操作前应由专人检查用具是否妥善,穿戴是否合适。对毒害、腐蚀物品操作时更应加强注意,应适当考虑在操作一段时间后,及时呼吸新鲜空气,避免发生中毒事故。操作完毕后,防护用具应进行清洗或消毒,放置于专用的箱柜中保管。各种防护用品应由专人负责,专储保管。

其中,防护用具包括工作服、橡皮围裙、橡皮袖罩、橡皮手套、长筒胶靴、防毒面具、滤毒口罩、纱口罩、棉布手套和护目镜等。

③操作中,要严格检查包装容器是否符合规定,包装必须完好。发现包装破漏,必须移至安全地点整修或更换包装。对危险化学品应轻拿轻放,防止撞击、摩擦、碰摔、震动,以防止包装破损。标有不可倒置标志的物品切勿倒放。散落在地面或搬运推车上的化学品,应及时清除干净,处理方法参照《化学品安全技术说明书》(MSDS)。对于收集后没有利用价值的化学品,应按废弃化学品处置流程操作。

④在装卸搬运化学危险物品时,不得饮酒、吸烟,应量力而行,配合协调,不可冒险违章操作。工作完毕后根据工作情况和危险品的性质、及时清洗手、脸、漱口或淋浴。装卸搬运毒害品时,如果出现恶心、头晕等中毒现象,应立即到新鲜空气处休息,脱去工作服和防护用具,清洗皮肤沾染部分,重者应及时送医院诊治。

⑤搬运爆炸品、一级易燃品、一级氧化剂时,不得使用铁轮车、电瓶车及其他无防爆装置的运输工具。参加作业的人员不得穿带有铁钉的鞋子。

⑥两种性能相互抵触的物资,不得同时装卸。对怕热、怕潮物资,装卸时要采取隔热、防潮措施。搬运强腐蚀性物品,操作前应检查箱底是否已被腐蚀,以防脱底发生危险。搬运时禁止肩扛、背负或用双手揽抱,只能挑、抬或用车子搬运。

⑦装卸现场应备有清水、苏打水和稀醋酸等,以备急用。

4.3.3.2 压缩气体、液化气体的装卸搬运要求

①贮存压缩气体和液化气体的钢瓶是高压容器,装卸搬运作业时,应用抬架或搬运车,防止撞击、拖拉、摔落,不得溜坡滚动。

②搬运前应检查钢瓶阀门是否漏气,搬运时不要把钢瓶阀对准人身,注意防止钢瓶安全帽跌落。

③装卸有毒气体钢瓶,应穿戴防毒用具。剧毒气体钢瓶要当心漏气,防止吸入毒气。

④搬运氧气钢瓶时,工作服和装卸工具不得沾有油污。

⑤易燃气体严禁接触火种,在炎热季节搬运作业应安排在早晚阴凉时。

4.3.3.3 易燃液体装卸搬运要求

易燃液体的闪点低,气化快,蒸气压力大,又容易和空气混合形成爆炸性的混合气体,在空气中浓度达到一定范围时,不但是火焰能引起它起火燃烧或蒸气爆炸,其他如火花、火星或发热表面都能使其燃烧或爆炸。因此,在装卸搬运作业必须注意以下几点:

①装卸搬运作业前应先进行通排风。

②装卸搬运过程中不能使用黑色金属工具,必须使用时应采取可靠的防护措施;装卸机具应装有防止产生火花的防护装置。

③在装卸搬运时必须轻拿轻放，严禁滚动、摩擦、拖拉。
④夏季运输要安排在早晚阴凉时间进行作业。雨雪天作业要采取防滑措施。
⑤在搬运过程中严禁抛扔、挤压等损坏容器的行为。
⑥罐车运输要有接地链。

4.3.3.4　易燃固体的装卸搬运要求

易燃固体燃点低，对热、撞击、摩擦敏感，容易被外部火源点燃，而且燃烧迅速，并散发出有毒气体。在装卸搬运时除按易燃液体的要求处理外，其作业人员禁止穿带铁钉的鞋，不可与氧化剂、酸类物资共同搬运。搬运时散落在地面上和车厢内的粉末，要随即以湿黄沙抹擦干净。装运时要捆扎牢固，使其不摇晃。

4.3.3.5　遇水燃烧物品的装卸搬运要求

遇水燃烧物品与水相互作用时会发生剧烈的化学反应，放出大量的有毒气体和热量，由于反应异常迅速，反应时放出的气体和热量又多，所放出来的可燃性气体可迅速地在周围空气中达到爆炸极限，一旦遇明火或自燃就会引起爆炸。所以在装卸搬运作业时要注意：

①要注意防水、防潮，雨雪天没有防雨设施不准作业。若有汗水应及时擦干，绝对不能直接接触遇水燃烧物品。
②在装卸搬运中不得翻滚、撞击、摩擦、倾倒，必须做到轻拿轻放。
③电石桶搬运前须先放气，使桶内乙炔气放尽，然后搬动。须两人抬扛，严禁滚桶、重放、撞击、摩擦，防止引起火花。工作人员须站在桶身侧面，避免人身冲向电石桶面或底部，以防爆炸伤人。不得与其他类别危险化学品混装混运。

4.3.3.6　氧化剂的装卸搬运要求

氧化剂应单独装运，不得与酸类、有机物、自燃、易燃、遇湿易燃的物品混装混运，一般情况下氧化剂也不得与过氧化物配装。

4.3.3.7　毒害物品及腐蚀物品的装卸搬运要求

毒害物品尤其是剧毒物品，少量进入人体或接触皮肤，即能造成局部刺激或中毒，甚至死亡。腐蚀物品具有强烈腐蚀性，除对人体、动植物体、纤维制品、金属等能造成破坏外，还会引起燃烧、爆炸。因此，在装卸搬运作业时要注意：

①装卸剧毒物品时要先通风，再作业，作业区要有良好的通风设施，剧毒物品在运输过程中必须派专人押运。
②装运剧毒品的车辆和机械用具，都必须彻底清洗，才能装运其他物品。
③腐蚀物品装载不宜过高，严禁架空堆放。

4.4　危险化学品事故应急措施

4.4.1　危险化学品泄漏事故应急措施

①疏散和隔离　一旦发生危险化学品泄漏，首先应疏散无关人员，隔离泄漏污染区。若为易燃易爆化学品大量泄漏，应立即切断事件区电源，严禁烟火，设置警戒线，并及时

拨打"119"报警电话，请求消防专业人员救援。

②泄漏源控制与处理　救援人员必须配备必要的个人防护器具进入泄漏现场处理，尽可能通过关闭阀门、停止实验、堵漏、吸附等方法控制泄漏源，可采取围堤堵截、稀释与覆盖、收集等方法处置，不要直接接触泄漏物。

③易燃易爆化学品泄漏事故　事故中心区应严禁火种，切断电源，禁止车辆进入，立即在边界设置警戒线。根据事故情况和事故发展，确定组织事故波及区人员撤离。

④有毒物泄漏事故　立即在事故中心区边界设置警戒线。根据事故情况和事故发展，组织事故波及区人员撤离。进入泄漏现场进行处理时，应使用专用防护服、隔绝式空气面具。进入现场救援人员必须配备必要的个人防护器具。

⑤发生大的泄漏事故，或者不了解化学品毒性或正确的清理程序，必须报告公安或消防部门，交由专业单位进行处理。

⑥应急处理时严禁单独行动，要有监护人，必要时用水枪、水炮掩护。

⑦为了在现场能正确应对突发事故，平时应进行相关的应急演练和适应性训练。

⑧发生危险化学品丢失被盗事件，工作人员应保护、封锁现场，立即报告学院实验室安全应急小组组长、保卫处和实验室与设备管理处，并在确定丢失原因和地点后，积极查找。同时立即报告公安部门，配合侦破。

4.4.2　危险化学品火灾事故应急措施

①发现火情，现场工作人员应立即采取措施处理，防止火势蔓延并迅速报告。

②确定火灾发生的位置，判断出火灾发生的原因，如压缩气体、液化气体、易燃液体、易燃物品、自燃物品着火等。

③压缩气体和液化气体的火灾事故应急措施。

a. 首先应扑灭外围被火源引燃的可燃物火势，切断火势蔓延途径，控制燃烧范围。如扑救周围火势以及冷却过程中不小心把泄漏处的火焰扑灭了，在没有采取堵漏措施的情况下，必须立即用长点火棒将火点燃，使其恢复稳定燃烧，否则，大量可燃气体泄漏出来与空气混合，遇到火源就会发生爆炸，后果将不堪设想。

b. 如果是输气管道泄漏着火，应首先设法找到气源阀门，阀门完好时，只要关闭气体阀门，火势就会自动熄灭。

c. 储气罐或管道池漏关阀无效时，应根据火势大小判断气体压力和泄漏口的大小及形状，准备好相应的堵漏标料（如软木塞、橡皮塞、气囊塞、黏合剂、弯管工具等）。

d. 堵漏工作准备就绪后，即可用水扑救火势，也可用干粉、二氧化碳灭火，但仍需用水冷却烧烫的罐或管壁。

e. 火扑灭后，应立即用堵漏材料堵漏，同时用雾状水稀释和驱散泄漏出来的气体。

f. 如果确认泄漏口很大，根本无法堵漏，只需冷却着火容器及其周围容器和可燃物品，控制着火范围，一直到燃气燃尽，火势自动熄灭。

④易燃液体火灾事故应急措施

a. 首先应切断火势蔓延的途径，冷却和疏散受火势威胁的密闭容器和可燃物，控制燃烧范围，并积极抢救受伤和被困人员。如有液体流淌时，应筑堤（或用围油栏）拦截流淌的易燃液体或挖沟导流。

b. 及时了解和掌握着火液体的品名、相对密度、水溶性以及有无毒害、腐蚀、沸溢、喷溅等危险性，以便采取相应的灭火和防护措施。

c. 对较大的贮存罐或流淌火灾，应准确判断着火面积。大面积（>50m²）液体火灾则必须根据其相对密度、水溶性和燃烧面积大小，选择正确的灭火剂扑救。

d. 比水轻又不溶于水的液体（如汽油、苯等），用直流水、雾状水灭火往往无效。可用普通蛋白泡沫或轻水泡沫扑灭，用干粉扑救时灭火效果要视燃烧面积大小和燃烧条件而定，最好用水冷却罐壁。

e. 比水重又不溶于水的液体（如二硫化碳）起火时可用水扑救，水能覆盖在液面上灭火。用泡沫也有效。用干粉扑救，灭火效果要视燃烧面积大小和燃烧条件而定。最好用水冷却罐壁，降低燃烧强度。

f. 具有水溶性的液体（如醇类、酮类等），虽然从理论上讲能用水稀释扑救，但用此法要使液体闪点消失，水必须在溶液中占很大的比例，这不仅需要大量的水，也容易使液体溢出流淌，而普通泡沫又会受到水溶性液体的破坏（如果普通泡沫强度加大，可以减弱火势）。因此，最好用抗溶性泡沫扑救，用干粉扑救时，灭火效果要视燃烧面积大小和燃烧条件而定，也需用水冷却罐壁，降低燃烧强度。

g. 扑救毒害性、腐蚀性或燃烧产物毒害性较强的易燃液体火灾，扑救人员必须佩戴防护面具，采取防护措施。

⑤明确火灾周围环境，判断出是否有重大危险源分布及是否会带来次生灾难发生。

⑥明确救灾的基本方法，并采取相应措施，按照应急处置程序采用适当的消防器材进行扑救；易燃可燃液体、易燃气体和油脂类等化学药品火灾，使用大剂量泡沫灭火剂、干粉灭火剂将液体火灾扑灭。可燃金属（如镁、钠、钾及其合金等）火灾，应用特殊的灭火剂，如干砂或干粉灭火器等来灭火。

⑦依据可能发生的危险化学品事故类别、危害程度级别，划定危险区，对事故现场周边区域进行隔离和疏导。

⑧视火情拨打"119"报警求救，并到明显位置引导消防车。

4.4.3　危险化学品爆炸应急措施

①实验室爆炸发生时，实验室负责人或安全员在其认为安全的情况下必须及时切断电源和管道阀门。

②所有人员应听从临时召集人的安排，有组织的通过安全出口或用其他方法迅速撤离爆炸现场。

③应急预案领导小组负责安排抢救工作和人员安置工作。

4.4.4　危险化学品中毒应急措施

实验中若出现咽喉灼痛、嘴唇脱色或发绀，胃部痉挛或恶心呕吐等症状时，可能是中毒所致。视中毒原因施以下述急救后，立即送医院治疗，不得延误。

①首先将中毒者转移到安全地带，解开领扣，使其呼吸通畅，让中毒者呼吸到新鲜空气。

②吸入中毒　若发生有毒气体泄漏，应立即启动排气装置，打开门窗，迅速将中毒者移至空气良好处，给予2%~5%碳酸氢钠溶液雾化吸入、吸氧。气管痉挛者应酌情给解痉挛药物雾化吸入。

③经口中毒 误服毒物中毒者，毒物无腐蚀性时应立即刺激催吐，可饮大量清水引吐，或用药物(0.02%~0.05%高锰酸钾溶液或5%活性炭溶液等)引吐。对引吐效果不好或昏迷者，应立即送医院用胃管洗胃。孕妇应慎用催吐救援。

④重金属盐中毒 立即就医，不要服催吐药，以免引起危险或使病情复杂化。例如，氯化钡、碳酸钡中毒可口服硫酸钠；氨、铬酸盐、铜盐、汞盐、羟酸盐、醛类、脂类中毒，可喝牛奶、生鸡蛋等作缓解剂；烷烃、苯、石油醚中毒，可喝一汤匙液状石蜡和一杯含硫酸镁或硫酸钠的水；砷和汞化物中毒者，必须紧急就医。

⑤经皮肤中毒 将中毒者立即从中毒场所转移，脱去污染衣物，迅速用大量清水洗净皮肤。

⑥应急人员一般应配置过滤式防毒面罩、防毒服装、防毒手套、防毒靴等。

4.4.5 危险化学品灼伤应急措施

①试剂溅入眼内时，应立即用大量清水或生理盐水彻底冲洗。专用洗眼水龙头冲洗时，眼睛置于洗眼器上方，水向上冲洗眼睛，冲洗时间应不少于15分钟，切不可因疼痛而紧闭眼睛。处理后，再送眼科医院治疗。

②强酸、强碱及其他一些化学物质，具有强烈的刺激性和腐蚀作用，皮肤被强酸灼伤时，先用大量流动清水冲洗10~15分钟，再分别用低浓度的(2%~5%)弱碱(强酸引起的)、弱酸(强碱引起的)进行中和。处理后，再依据情况而定，做下一步处理。

③皮肤被生石灰灼伤时，应先用油脂类物质除去生石灰，再用水冲洗。

④皮肤被液溴灼伤时，立即用2%硫代硫酸钠溶液冲洗至伤处呈白色；或先用乙醇冲洗，再涂上甘油。眼睛受溴蒸气刺激不能睁开时，可对着盛乙醇的瓶内注视片刻。

⑤氢氟酸灼伤时，先用大量冷水冲洗，再以碳酸氢钠溶液冲洗，然后用甘油氧化镁涂在纱布上包扎。

⑥苯酚灼伤时，先用大量清水冲洗，再用10%的乙醇与三氯化铁(4∶1)混合液冲洗。

⑦经过初步急救后，迅速送往医院治疗。

本章小结

本章主要介绍了化学品分类，危险化学品的定义、特性和危害等相关内容，并从化学品的采购、申购管理流程、存放管理、操作管理、应急预案、管制类化学品使用管理和废弃物处置管理等几个方面介绍化学品的使用安全管理，以及化学品使用个人防护措施。

课后习题

一、判断题

1. 化学品按其危险性可分为危险化学品和一般化学品两大类。（ ）
2. 爆炸品所需的起爆能越大，则爆炸品敏感度越高，爆炸危险性越大。（ ）
3. 闪点是指可燃性液体在规定条件下，加热到它的蒸气与火焰接触发生瞬间闪火时的最低温度。闪点越高，火灾危险性越小。（ ）
4. 金属粉末如镁粉、铝粉等在外界火源作用下能直接与空气中的氧发生反应而燃烧，不产生火焰，只发出光，燃烧的温度很高，可达1000℃以上。（ ）
5. 根据性状，化学性实验废弃物可分为固体废弃物和液体废弃物。（ ）

二、单选题

1. 气体钢瓶内气体不得用尽，必须保留一定剩余压力；惰性气体钢瓶的剩余压力，应不小于(　　)；可燃性气体应剩余 0.2~0.3MPa；液化气体气体钢瓶应留有不小于 0.5%~1.0%规定充装量的剩余气体。

　　A. 0.5MPa　　　　B. 0.1MPa　　　　C. 0.05MPa　　　　D. 0.01MPa

2. 易燃易爆的易制毒化学品贮存温度不能超过(　　)。

　　A. 20℃　　　　B. 25℃　　　　C. 28℃　　　　D. 30℃

3. 实验室危险化学品存量原则上不应超过 100L 或 100kg，其中易燃易爆性化学品的存放总量不应超过 50L 或 50kg，且单一包装容器不应大于(　　)（按 50m² 实验室面积为标准）。

　　A. 30L 或 30kg　　　　　　　　B. 20L 或 20kg
　　C. 15L 或 15kg　　　　　　　　D. 10L 或 10kg

4. 化学品泄漏事故发生时，下面做法是错误的是(　　)。

　　A. 报警　　　　　　　　　　　B. 进行交通管制
　　C. 组织所有人员参加事故救援　　D. 切断事件区电源

5. 操作有毒有害气体时需佩戴(　　)手套。

　　A. 纱　　　　B. 棉布　　　　C. 帆布　　　　D. 橡胶

三、简答题

1. 简述危险化学品的定义及其分类。
2. 管制类化学品有哪几类？其中剧毒化学品使用管理要求有哪些？
3. 化学废弃物处置注意事项有哪些？
4. 有毒有害化学品侵入人体的途径有哪几方面？
5. 有毒品使用防护措施有哪些？

第 5 章　生物安全

> **典型案例**
> 　　2010 年 12 月，东北某大学动物医学院相关教师，使用了从养殖场购入的 4 只山羊，安排学生做了 5 次活体解剖实验。由于在购买山羊时，未要求养殖场出具检疫合格证明，实验前也未进行现场检疫，实验中同样也未要求学生遵守操作规程并进行有效防护，最后导致 27 名学生和 1 名教师相继确诊感染"布鲁氏菌传染病"（以下简称布病）。
> 　　布病是与禽流感、艾滋病、炭疽等并列的乙类传染病，危害较大。布病为人畜共患病，以畜传人为主，典型症状为发病急，发高烧、关节痛和出汗。布鲁氏菌可侵入中枢神经系统，引起脑膜炎等并发症，侵蚀骨骼，引起骨骼损伤，甚至让患者丧失劳动能力。

●●● **学习目标**
1. 了解生物安全法的主要内容及意义；
2. 理解生物安全实验室的分类、分级及防护措施；
3. 熟悉生物安全实验室的安全管理。

●●● **重点内容**
1. 掌握病原微生物的分类及危害；
2. 掌握生物废弃物的分类和处理；
3. 掌握病原微生物溢洒的应急处理流程。

●●● **学习建议**
1. 重点学习生物安全法与生物安全实验室的分类；
2. 掌握生物废弃物的分类处理形式与应急办法。

5.1　生物安全的定义与分级

　　当前，生物安全已成为国家公共安全的重要组成部分，并引起全社会的关注。人类历史上曾发生过一系列因实验室感染而造成的重大事件，如 1967 年的"德国马尔堡病毒实验室感染事件"、1979 年的"苏联斯维尔德洛夫斯克炭疽泄漏事件"和 2005 年的"H2N2 流感病毒样本风波"等。近些年来还不断发生源于实验室的感染事件，如 2004 年北京某实验室跨专业从事 SARS 病毒研究，导致实验室内的 2 名工作人员感染，再次给我们敲响了警钟。

为维护国家安全，防范和应对生物安全风险，保障人民生命健康，保护生物资源和生态环境，促进生物技术健康发展，推动构建人类命运共同体，实现人与自然和谐共生。我国于2020年制定并通过了《中华人民共和国生物安全法》（以下简称《生物安全法》）。《生物安全法》聚焦生物安全领域主要风险，完善生物安全风险防控体制机制，着力提高国家生物安全治理能力。《生物安全法》明确了生物安全的重要地位和原则，规定生物安全是国家安全的重要组成部分。维护生物安全应当贯彻总体国家安全观，统筹发展和安全，坚持以人为本、风险预防、分类管理、协同配合的原则。

5.1.1 生物安全及其定义

生物安全源于人们对生物安全性的担忧，狭义上指用来防止非故意泄露病原微生物和毒素，使病原微生物和毒素在实验室受到安全控制而采取的一系列防护原则、技术和措施。广义上的生物安全包括：自然或人为物种及人类活动导致的剧烈环境变化，对其他物种、生物多样性和生态系统造成的危害；科学研究、开发、生产和应用过程中对人类健康、生存环境和社会生活造成的有害影响；自然爆发的传染疾病及人为发动的恐怖袭击对人类生命和财产安全的损害等生物安全威胁，以及对其采取的一系列有效的生物安全预防和控制措施。

《生物安全法》中所称生物安全，是指国家有效防范和应对危险生物因子（微生物和生物活性物质）及相关因素威胁，生物技术能够稳定健康发展，人民生命健康和生态系统相对处于没有危险和不受威胁的状态，生物领域具备维护国家安全和持续发展的能力。适用于《生物安全法》的相关活动，包括以下8个方面：

①防控重大新发突发传染病、动植物疫情。
②生物技术研究、开发与应用。
③病原微生物实验室生物安全管理。
④人类遗传资源与生物资源安全管理。
⑤防范外来物种入侵与保护生物多样性。
⑥应对微生物耐药。
⑦防范生物恐怖袭击与防御生物武器威胁。
⑧其他与生物安全相关的活动。

5.1.2 生物安全实验室的分级

生物安全实验室是指对实验过程中的有害生物因子，采取防护屏障进行隔离并合理管理，以保证有害生物因子对外界环境没有危害的生物实验室。在生物安全实验室中，通常会进行病原微生物和病毒等有害生物因子的研究，所涉及的生物安全主要为病原微生物安全、实验动物安全、转基因生物安全和基因编辑生物安全等多个方面。

（1）根据生物安全实验室的防护措施划分

以不同生物因子的危险程度进行划分（表5-1），从低到高依次为一级（P1）、二级（P2）、三级（P3）和四级（P4），其中等级最高的是四级（P4）。

（2）根据生物安全实验室的研究对象划分

可分为微生物生物安全实验室和动物生物安全实验室。微生物生物安全实验室是从事体外操作的实验室，采用BSL-1、BSL-2、BSL-3、BSL-4表示相应的生物安全防护水平

（BSL 代表 biosafety level）；动物生物安全实验室是从事动物活体操作的实验室，采用 ABSL-1、ABSL-2、ABSL-3、ABSL-4 表示相应级别的实验室（A 代表 animal），可分为从事脊椎动物和无脊椎动物实验活动的两类实验室。一级生物安全实验室对生物安全防护的要求最低，四级生物安全实验室对生物安全防护的要求最高。

（3）根据所操作致病性生物因子的传播途径划分

根据《生物安全实验室建筑技术规范》(GB 50346—2011)可将生物安全实验室分为 a 类和 b 类。a 类生物安全实验室指操作非经空气传播生物因子的实验室；b 类生物安全实验室指操作经空气传播生物因子的实验室。此外，b1 类生物安全实验室指可有效利用安全隔离装置进行操作的实验室；b2 类生物安全实验室指不能有效利用安全隔离装置进行操作的实验室。

表 5-1 生物安全实验室的分级

级别	生物危害程度		操作对象		有效的预防和治疗措施	对实验人员的要求
	个体	群体	对人体、动植物或环境的危害	对健康成人、动植物致病的致病因子		
一级（P1）	低	低	较低	没有	—	经普通微生物或相关训练的人员
二级（P2）	中等	有限	中等危害	有潜在危害的	有	经特定培训或高级培训的科学家
三级（P3）	高	低	高度危害 通过直接接触或气溶胶使人传染上严重的甚至是致命疾病	有高度危害的	通常有	必须提前接受对致病性和潜在的致命或致病性病原体的具体培训，且有具此方面经验的科学家的监督
四级（P4）	高	高	高度危害 通过气溶胶传播或传播途径不明	有未知且高度危害的	没有	必须对要处理的极其危险的病原体有具体且深入的培训，完全理解实验操作规程及应急措施，且有实际处理过这些病原体的合格科学家的监督

注：参考《生物安全实验室建筑技术规范》(GB 50346—2011)；气溶胶是指悬浮于气体介质中的粒径介于 0.001～100μm 的固态或液态微小粒子形成的相对稳定的分散体系。

5.1.2.1 P1 实验室

P1 实验室（BSL-1 实验室）适用于已经确定不会对成年人立即造成任何疾病，或是对实验人员及实验室的人员造成最小的危险。这类实验室可处理较多种类的普通病原体，如犬传染性肝炎、大肠埃希氏菌，以及对于非传染性的病菌与组织进行培养。在这个级别的实验室内，不需要有特别防范生物危害的措施，也并不一定需要和其他普通实验室分隔开来。

5.1.2.2 P2 实验室

P2 实验室（BSL-2 实验室）与 P1 实验室类似，但其中研究的病原微生物对实验人员和环境具有中度的潜在危险。P2 实验室能处理较多种类的病菌，且这些病菌仅能造成人类轻微的疾病，或者它们难以在实验室环境中的气溶胶中生存，如 A、B 与 C 型肝炎，A 型流感、沙门氏菌、腮腺炎病毒、麻疹病毒、艾滋病毒、抗药性金黄色葡萄球菌等。

P2实验室的实验人员需为经特定培训或高级培训的科学家，实验时仅限特定人士的出入，需采取严格的防止污染的预防措施，在可能造成传染性气溶胶时必须在二级生物安全柜或其他物理控制设备内进行操作。按照实验室是否具备机械通风系统，还可将P2实验室分为普通型P2实验室和加强型P2实验室。

5.1.2.3 P3实验室

P3实验室（BSL-3实验室）适用于临床、诊断、教学、科研或生产药物设施，这类实验室专门处理本地或外来的病原体且这些病原体可能会借由吸入而导致严重的或潜在的致命疾病。这些病原体包括各种可能导致人类严重的致命性疾病，但已经有治疗方法的细菌、寄生虫和病毒，包含炭疽杆菌、结核杆菌、鹦鹉热衣原体、伤寒杆菌、立克次氏体与黄热病毒等。

P3实验室的工作人员必须提前接受对致病性和潜在的致命或致病性病原体的具体培训，且必须在具此方面经验的科学家的监督下进行操作。所有涉及感染性材料的操作都必须在生物安全柜、专门设计的通风柜或备有其他物理控制设备内进行，实验人员还需穿着适当的个人防护衣物或设备。

5.1.2.4 P4实验室

P4实验室（BSL-4实验室）处理危险且未知的病原体，可能造成经由气溶胶传播或造成高度个人风险，且该病原体至今仍无任何已知的疫苗或治疗法，如阿根廷出血热与刚果出血热、埃博拉病毒、马尔堡病毒、拉萨热、克里米亚-刚果出血热、天花及其他各种出血性疾病。当处理这类生物危害病原体时必须且具强制性地使用独立供氧的正压防护衣。

P4实验室的出入口须配置多个淋浴设备、真空室与紫外光室，及其他旨在摧毁所有的生物危害痕迹的安全防范措施。各个房间均应配备气密锁并被电子保护，以防止在同一时间打开两个门。所有的空气和水都将进行消毒，以消除意外释放的可能。P4实验室的工作人员必须对他们要处理的、极其危险的病原体有具体且深入的培训，并完全理解实验的操作规程及应急的措施。他们还须在受过训练与实际处理过这些病原体的合格科学家的监督下进行操作，且出入实验室时还要受到实验室主管的严格控制。P4实验室所处的建筑应是一个单独的建筑物或在控制区域内的建筑物，且与该区域内其他建筑物完全隔离。P4实验室必须建立防止污染的操作流程或设备操作手册，即使实验室受到损害，也能通过应急流程控制通过气溶胶传播的病原体的爆发。所有活动仅限于Ⅲ级生物安全柜，或Ⅱ级生物安全柜且配有生命支持与正压通风系统的人员使用。

2015年1月31日，中国科学院武汉国家生物安全实验室（即武汉P4实验室）在武汉竣工，这是我国也是亚洲首个运行的P4实验室。武汉P4实验室参照国际上高等级生物安全实验室的建设要求和中国相关的建设标准，标志着中华人民共和国成立66年来正式拥有了研究和利用烈性病原体的硬件条件，为我国公共卫生科技支撑体系再添重器。

另外，高等级生物安全实验室根据使用生物安全柜的类型和穿着防护服的不同，可分为生物安全柜型和正压服型两类。生物安全柜型是指使用Ⅲ级生物安全柜的实验室；正压服型是指使用Ⅱ级生物安全柜和具有生命支持供气系统的正压防护服的实验室。

为加强病原微生物实验室的生物安全管理，保护实验室工作人员和公众的健康，我国于 2004 年 11 月 12 日发布了《病原微生物实验室生物安全管理条例》,该条例明确规定实验室的生物安全防护级别应与其拟从事的实验活动相适应。经过了近 20 年的实践,我国对生物安全实验室建设、运行和管理的需求及相应要求有了更深入的理解和新的认识。此外,我国还在生物安全管理等方面制定了一系列的国家标准、行业标准和协会标准等,并在实践中不断被完善。

5.1.3 生物安全实验室的布局

生物安全实验室可由防护区(含主实验室)和辅助区组成[参见《生物安全实验室建筑技术规范》(GB 50346—2011)]。防护区内的生物安全风险相对较大,对围护结构的严密性和气流流向等有明确要求。防护区内设主实验室,是污染风险最高的房间,一般包括实验操作间、动物饲养间和动物解剖间等,也称核心工作间;辅助区指防护区以外的区域,生物安全风险相对较小。辅助区包括空调机房、洗消间、更衣间、淋浴间、走廊、缓冲间等。其中,缓冲间是指设置在被污染概率不同的实验室区域间的密闭室,需要时可设置机械通风系统,其门具有互锁功能,不能同时处于开启状态,可防止空气对流。

5.2 病原微生物实验室的生物安全

> **典型案例**
>
> 2004 年 4 月,安徽、北京先后发现新的 SARS 病例。卫生部和科技部组成联合调查组对有关责任开展了调查。结果认定,这次非典疫情源于实验室内受到 SARS 感染的两名工作人员。因为该实验室跨专业从事 SARS 病毒研究,采用未经论证和效果验证的 SARS 病毒灭活方法,在不符合防护要求的普通实验室内操作 SARS 病毒感染材料,并且在发现人员健康异常情况时,仍未及时上报。这是一起因实验室安全管理不善,规章制度执行不严,技术人员操作违规,安全防范措施不力,所导致的实验室污染和工作人员感染的重大责任事故。

国家根据病原微生物的生物安全防护水平,对病原微生物实验室实行分等级管理。设立病原微生物实验室,应当依法取得批准或者进行备案。个人不得设立病原微生物实验室或者从事病原微生物实验活动。病原微生物实验室应当符合生物安全国家标准。从事病原微生物实验活动,应当严格遵守有关国家标准和实验室技术规范、操作规程,采取安全防范措施。从事病原微生物实验活动应当在相应等级的实验室进行。

低等级病原微生物实验室,不得从事国家病原微生物目录规定应当在高等级病原微生物实验室进行的病原微生物实验活动。高等级病原微生物实验室从事高致病性或者疑似高致病性病原微生物实验活动,应当经省级以上人民政府卫生健康或者农业农村主管部门批准,并将实验活动情况向批准部门报告。对我国尚未发现或者已经宣布消灭的病原微生物,未经批准不得从事相关实验活动。

5.2.1 病原微生物的分类

国家根据病原微生物的传染性、感染后对人和动物的个体或者群体的危害程度,对病原微生物实行分类管理,具体可分为4类(表5-2),其中,第一类病原微生物是危害程度最高的,第一类和第二类病原微生物统称为高致病性病原微生物。

表5-2 病原微生物的分类

类别	特征
第一类	能够引起人类或者动物非常严重疾病的病原微生物,以及我国尚未发现或者已经宣布消灭的病原微生物
第二类	能够引起人类或者动物严重疾病,比较容易直接或者间接在人与人、动物与人、动物与动物间传播的病原微生物
第三类	能够引起人类或者动物疾病,但一般情况下对人、动物或者环境不构成严重危害,传播风险有限,实验室感染后很少引起严重疾病,并且具备有效治疗和预防措施的病原微生物
第四类	在通常情况下不会引起人类或者动物疾病的病原微生物

注:参考《病原微生物实验室生物安全管理条例》(2018年修正版)。

按我国原卫生部2006年印发的《人间传染的病原微生物名录》中对应的实验室安全级别,进行致病性病原微生物研究。其中,开展未经灭活的高致病性病原微生物(列入一类、二类)相关实验和研究,必须在BSL-3/ABSL-3、BSL-4/ABSL-4实验室中进行;开展低致病性病原微生物(列入三类、四类),或经灭活的高致病性感染性材料的相关实验和研究,必须在BSL-1/ABSL-1、BSL-2/ABSL-2或以上等级实验室中进行。

5.2.2 病原微生物实验室的认可

开展病原微生物实验研究的实验室,须具备相应的安全等级资质。新建、改建、扩建三级(BSL-3/ABSL-3)、四级(BSL-4/ABSL-4)实验室或者生产、进口移动式三级(BSL-3/ABSL-3)、四级(BSL-4/ABSL-4)实验室应当遵守下列规定:

①符合国家生物安全实验室体系规划并依法履行有关审批手续。
②经国务院科技主管部门审查同意。
③符合国家生物安全实验室建筑技术规范。
④依照《中华人民共和国环境影响评价法》的规定进行环境影响评价并经环境保护主管部门审查批准。
⑤生物安全防护级别与其拟从事的实验活动相适应。

生物安全三级(BSL-3/ABSL-3)和四级(BSL-4/ABSL-4)实验室的认可,由国家认证认可监督管理委员会(CNCA)授权的中国合格评定国家认可委员会负责,并颁发相应级别的生物安全实验室认可证书(有效期5年)。已经建成并通过实验室国家认可的三级、四级实验室应当向所在地的县级人民政府环境保护主管部门备案。

新建、改建或者扩建一级(BSL-1/ABSL-1)、二级(BSL-2/ABSL-2)实验室,应当向设区的市级人民政府卫生主管部门或者兽医主管部门备案,并取得生物安全实验室备案凭证。

5.2.3 病原微生物的采购、运输与保管

从事高致病性或者疑似高致病性病原微生物样本采集、保藏、运输活动,应当具备相应条件,符合生物安全管理规范。制定并采用生物安全手册,有从事病原微生物相关实验活动的标准操作规范。开展病原微生物相关实验和研究的人员需经过专业培训,经考核合

格并取得相应的证书。实验室要为从事高致病性病原微生物的工作人员，提供适宜的医学评估。要实施监测和治疗方案，并妥善保存相应的医学记录；要有上岗前体检和离岗体检，长期工作的还要有定期体检。

二级（BSL-2/ABSL-2）及以上等级实验室，开展病原微生物的相关实验活动应有风险评估和应急预案，包括病原微生物及感染材料溢出和意外事故的书面操作程序。实验操作合规，安全防护措施合理。在合适的生物安全柜中进行实验操作；不在超净工作台中进行病原微生物实验；安全操作高速离心机，小心防止离心管破损或盖子破损造成病原微生物溢出或气溶胶散发；有开展病原微生物相关实验活动的记录；有合适的个人防护措施；禁止戴防护手套操作相关实验以外的设施设备。

采购或自行分离高致病性病原微生物菌（毒）种，须办理相应申请和报批手续。采购病原微生物须从有资质的单位购买，具有相应合格证书；须按照学校或单位的流程审批，报行业主管部门批准。采集高致病性病原微生物样本的工作人员，在采集过程中应当防止病原微生物扩散和感染，并对样本的来源、采集过程和方法等做详细记录。

高致病性病原微生物菌（毒）种应妥善保存和严格管理。实验室要制定相应的人员准入制度。外来人员进入生物安全实验室须经负责人批准，并有相关的教育培训、安全防控措施；出现感冒发热等症状时，不得进行病原微生物实验。病原微生物菌（毒）种应保存在带锁冰箱或柜子中，高致病性病原微生物要实行双人双锁管理；要有病原微生物菌（毒）种保存、实验使用、销毁的记录。

病原微生物的转移和运输，须按规定报卫生和农业主管部门批准，并按相应的运输包装要求包装后进行转移和运输。按国际民航组织文件《危险物品安全航空运输技术细则》（Doc9284）的要求，将相关病原和标本分为A类和B类。A类包括对人感染的传染性物质（UN2814）和对动物感染的传染性物质（UN2900），其余的属于B类生物物质（UN3373）。A类感染性物质的包装采用基本的三层包装系统，并要符合联合国第6.2项规范并遵循《P620包装规范》（PI602）。基本的三层包装系统适用于所有的感染性物质，由主容器、中层包装和外包装三层包装组成（图5-1）。除了使用上述结构的包装外，还需提供测试结果文件。用于检测A类感染性物质的包装是否符合上述标准的实验，包括9m跌落测试、

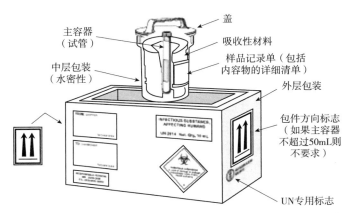

图5-1 A类感染性物质采用三层包装系统进行包装和标签示意
（引自国际航空运输协会）

刺穿测试和耐压测试等。此外，主容器和中层包装应能承受不低于95kPa的压差。三层包装系统仍然适用B类感染性物质的包装，但不要求提供测试结果文件（图5-2）。

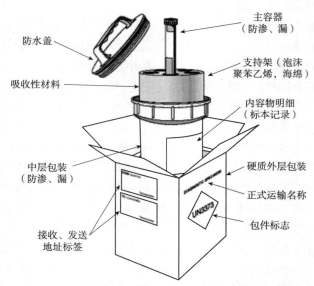

图 5-2　B 类感染性物质采用三层包装系统进行包装和标签示意
（引自国际航空运输协会）

此外，运输高致病性病原微生物菌(毒)种或者样本，应当由不少于2人的专人护送，并采取相应的防护措施，不得通过公共电(汽)车、地铁和城市铁路运输病原微生物菌(毒)种或者样本。

5.2.4　实验动物安全

实验动物指经人工培育，对其携带的微生物和寄生虫实行控制，遗传背景明确或者来源清楚，用于科学研究、教学、生产、检定以及其他科学实验的动物。生物安全实验室的实验动物一般包括脊椎动物和无脊椎动物。实验动物的购买、饲养、解剖等须符合相关规定；饲养实验动物的场所应有资质证书；实验动物须从具有资质的单位购买，有合格证明；用于解剖的实验动物须经检验检疫合格；解剖实验动物时，必须做好个人安全防护。动物实验按相关规定进行伦理审查，保障动物权益。

实验室应分为动物生产设施和实验设施等部分，必要时，应具备动物检疫室。各区域之间要有明确区分。动物饲养间和实验操作间的室内气压相对外环境宜为负压，不得循环使用动物实验室排出的空气。应设置适合、良好的实验动物饲养笼具或护栏，防止动物逃逸、损毁；应对动物笼具进行清洗和消毒。不同级别和不同种类的实验动物应分开饲养。应有防止昆虫、野鼠等动物进入和实验动物外逃的措施。实验室应具备常用个人防护物品及动物解剖等特殊防护用品，如防动物面罩与防切割手套等。

动物饲养设备一般包括独立通风笼具(individually ventilated cages，IVC)和动物隔离设备(animal isolation equipment，AIE)。饲养设备(笼具)除考虑安全要求外还应考虑对动物福利的要求。独立通风笼具是一种以饲养盒为单位的独立通风的屏障设备，洁净空气分别送入各独立笼盒，使饲养环境保持一定压力和洁净度，用以避免环境污染动物(正压)或动物污染环境(负压),一切实验操作均需要在生物安全柜等设备中进行。动物隔离设备是动物生物安全实验室内饲育动物采用的隔离装置的统称,该设备的动物饲育内环境为负压和单向气流,以防止病原体外泄至环境并能有效防止动物逃逸,常用的动物隔离设备有隔离器和层流柜等。

从事节肢动物(特别是可飞行、快爬或跳跃的昆虫)相关研究的实验活动,应通过缓冲间进入动物饲养间或操作间,缓冲间内应配备适用的捕虫器和灭虫剂;应在不同区域饲养、操作未感染和已感染节肢动物;应设制冷温装置,需要时可以通过降低温度及时降低动物的活动能力;应有机制或装置确保水槽和存水弯管等设备内的液体或消毒液不干涸,防止逃逸。

病原微生物实验室应当采取措施,加强对实验动物的管理,防止实验动物逃逸,对使用后的实验动物应按照国家规定进行无害化处理,实现实验动物可追溯。应当加强对实验活动废弃物的管理,依法对废水、废气以及其他废弃物进行处置,采取措施防止污染;应配备消毒、灭菌设备和技术,能对所有实验后废弃动物、尸体、废物进行彻底消毒、灭菌处理。

5.2.5 病原微生物溢洒的应急处理

溢洒是指包含病原微生物等生物危险物的液态或固态物质,意外地与容器或包装材料分离的过程。实验操作人员应熟悉生物危险物质溢洒处理的程序、溢洒处理工具包的使用方法和存放地点,以降低溢洒带来的危害。对溢洒处理过程和效果进行评估,必要时对实验室进行彻底的消毒灭菌处理,对暴露人员进行医学评估。按程序记录相关过程并向上级部门报告。

5.2.5.1 溢洒处理工具包

基础的溢洒处理工具包通常包括以下材料:

①有效的消毒灭菌液,按要求定期配制,保持有效性。
②镊子或钳子、一次性刷子、可高压灭菌的扫帚和簸箕、处理碎玻璃等锐器的装置、足够的纸巾或其他吸收材料、橡胶手套和面部防护装备等。
③感染性溢洒物及其他物品的专用容器。
④警示标志,如"禁止进入""生物危险"和"溢洒处理"等。

5.2.5.2 实验室内溢洒的应急处理

①立即通知室内所有人员迅速离开,在撤离房间的过程中注意防护气溶胶。
②撤离人员按照离开实验室的程序脱去个体防护装备,并用适当的消毒灭菌液和水清洗所暴露的皮肤。
③关门并张贴"禁止进入""生物危险"和"溢洒处理"等警告标志。
④立即向实验室安全负责人报告。
⑤如果同时发生针刺或扎伤,可用消毒灭菌液和水清洗受伤区域,挤压伤处周围以促使血往伤口外流。如果发生了黏膜暴露,至少用水冲洗暴露区域15分钟。
⑥所有人员撤离完成,等待至少30分钟后方可进入现场处理溢洒物。必要时,由实验室安全负责人安排专人清除溢洒物。需要两人共同处理溢洒物,必要时还需配备一名现场指导人员。

⑦清理人员准备清理工具和物品，穿着适当的个体防护装备（如防护服、口罩、双层手套、护目镜、呼吸保护装置等）后进入实验室。

⑧判断污染程度，用消毒灭菌液浸湿的吸收材料覆盖溢洒物，再小心从外围向中心倾倒适量的消毒灭菌液，使其与溢洒物充分混合。

⑨按消毒灭菌液的说明确定用量和作用时间，结束后小心将吸收了溢洒物的消毒纸巾连同溢洒物收集到专用收集容器中，并反复用新的消毒纸巾将剩余物质吸净。破碎的玻璃或其他锐器要用镊子或钳子处理。

⑩用消毒灭菌液清洁被污染物体或地面的表面，以及所有可能被污染的区域，按程序处理清除溢洒物过程中形成的所有废物。

⑪人员和废物分别按照离开实验室的程序离开和处理。

5.2.5.3　生物安全柜内溢洒的处理

①处理过程中不要将头伸入安全柜内，也不要将脸直接面对前操作口，而应始终处于前视面板的后方。

②如果溢洒量不足 1mL 时，可直接用消毒灭菌液浸湿的纸巾擦拭。

③如果溢洒量大或发生容器破碎时，应立即向实验室安全负责人报告，再进行处理。

④使生物安全柜保持开启状态，在溢洒物上盖上浸有消毒灭菌液的吸收材料，作用指定的时间。必要时，用消毒灭菌液浸泡工作台表面、排水沟和接液槽等处。

⑤将吸收了溢洒物的消毒纸巾连同溢洒物收集到专用的收集容器中，并反复用新的消毒纸巾将剩余物质吸净，破碎的玻璃或其他锐器要用镊子或钳子处理。

⑥用消毒灭菌液擦拭或喷洒安全柜的工作表面及前视窗的内侧，作用指定时间后用洁净水擦干净消毒灭菌液。

⑦如果溢洒物流入生物安全柜内部，需要评估后再采取适当的措施。

⑧按程序处理产生的所有废物，再按程序离开实验室。

5.2.5.4　离心机内溢洒的处理

在离心感染性物质时，要使用密封管以及密封的转子或安全桶。每次使用前检查并确认所有密封圈都在位，并处于良好的状态。离心结束后至少等候 5 分钟再打开离心机盖。

①如果打开盖子后发现离心机已经被污染，立即小心关上。

②如果离心时离心管破碎，应立即切断电源，等待至少 30 分钟再开始清理。

③穿着适当的个体防护装备，准备好清理工具，小心打开离心机盖子。

④消毒灭菌后小心将离心机转子转移到生物安全柜内，浸泡在非腐蚀性消毒灭菌液内，建议浸泡 60 分钟以上。

⑤小心将离心管转移到专用的收集容器中，用镊子夹取破碎物或用镊子夹着棉花收集细小的破碎物。

⑥用适当的消毒灭菌液擦拭或用喷雾消毒灭菌离心机转子仓和其他被污染的部位，等待空气晾干。

⑦如果溢洒物流入离心机的内部，需要评估后采取适当的措施。

5.3 生物技术实验室的安全管理

> **典型案例**
> 　　2016年，南方某大学副教授贺某某私自组织项目团队，蓄意逃避监管，使用安全性、有效性不确切的技术，实施国家明令禁止的以生殖为目的的人类胚胎基因编辑活动。贺某某通过他人伪造伦理审查书，指使个别从业人员违规在人类胚胎上进行基因编辑（CCR5）并植入母体，最终有2名志愿者怀孕。该行为严重违背伦理道德和科研诚信，严重违反国家有关规定，在国内外造成恶劣影响。2019年，贺某某、张某某、覃某某3名被告人，因共同非法实施以生殖为目的的人类胚胎基因编辑和生殖医疗活动，构成非法行医罪，分别被依法追究刑事责任。

　　生物技术是应用生物学、化学和工程学的基本原理，利用生物体（包括微生物、动物细胞和植物细胞）或其组成部分（细胞器和酶）来生产有用物质，或为人类提供某种服务的技术。近些年来，随着现代生物技术突飞猛进地发展，包括基因工程、细胞工程、蛋白质工程、酶工程以及生化工程所取得的成果，利用生物转化特点生产化工产品，特别是用一般化工手段难以得到的新产品，改变现有工艺，解决长期被困扰的能源危机和环境污染两大棘手问题，越来越受到人们的关注，且有的已付诸现实。

　　生物技术的研究突破了物种之间的遗传信息交流障碍。虽然数十年来的研究结果表明，生物技术实验产生生物危害的可能性比原来设想的要小得多，目前也尚未见到有大规模危害的实例报道，但无意中重组DNA构建出危及人类安全的微生物的可能性仍然不能排除。基因重组技术是一把双刃剑，迫使人们始终关注着生物技术对人类、动物和环境的影响。

5.3.1 生物技术实验室的安全

　　1972年，斯坦福大学的生物化学家保罗·伯格（Paul Berg）和他的研究小组进行了一个具有划时代意义的基因拼接实验，首次实现了不同生物体之间的遗传材料组合——他从感染猴子的病毒SV40中分离出一种基因，并采用化学方法将其组装在λ噬菌体的基因组中。他原本计划将这种组合的杂合体基因组插入大肠杆菌，但却遭到遗传学家罗伯特·波拉克（Robert Pollack）的警告。基于对实验室同事安全和其他可能出现的生物安全风险的考虑和权衡，伯格中止了拟定的实验计划。

　　在第一个重组DNA分子诞生不到一年时，人们开始担心重组DNA可能会产生有潜在危险的新的微生物。如何将重组DNA技术相关的生物安全风险降低到最低程度，让生物技术实验以安全、可靠的方式持续推进，是当时生命科学共同体面临的最紧迫问题和最大挑战。1975年2月，前沿生物技术安全风险治理史上具有里程碑意义的"阿希洛马会议"召开，该会议重启了重组DNA的研究，所确立的实验指导方针确保了实验室的生物安全，保证了实验人员的安全，为生物学的发展奠定了重要基础。生命科学共同体首次将"预警性思考"原则作为应对重组DNA技术应用研究可能存在生物危害的重要原则，为生物技术的重要应用——基因编辑和转基因生物安全管理提供了指导原则。

我国的生物技术实验开展40多年来，相继颁布了《基因工程安全管理办法》(1993年)、《农业转基因生物安全管理条例》(2011年修订)、《人胚胎干细胞研究伦理指导原则》(2003年)和《干细胞临床研究管理办法(试行)》(2015年)，为转基因和基因编辑等技术的应用明确了基本准则，为开展相关生物技术研究与应用提供了根本遵循。

5.3.2　生物技术实验室的分级

为规范生物技术研究开发活动，增强从事生物技术研究开发活动的自然人、法人和其他组织的安全责任意识，避免出现直接或间接生物安全危害，促进和保障生物技术研究开发活动健康有序发展，有效维护生物安全。我国对生物技术研究开发实行分级管理，按照开发活动潜在风险程度，分为高风险等级、较高风险等级和一般风险等级(表5-3)。

表5-3　我国生物技术研究开发活动风险分级

风险等级	风险程度	研发内容
高	能够导致人或者动物出现非常严重或严重疾病，或对重要农林作物、中药材以及环境造成严重危害的生物技术研究开发活动所具有的潜在风险程度	1.《人间传染的病原微生物名录》中，涉及第一类和第二类病原微生物，且按照规定必须在生物安全四级或三级实验室开展的研究开发活动 2.《动物病原微生物分类名录》中，涉及第一类和第二类病原微生物，且按照规定必须在生物安全四级或三级实验室开展的研究开发活动 3.《中华人民共和国进境动物检疫疫病名录》中，涉及第一类传染病和寄生虫病的研究开发活动 4.《禁止细菌(生物)及毒素武器的发展、生产及贮存以及销毁这类武器的公约》中，涉及适用的生物战剂、病原微生物或者毒素的研究开发活动 5. 涉及新发高致病性病原微生物的研究开发活动 6. 涉及具有感染活性的各类微生物的人工合成活动 7. 涉及存在重大风险的人类基因编辑等基因工程的研究开发活动 8. 其他具有同等潜在风险程度的生物技术研究开发活动
较高	能够导致人或者动物疾病，但一般情况下对人、动物、重要农林作物、中药材或环境不构成严重危害的生物技术研究开发活动所具有的潜在风险程度	1.《人间传染的病原微生物名录》中，涉及第三类病原微生物，且按照规定必须在生物安全二级实验室开展的研究开发活动 2.《动物病原微生物分类名录》中，涉及第三类病原微生物，且按照规定必须在生物安全二级实验室开展的研究开发活动 3.《中华人民共和国进境动物检疫疫病名录》中，涉及第二类传染病和寄生虫病的研究开发活动 4. 涉及存在较大风险的人类基因编辑等基因工程的研究开发活动 5. 其他具有同等潜在风险程度的生物技术研究开发活动
一般	通常情况下对人、动物、重要农林作物、中药材或环境不构成危害的生物技术研究开发活动所具有的潜在风险程度	1.《人间传染的病原微生物名录》中，涉及第四类病原微生物，且按照规定必须在生物安全一级实验室开展的研究开发活动 2.《动物病原微生物分类名录》中，涉及第四类病原微生物，且按照规定必须在生物安全一级实验室开展的研究开发活动 3. 涉及《中华人民共和国进境动物检疫疫病名录》中其他传染病和寄生虫病的研究开发活动 4. 涉及存在一般风险的人类基因编辑等基因工程的研究开发活动 5. 其他具有同等潜在风险程度的生物技术研究开发活动

5.3.3　生物技术实验室的防护策略

在进行生物技术实验，特别是基因工程实验时，实验人员面临的安全因素主要有以下几个方面：①实验微生物的危害；②重组 DNA 的危害；③遗传修饰生物的危害；④实验动物的危害。

重组 DNA 实验的生物危害分类，与微生物和生物医学实验的生物危害分类的成熟程度不能相提并论。有关重组 DNA 实验的分类是通过安全性评价，按照危害的程度，分别将其归属于一定类别，规定出其所应通过的审批机构、程序及其权限，从而确定生物安全等级并采取相应的防护措施。作为生物技术实验人员，必须明确安全隐患，了解危险因素，严格按照安全操作规程，采取必要的防范措施加以预防。

生物控制是保证生物技术实验安全的一个重要策略，根据具有潜在生物危害的重组 DNA 有机体的特殊性质，从生物学角度建立一种特殊的安全防护方法，即利用一些经过基因改造的有机体作为宿主-载体系统，使其除在特定的人工条件外，在实验室外部几乎不能生存、繁殖和转移。这样，即使这类重组体不慎泄漏出物理控制屏障的设备及设施，也不可能在实验室外继续存活，从而达到控制的目的。美国国立卫生研究院(National Institutes of Health，NIH)确立了一种以原核生物和低等真核生物作为宿主的生物控制系统，即一级生物控制的 HV1 和二级生物控制的 HV2 两个类别。HV1 提供中等控制水平的寄主-载体系统；HV2 系统是提供高等生物控制水平的寄主-载体系统。采用 HV1 和 HV2 寄主-载体系统的重组 DNA 实验，属于 NIH 准则中免受准则约束的实验，不必向生物安全委员会登记，物理控制也只需要最低的 P1 级。

生物控制与物理控制相互补充、相辅相成，针对不同重组体的各种实验，两者可进行不同方式的组合，以达到不同生物安全等级的要求。在我国卫生和计划生育委员会(现卫生健康委员会)发布有关的管理规定之前，对于人类病毒的重组体(包括对病毒的基因缺失、插入、突变等修饰以及将病毒作为外源基因的表达载体)暂时遵循以下 5 点原则：

①严禁两个不同病原微生物之间进行完整基因组的重组。

②对人类致病的病毒，如存在疫苗株，只允许用疫苗株为外源基因表达载体，如脊髓灰质炎病毒、麻疹病毒、乙型脑炎病毒等。

③对一般情况下即具有复制能力的重组活病毒(复制型重组病毒)，其操作时的防护条件应不低于其母本病毒；对于条件复制型或复制缺陷型病毒可降低防护条件，但不得低于 BSL-2 的防护条件。例如，来源于 HIV 的慢病毒载体为双基因缺失载体，可在 BSL-2 实验室操作。

④对病毒作为表达载体的，其防护水平总体上应根据其母本病毒的危害等级及防护要求进行操作，但将高致病性病毒的基因重组入具有复制能力的同科低致病性病毒载体时，原则上应根据高致病性病原微生物的危害等级和防护条件进行操作，在证明重组体无危害后，可视情降低防护等级。

⑤对复制型重组病毒的制作事先要进行危险性评估，并得到所在单位生物安全委员会的批准。对于高致病性病原微生物重组体或有可能制造出高致病性病原微生物的操作应经国家病原微生物实验室生物安全专家委员会论证。

尽管随着研究时间的推移和经验的积累，越来越多的人相信重组 DNA 实验的潜在危害要比原来认为的程度小很多，当初对于重组 DNA 分子的研究活动可能会创造新的病原微生物以及致癌物质的疑虑已经逐步淡化。但是，许多发达国家在逐步修订有关准则规定，注意适当放宽政策，同时仍然考虑人类的长远利益。为避免潜在的生物危害可能造成不可挽回的损失，对重组 DNA 实验生物危害分类仍然保持慎重的态度。

5.3.4 农业转基因生物安全管理

自转基因作物问世以来，全球转基因生物迅猛发展，规模和产值不断攀升，趋势不可逆转，但转基因生物在为农业生产、人类生活和社会进步带来巨大利益的同时，也存在对生态环境和人类健康的潜在风险。农业转基因生物，是指利用基因工程技术改变基因组构成，用于农业生产或者农产品加工的动植物、微生物及其产品。主要包括：①转基因动植物(含种子、种畜禽、水产苗种)和微生物；②转基因动植物、微生物产品；③转基因农产品的直接加工品；④含有转基因动植物、微生物或者其产品成分的种子、种畜禽、水产苗种、农药、兽药、肥料和添加剂等产品。

中国作为一个农业大国、生物多样性大国，又是大豆、水稻等重要农作物物种的原产地，历来十分重视农业转基因生物安全管理，对农业转基因生物采取了"积极研究、慎重推广、加强管理、稳妥推进"的基本原则。

5.3.4.1 农业转基因生物的安全分级

农业转基因生物，按照受体生物对人类、动植物、微生物和生态环境的危险程度，分为安全等级Ⅰ(尚不存在危险)、等级Ⅱ(具有低度危险)、等级Ⅲ(具有中度危险)、等级Ⅳ(具有高度危险)4 个等级(表 5-4)。从事Ⅲ、Ⅳ级农业转基因生物研究的，应当在研究开始前向国务院农业行政主管部门报告。

表 5-4 受体生物的安全等级

等级	条件
安全等级Ⅰ	1. 对人类健康和生态环境未曾发生过不利影响 2. 演化成有害生物的可能性极小 3. 用于特殊研究的短存活期受体生物，实验结束后在自然环境中存活的可能性极小
安全等级Ⅱ	对人类健康和生态环境可能产生低度危险，但是通过采取安全控制措施完全可以避免其危险的受体生物
安全等级Ⅲ	对人类健康和生态环境可能产生中度危险，但是通过采取安全控制措施，基本上可以避免其危险的受体生物
安全等级Ⅳ	对人类健康和生态环境可能产生高度危险，而且在封闭设施之外尚无适当的安全控制措施避免其发生危险的受体生物，包括： 1. 可能与其他生物发生高频率遗传物质交换的有害生物 2. 尚无有效技术防止其本身或其产物逃逸、扩散的有害生物 3. 尚无有效技术保证其逃逸后，在对人类健康和生态环境产生不利影响之前，将其捕获或消灭的有害生物

农业转基因生物安全评价的标准和技术规范，由国务院农业行政主管部门制定。农业转基因生物试验，一般应当经过中间试验、环境释放和生产性试验 3 个阶段。从事农业转基因生物试验的单位在生产性试验结束后，可以向国务院农业行政主管部门申请领取农业转基因生物安全证书。

5.3.4.2 安全控制措施

从事农业转基因生物试验和生产的单位，应当按要求确定安全控制措施和预防事故的紧急措施，做好安全监督记录，以备核查。安全控制措施包括物理控制、化学控制、生物控制、环境控制和规模控制等（表5-5）。

表5-5 农业转基因生物的安全控制措施

类别	控制措施
物理控制	利用物理方法限制转基因生物及其产物在实验区外的生存及扩散，如设置栅栏，防止转基因生物及其产物从实验区逃逸或被人或动物携带至实验区外等
化学控制	利用化学方法限制转基因生物及其产物的生存、扩散或残留，如生物材料、工具和设施的消毒
生物控制	利用生物措施限制转基因生物及其产物的生存、扩散或残留，以及限制遗传物质由转基因生物向其他生物的转移，如设置有效的隔离区及监控区、清除试验区附近可与转基因生物杂交的物种、阻止转基因生物开花或去除繁殖器官、或采用花期不遇等措施，以防止目的基因向相关生物的转移
环境控制	利用环境条件限制转基因生物及其产物的生存、繁殖、扩散或残留，如控制温度、水分、光周期等
规模控制	尽可能地减少用于试验的转基因生物及其产物的数量或减小试验区的面积，以降低转基因生物及其产物广泛扩散的可能性，在出现预想不到的后果时，能比较彻底地将转基因生物及其产物消除

安全等级Ⅱ、Ⅲ、Ⅳ的转基因生物，在废弃物处理和排放之前应当采取可靠措施将其销毁、灭活，以防止扩散和污染环境。发现转基因生物扩散、残留或者造成危害的，必须立即采取有效措施加以控制、消除，并向当地农业行政主管部门报告。农业转基因生物在贮存、转移、运输和销毁、灭活时，应当采取相应的安全管理和防范措施，具备特定的设备或场所，指定专人管理并记录。

5.4 生物安全实验室的屏障和防护

生物安全实验室安全防护装备，是用于保护实验室操作人员和环境免受病原微生物危害的技术装备，是高等级生物安全实验室的硬件基础，是从事实验活动的关键防护屏障，是决定实验室建设水平的关键要素。根据高等级病原微生物实验室的生物安全防护要求与装备功能，可将生物安全实验室关键防护装备分为六大类：个体防护装备、个体防护技术保障装备、实验对象隔离操作设备、实验室屏障和通风过滤设备、实验室围护结构气密防护设备以及消毒灭菌与废弃物处理设备。

5.4.1 个体防护装备

生物安全实验室用的个体防护装备，主要包括医用口罩、护目镜、防护手套、防护靴、连体服、正压防护头罩、正压防护服等。

医用口罩按性能特点及适用范围可分为3种：医用防护口罩、医用外科口罩和普通医用口罩。医用防护口罩适用于医务人员和相关工作人员对经空气传播的呼吸道传染病的防护，防护等级高，能阻止大部分细菌、病毒等病原体；医用外科口罩适用于医务人员或相关人员的基本防护，以及在有创操作过程中阻止血液、体液和飞溅物传播的防护，防护等级中等，具有一定的呼吸防护性能；普通医用口罩用于阻隔口腔和鼻腔呼出的喷溅物，可用于普通医疗环境下的一次性卫生护理，防护等级最低。

正压防护头罩和正压防护服属于高等级个体防护装备。正压防护头罩主要用于对接触或可能接触高致病性病原微生物人员的呼吸和头部防护；正压防护服是正压服型四级生物安全实验室个人防护的核心装备，可对人员起到最全面的保护作用。

5.4.2 个体防护技术保障装备

个体防护技术保障装备主要包括实验室生命支持系统、化学淋浴消毒装置、防护器材气(汽)体消毒舱等，主要为个体防护装备的正常使用提供技术保障。

生命支持系统主要为正压防护服提供压力稳定的正压维系气源，以确保实验人员与实验室污染环境隔离，同时为防护服内人员提供可呼吸的洁净空气。化学淋浴设备主要用于正压防护服表面全方位的喷雾消毒和清洗，去除正压防护服表面的生物污染，是退出高污染区的第一道防护屏障。防护器材气(汽)体消毒舱主要用于对正压防护头罩、防护面具等个体防护装备的消毒，解决相关装备消毒不易彻底且消毒流程烦琐的难题。

5.4.3 实验对象隔离操作设备

实验对象隔离操作设备包括生物安全柜、手套箱式生物隔离器、动物隔离设备、动物负压解剖台等，主要用于生物安全实验室感染性材料的操作防护及感染动物的饲养、解剖、取样等生物安全防护。

5.4.3.1 生物安全柜

生物安全柜是指具备气流控制及高效空气过滤装置的操作柜，可有效降低实验过程中产生的有害气溶胶对操作者、实验材料和环境的危害，是高等级生物安全实验室必备的初级防护屏障。生物安全柜的工作原理主要是将柜内空气向外抽吸，使柜内保持负压状态，通过垂直气流来保护工作人员；外界空气经高效空气过滤器(HEPA)过滤后进入安全柜内，以避免处理样品被污染；柜内的空气也需经过 HEPA 过滤器过滤后再排放到大气中，以保护环境。依据我国《Ⅱ级生物安全柜》(YY 0569—2011)，生物安全柜可分为三级：Ⅰ级、Ⅱ级和Ⅲ级。目前，实验室常用的生物安全柜以Ⅱ级为主，其中又以Ⅱ级 A2 型为主。

超净工作台在实验室中也广泛使用，其与生物安全柜之间最明显的区别就是生物安全柜在保护实验室环境的同时还保护操作人员，而超净工作台则主要保护操作对象，不管实验室环境和实验人员。因此，在生物安全实验室内，应该选择和使用生物安全柜，而在其他实验室，如植物组织培养实验室内，可选择超净工作台。

5.4.3.2 手套箱式生物隔离器

手套箱式生物隔离器是从事高危病原微生物操作的高等级隔离防护设备，根据其工作原理及结构特点，可归属到Ⅲ级生物安全柜的范畴。

5.4.3.3 动物隔离设备

动物隔离设备是从事染疫中小动物研究的专用设备，其种类繁多，包括非气密性动物隔离设备、手套箱式动物隔离设备、独立通风笼具以及动物解剖设备。

5.4.4 实验室屏障和通风过滤设备

屏障是物理控制的常用方法，由封闭设备和隔离设施构建而成，可分为一级屏障与二级屏障两道防线。二级生物安全实验室建议实施一级屏障和二级屏障，三级、四级生物安全实验室必须实施一级屏障和二级屏障。

5.4.4.1 一级屏障

一级屏障是指操作者和被操作对象之间的隔离,主要包括各级生物安全柜、带有罩壳的离心机和振荡器等封闭设备或仪器、动物隔离设备、个人防护装备等。一级屏障可由4个单元构成,包括结构屏障、空气屏障、过滤屏障和灭活屏障。它们可按照不同的实验要求和安全等级进行组合,构成相应的封闭实验设备或设施。

①结构屏障 是一种能隔离生物危害材料的箱体或橱柜,由不透性材料构成,四周及上下表面坚实,部分设有视窗或完全透明,具有以垫片密封的、附有或不附有实验用手套的进出口。其材料能耐磨、防腐以及经受水洗和消毒剂的侵蚀,能承受一定压力,可保持密闭不漏。这是一种最为原始也是绝对封闭的一种屏障。

②空气屏障 是以一定的均匀流速和单向流动的气流所构成的一种屏障,多数在负压下进行操作,如生物安全柜内穿过工作台面和开口处的空气气流。这种单向流动的气流速度必须胜过污染物气溶胶朝着气流方向逆向运动的速度,并能克服操作活动在工作台口边缘产生的气流扰动和涡流。但是,空气屏障容易受到激烈操作所产生的大量气溶胶、空气屏障附近其他操作活动所产生的气流干扰以及空气循环设备的机械故障等的影响,也会由于操作人员带进外来物料造成接触性污染。

③过滤屏障 是采用高效空气过滤器对操作设备或系统中带有颗粒状污染物的进风、排风进行过滤处理的屏障方式。对于直径$\geqslant 0.3\mu m$的颗粒,这种过滤器的过滤效率至少要达到99.97%,对于大颗粒的过滤效率还要更高一些。但应该定期更换新的过滤器,以免工作台内的气流速度过低而影响空气屏障的使用效果。

④灭活屏障 是通过灭菌、焚烧等措施将污染物灭活而达到屏障的要求。如在发酵罐的排气出口加设焚烧装置,使空气中夹带的活性污染物在高温下失活。在封闭实验室安装双门加压灭菌柜(双扉高压灭菌器),对送入或移出的器械、材料进行高压蒸汽灭菌;在传递窗口进行紫外线照射或化学浸泡等方式的消毒处理,也属于灭活屏障。

5.4.4.2 二级屏障

二级屏障是指生物安全实验室和外部环境的隔离,主要包括建筑结构、通风空调、给水排水、电气和控制系统。二级屏障是一级屏障的外围设施。生物安全实验室本身就构成一种二级屏障,能够在一级屏障失效或其外部发生意外时,确保其他实验室及周围人群不致暴露于释放的生物因子之中。

此外,实验室应有良好的通风设施和必要的供暖和降温设施。实验室通风过滤设备,是生物安全实验室最重要的二级防护屏障之一,可有效防止实验室内生物气溶胶释放到室外环境,具体包括高效过滤装置以及生物型密闭阀。所有的通风必须配备空气过滤系统,并能维持室内空气与外部走廊的压差,根据不同的生物安全等级达到相应的压差要求,防止空气由污染区向非污染区倒流。

5.4.5 实验室围护结构气密防护设备

实验室围护结构气密防护设备,主要用于大动物生物安全三级实验室、生物安全四级实验室等气密性实验室人员通道,物品通道及管、线穿墙的气密隔离防护,主要包括管、线穿墙密封装置,气密型传递设备(传递窗、渡槽等),气密门等。

5.4.6 消毒灭菌与废弃物处理设备

实验室废弃物通常是指实验过程中产生的有毒有害的气体、废液、废渣、实验材料、实验器材等。消毒灭菌与废弃物处理设备主要用于生物安全实验室固体、液体废弃物的消毒灭菌，实验室室内空间及表面、生物安全防护设备等的消毒及感染动物残体的无害化处理。涉及病原微生物的实验废弃物必须进行高温高压灭菌或化学浸泡处理；高致病性生物材料废弃物处置要实现溯源追踪；生物实验废弃物不得与生活垃圾混放。实验室的出入口不宜少于两处，人员出入口不宜兼作动物尸体和废弃物出口。

5.4.6.1 压力蒸汽灭菌器

压力蒸汽灭菌器，也称高压灭菌锅，是利用饱和压力蒸汽对物品进行迅速而可靠的消毒灭菌设备，可以对实验器械、耗材、玻璃器皿、培养基等进行消毒灭菌，是全世界公认的灭菌效果可靠性最好的灭菌技术之一。二级生物安全实验室应在实验室或实验室所在建筑内，配备高压灭菌锅或其他消毒灭菌设备；三级生物安全实验室应在防护区内，设置生物安全型双扉高压灭菌锅；四级生物安全实验室的主实验室内，应设置生物安全型双扉高压灭菌器，主体所在房间应为负压。双扉高压灭菌器一般用于实验材料和废弃材料的灭菌处理，兼作生物安全实验室保证清洁区与半污染区和污染区的彻底隔离。

5.4.6.2 污水处理设备

污水处理设备主要用于处理高等级生物安全实验室的活毒废水，主要采用物理热力法处理，可根据需要使用化学药剂法和物理热力法混合处理。物理热力法处理污水的设备主要有序批式污水热处理设备和连续流式污水热处理设备。

5.4.6.3 气体消毒设备

国内外实验室主要应用的气体消毒剂有甲醛、二氧化氯气体（GCD）和汽化过氧化氢（VHP）。GCD 是食品级消毒剂，能够瞬间杀灭空气中的病毒，同时对人体安全、无毒。2022 年北京冬奥会期间，GCD 是疫情防控的"黑科技"之一；VHP 是指利用高温将高浓度（30%~35%）过氧化氢进行蒸发汽化，使消毒剂由液态转化为气态，扩散到灭菌空间中，利用过氧化氢的氧化性特点对微生物进行杀灭。此外，由于甲醛的毒性大、不环保、有残留物，已逐渐被 GCD 和 VHP 所取代。

5.4.6.4 动物残体处理装备

动物残体、尸体及组织应做无害化处理。ABSL-3 和 ABSL-4 实验室产生大动物尸体或数量较多的小动物尸体时，宜设置动物尸体处理设备，其投放口宜设置在产生动物尸体的区域、宜高出地面或设置防护栏杆。采用高温碱水解处理、炼制处理的动物残体处理系统在欧美等发达国家和地区应用，其将动物残体的灭菌和分解结合在一个处理过程中，能够在实验室现场完成动物残体的无害化处理，有效降低了病原微生物泄露风险和环境污染。

5.4.7 实验室生物安全事件的发生和预防

从以往的生物安全事件中不难看出，发生感染的一个主要原因是实验人员主观上的麻痹大意，未遵守实验室的安全操作规则和程序。因此，在从事微生物研究中必须牢固树立"安全第一"的观念，同时还要加强实验室生物安全的监督管理，否则即使具有完善的设备和标准的操作程序也不能杜绝事故的发生。

实验室生物安全涉及的绝不仅是实验室工作人员的个人健康。一旦发生事件或事故，极有可能会给人群、动植物或环境带来不可预计的危害。虽然实验室生物安全事件或事故难以完全避免，但实验室工作人员应事先了解所从事活动的风险，并应在风险已控制在可接受水平的条件下从事相关活动。此外，实验室工作人员应认识，但不应过分依赖于实验室设施设备的安全保障作用。

5.4.7.1 生物安全事件的类型

实验室生物安全事件有以下 3 种类型，包括事故性感染、气溶胶感染和其他事件。

(1) 事故性感染

事故性感染是指由于实验工作人员的疏忽或主观麻痹大意、未遵守实验室生物安全规则和程序、管理程序执行不严，以及仪器设备老化或故障等原因，使本来接触不到的微生物直接或间接感染实验人员，并污染了环境。

(2) 气溶胶感染

当进行液体或半流体、操作琼脂平板划线或接种、用吸管接种细胞、采用加样器将感染性试剂混悬液进行转移、对感染性物质进行匀浆或振荡旋涡，对感染性液体进行离心以及动物操作时，都会产生感染性气溶胶并飘散在空气中，进而导致实验人员通过呼吸造成感染。

(3) 其他事件

地震、台风、洪水等自然灾害，人为偷盗破坏、恐怖袭击及战争等人为因素，也会导致感染。

5.4.7.2 感染的途径和预防

病原微生物常见的感染途径有 4 个，分别可以借助呼吸道、口、伤口、皮下或黏膜进入人体内。

(1) 经呼吸道吸入

实验室的许多操作能在不知不觉中形成气溶胶，让人难以察觉。而病原菌气溶胶会随空气流动、扩散，从而污染实验室的空气。工作人员在没有佩戴呼吸防护装备的情况下吸入污染空气，便会引起感染。除此之外，患有呼吸道传染病或皮毛上染有病原微生物的实验动物也可能产生微生物气溶胶。气溶胶在一个实验室产生后，会通过气流转移到同一建筑物的其他地方，污染整个建筑物内的空气。

(2) 经口摄入

用嘴吸吸管取液，液体溅洒进入口中，在实验室吃东西、饮水和吸烟，把手指放入口中（如咬指甲）等都具有一定的风险，这些行为会导致经口摄入感染的可能性。

(3) 经伤口进入

被污染的针尖刺伤、被刀片或碎玻璃割伤、被动物或昆虫咬伤、抓伤等创伤，也会引起经伤口进入的意外感染。

(4) 经皮肤和黏膜渗入

含病原微生物的液体溢出或溅洒在皮肤或黏膜上，或操作时感染物外溅而与污染的表面和物品接触，以及手口间活动传播，也会由皮下或黏膜渗入引起感染。

了解可能的感染途径，有助于我们找到阻断感染的有效方法。通过对实验室感染事件的调查分析，发现通过呼吸道的气溶胶传播是实验室生物安全事故发生的主要原因。在这些能产生感染性气溶胶的操作中，有些是因为实验人员在操作过程中精力不集中、操作动作不稳定或违反操作规程，有些是操作方法不当或器材使用不当。通过对操作方法或器材使用进行改进，可大大减少感染性气溶胶的产生，通过穿戴防护服和防护口罩等防护设备，可杜绝气溶胶被吸入。

本章小结

疫病不断困扰着人类的生存与发展，人类发展史就是与疫病做斗争的历史。生物安全与每个人的生活息息相关，而实验室生物安全则涉及人类生存环境的安全，必须要采取一系列有效的预防和控制措施，防止危险生物泄漏、防止对人民生命安全、生态安全造成威胁和损害。事实上，生物安全就在我们身边。

课后习题

一、判断题

1. 从事生物技术研究和开发活动，应当遵守国家生物技术研究开发安全管理规范。（　　）
2. 灭菌是指用物理或化学的手段将病原微生物全部清除或杀灭。（　　）
3. 消毒液不需要每天配置，存放可以超过 24 小时。（　　）
4. 生物安全实验室的个体防护措施包括手套、口罩等，不需要穿隔离衣。（　　）
5. 各级实验室的生物安全防护要求依次为：一级最高，四级最低。（　　）
6. 申请跨省、自治区、直辖市运输高致病性病原微生物菌（毒）种或样本的，应当将申请材料提交运输出发地省级卫生行政部门进行初审。（　　）
7. 在《人间传染的病原微生物名录》中，高致病型禽流感病毒的危害程度属于第一类。（　　）
8. 在《人间传染的病原微生物名录》中，伤寒沙门氏菌的危害程度属于第三类。（　　）
9. 国家建立生物安全风险调查评估制度。国家生物安全工作协调机制应当根据风险监测的数据、资料等信息，定期组织开展生物安全风险调查评估。（　　）
10. 多种消毒剂混用可以增加消毒效果。（　　）

二、单选题

1. 《中华人民共和国生物安全法》已由中华人民共和国第十三届全国人民代表大会常务委员会第二十二次会议于（　　）通过，自（　　）起实施。
   A. 2020 年 10 月 1 日；2021 年 1 月 1 日
   B. 2020 年 10 月 17 日；2021 年 4 月 15 日
   C. 2020 年 10 月 11 日；2021 年 3 月 20 日
   D. 2020 年 10 月 15 日；2021 年 3 月 1 日
2. 生物安全是国家安全的重要组成部分。维护生物安全应当贯彻总体国家安全观，统筹发展和安全，坚持（　　）的原则。
   A. 鼓励创新、加强建设、培养人才、支持发展
   B. 以人为本、风险预防、分类管理、协同配合
   C. 加强应急、培养人员、协同联动、有序高效
   D. 应急处置、基础建设、技术研发、法律支持
3. 相关科研院校、医疗机构以及其他企业事业单位应当将生物安全法律法规和生物

安全知识纳入教育培训内容，加强学生、从业人员（　　）的培养。

A. 生物安全风险防控和治理体系建设

B. 生物科技创新能力和生物安全资源管理能力

C. 生物科技水平和增强生物安全保障能力

D. 生物安全意识和伦理意识

4. 有下列哪种情形，有关部门应当及时开展生物安全风险调查评估，依法采取必要的风险防控措施。（　　）

A. 通过风险监测或者接到举报发现可能存在生物安全风险

B. 为确定监督管理的重点领域、重点项目，制定、调整生物安全相关名录或者清单

C. 发生重大新发突发传染病、动植物疫情等危害生物安全的事件

D. 以上都是

5. 国家对生物技术研究、开发活动实行分类管理。根据对（　　）等造成危害的风险程度，将生物技术研究、开发活动分为高风险、中风险、低风险 3 类。

A. 公众健康、工业农业、生态环境

B. 生物资源、生态系统、生物多样性

C. 生活环境、生态系统、群体健康

D. 医疗环境、公众健康、生物多样性

6. 新冠病毒实验室核酸检测人员防护要求为（　　）。

A. 一级防护　　　　B. 二级防护　　　　C. 三级防护　　　　D. 四级防护

7. 在新型冠状病毒实验室操作过程中，可喷洒 1000mg/L 的含氯消毒剂去除污染，喷洒含氯消毒剂的作用时间为（　　）。

A. 1 分钟　　　　B. 3 分钟　　　　C. 5 分钟　　　　D. 10 分钟

8. 感染性废物应用（　　）包装袋封口，并标明感染名称。

A. 双层红色垃圾袋　　　　　　　　B. 单层红色垃圾袋

C. 单层黄色垃圾袋　　　　　　　　D. 双层黄色垃圾袋

9. 运输高致病性病原微生物菌（毒）种或样本，应使用（　　）运输方式。

A. 路运　　　　B. 航空　　　　C. 海运　　　　D. 公共交通

10. 运输高致病性病原微生物菌（毒）种或样本，应当由不少于（　　）的专人护送，并采取相应的防护措施。

A. 1　　　　B. 2　　　　C. 3　　　　D. 4

11. 三级、四级实验室应当通过实验室国家认可，获得相应级别的生物安全实验室证书，证书有效期为（　　）年。

A. 3　　　　B. 4　　　　C. 5　　　　D. 6

12. 临时贮存实验过程中产生的废液的收集桶应该如何放置？（　　）

A. 实验室门口　　　　　　　　B. 实验室专门划出的危废暂存区

C. 阳台或露台　　　　　　　　D. 楼梯间

13. 盛装的医疗和实验废物达到包装物或者容器的（　　）时，应当使用有效的封口方式，使包装物或者容器的封口紧实、严密。

A. 1/2　　　　B. 2/3　　　　C. 3/4　　　　D. 4/5

14. 根据所操作的生物因子的危害程度和采取的防护措施，将生物安全的防护水平分为四级，哪一级的防护水平最低？（　　）

　　A. Ⅰ　　　　　　B. Ⅱ　　　　　　C. Ⅲ　　　　　　D. Ⅳ

15. 实验室应设废物暂时贮存设施、设备，废物暂时贮存的时间不得超过多少天？（　　）

　　A. 7天　　　　　B. 2天　　　　　C. 10个工作日　　D. 30个工作日

16. 预防新型冠状病毒感染的方法有哪些？（　　）

　　A. 隔离传染源　　B. 个人保护　　C. 阻断传播途径　　D. 以上都是

17. 生物安全实验室结束后的清洁要求：实验室每次检测完毕后需紫外线照射多久以上？（　　）

　　A. 30分钟　　　　B. 1.0小时　　　C. 1.5小时　　　D. 2.0小时

18. 生物安全实验前如发现转运桶或标本采集密封袋渗漏，以下做法错误的是？（　　）

　　A. 立即用吸水纸覆盖

　　B. 喷洒安尔碘消毒

　　C. 喷洒有效含氯量为0.55%的含氯消毒剂消毒

　　D. 不继续检查操作

　　E. 做好标本不合格记录后立即进行密封打包，压力蒸汽灭菌处理后销毁

19. 生物安全法所称生物安全，是指国家有效防范和应对（　　）及相关因素威胁，生物技术能够稳定健康发展，人民生命健康和生态系统相对处于没有危险和不受威胁的状态，生物领域具备维护国家安全和持续发展的能力。

　　A. 危险生物因子　　　　　　B. 外来物种入侵

　　C. 生物恐怖袭击　　　　　　D. 突发传染病

20. 二级生物安全实验室必须配备的设备是（　　）。

　　A. 生物安全柜、培养箱　　　B. 生物安全柜和水浴箱

　　C. 生物安全柜和高压灭菌器　D. 离心机和高压灭菌器

21. 根据《中华人民共和国生物安全法》，国家根据病原微生物的传染性、感染后对人和动物的个体或者群体的危害程度，对病原微生物实行（　　）管理。

　　A. 分级　　　　　B. 分类　　　　　C. 同质化　　　　D. 同样的

22. 一本实验原始记录本的封面被细菌污染、适当的消毒方法是（　　）。

　　A. 干烤　　　　　　　　　　B. 高压蒸汽灭菌法

　　C. 75%乙醇浸泡　　　　　　D. 紫外线照射

三、多选题

1. 生物技术研究、开发与应用，是指通过科学和工程原理（　　）生物而从事的科学研究、技术开发与应用等活动。

　　A. 认识　　　　　B. 改造　　　　　C. 合成　　　　　D. 利用

2. 从事下列哪些活动适用《生物安全法》？（　　）

　　A. 防控重大新发突发传染病、动植物疫情

　　B. 生物技术研究、开发与应用

　　C. 病原微生物实验室生物安全管理

D. 防范外来物种入侵与保护生物多样性
E. 应对微生物耐药

3. 高致病性病原微生物是指(　　)。
   A. 第一类病原微生物　　　　　　B. 第二类病原微生物
   C. 第三类病原微生物　　　　　　D. 第四类病原微生物

4. 病原微生物的危害程度分类主要应考虑以下哪些因素？(　　)
   A. 微生物的致病性　　　　　　　B. 微生物的传播方式和宿主范围
   C. 当地所具备的有效防护措施　　D. 当地所具备的有效治疗措施

5. 下列哪些措施是减少气溶胶的有效措施？(　　)
   A. 戴护目镜　　　　　　　　　　B. 加强人员培训
   C. 改进操作方法　　　　　　　　D. 规范操作

6. 生物安全包括(　　)。
   A. 控制疾病传播　　　　　　　　B. 减少疾病发生
   C. 消除疾病发生　　　　　　　　D. 鱼长得更快

7. 生物安全四要素是(　　)。
   A. 硬件设施齐全　　　　　　　　B. 软件管理升级
   C. 采取最快速的三早手段　　　　D. 落实最有力的现场执行行动

8. 实验室生物安全防护的内容包括(　　)。
   A. 安全设备、个体防护装置和措施
   B. 严格的管理制度和标准化的操作程序和规程
   C. 实验室的特殊设计和建设需求
   D. 实验楼智能化系统

四、简答题

1. 简述适用《生物安全法》的活动。
2. 简述生物安全实验室的分级原则及对研究人员的要求。
3. 简述生物安全实验室的布局及其原则。
4. 简述病原微生物的分类依据及各类别的主要特征。
5. 简述生物安全柜内病原微生物溢洒的处理原则及流程。

第 6 章　辐射安全

> **典型案例**
>
> 　　玛丽·居里，世界上第一位两度获得诺贝尔奖的著名科学家，由于长期接触放射性物质而患上恶性白血病逝世；从她的手稿，到各种研究档案、衣服、家具，甚至菜谱，一切物品都带有辐射，这些物品需要经过 1601 年才进入半衰期。因此，物品需一直保存在铅箱里。珍藏居里夫人手稿的法国国立图书馆表示，人们可参观手稿，但必须签署免责同意书，穿上防护服，小心谨慎地参观。

● ● ●　**学习目标**

1. 掌握辐射类型与主要危害；
2. 理解辐射的防护手段与预防措施；
3. 了解放射性废物的安全管理。

● ● ●　**重点内容**

1. 掌握辐射类型与电离辐射产生的生物危害；
2. 掌握电离辐射的照射方式；
3. 掌握电离辐射对人体产生的危害与防护措施；
4. 掌握辐射安全事故的分类与分级方法。

● ● ●　**学习建议**

1. 理解电离辐射防护的五原则；
2. 掌握电离辐射的防护方法；
3. 熟悉辐射安全事故的分类与分级方法。

6.1　辐射基本介绍与主要危害

　　自然界中有着各种辐射源，存在于人们的日常生活、学习与工作环境中，人类生存离不开辐射，核能与无线电技术在给人们生活带来便利的同时，也带来了新的辐射污染。辐射是指能量以波或粒子的形式从其源发散到空间，包括热、声、光、电磁等辐射形式。自然界的一切物体，只要温度在绝对温度零度以上，都会以电磁波和粒子的形式不停向外传送能量。

6.1.1 与辐射相关的基本单位

(1) 照射量

照射量表示 X 射线或 γ 射线在单位质量体积空气中所产生离子的总电量。照射量的单位为库伦每千克,符号为 C/kg;它们之间的换算关系为:$1R = 2.58 \times 10^{-4} C/kg$。

(2) 吸收剂量

吸收剂量是指单位质量被照射物质在特定体积内吸收的辐射能量,用 D 表示。吸收剂量可用于任何类型的电离辐射和任何被电离的物质。吸收剂量的国际单位是戈瑞,符号为 Gy;旧单位是拉德,符号为 rad。它们之间的换算关系为:$1rad = 0.01 J/kg = 0.01 Gy$。

(3) 剂量当量

组织或器官中某点处的吸收剂量、辐射品质因数和其他修正因数的乘积,即为剂量当量,用 H 表示,计算公式为

$$H = DQN$$

式中,D 是吸收剂量;Q 是该点处特定辐射的品质因数;N 是修正因数。

剂量当量的国际单位是希沃特(简称希),符号为 Sv;旧单位是雷姆,符号为 rem。它们之间的换算关系为:$1rem = 0.01 J/kg = 0.01 Sv$。

(4) 有效剂量

由于不同的组织或器官对辐射的敏感性不同,相同当量剂量(用各辐射权重因子修正后,相关辐射对特定器官、组织的剂量总和表示,符号为 H_T)的辐射作用在不同的组织或器官上,可能会产生不同的生物效应。因此,在计算辐射剂量时引入了有效剂量这一物理量。

有效剂量(用 E 表示)是指以组织权重因子进行改正后,人体相关组织或器官的当量剂量的总和,即

$$E = \sum W_T H_T$$

式中,W_T 是组织、器官(T)相应的组织权重因子,实质是全身各器官均匀受到相同当量剂量照射时,个人承受的随机性健康危害中器官所占的份额。

6.1.2 辐射类型

6.1.2.1 电离辐射

电离辐射又称放射性辐射,由具有放射性的物质发出,拥有足够高能量的辐射,能把原子电离。一般来说,电离是指电子被电离辐射从电子壳层中击出,使原子带正电。由于细胞约由数万亿个原子组成,因此电离辐射会引发癌症,其概率取决于辐射剂量率及接受辐射生物的感应性。其中,α、β、γ 射线及中子辐射均可加速至足够高能量来电离原子。

现代人类所受到的电离辐射有两类,一类是天然电离辐射;另一类是人工电离辐射。在实验室中,实验人员接触到的主要是人工电离辐射。

(1) 天然电离辐射

天然电离辐射来源主要有宇宙辐射、陆地辐射与体内辐射 3 种。

①宇宙辐射 来自星际空间与太阳,由能量范围很宽的贯穿辐射组成。大气对宇宙辐射有吸收作用,使海拔低处的辐射量比海拔高处要低。如在赤道海平面处测得的射线平均剂量率为 0.23Sv/a,而在 3000m 高处的平均剂量率为 0.56Sv/a。

②陆地辐射 地层中的岩石和土壤中含有少量的放射性元素。不同种类的岩石放射性

元素含量有很大变化。花岗岩地区的放射性元素浓度明显高于砂岩与石灰岩地区。

③体内辐射 人体中含有的微量放射性元素^{14}C与^{40}K在软组织中产生的剂量率分别为10Sv/a与0.2Sv/a。

（2）人工电离辐射

人工电离辐射是指由人工放射源所产生的辐射。人工放射源主要有放射性同位素、原子反应堆、核试验等。一般实验室中主要的人工电离辐射有同位素放射源（α射线、β射线与γ射线）、X射线与紫外线等。

①同位素放射源 有密封源和非密封源两种类型，实验室中常用的为密封源，是把放射性同位素密封在特殊包壳里的同位素放射源。包壳应有足够的强度，能够使人不受放射性照射或污染。密封源的种类很多，按射线类别可分为α源、β源、γ源等。α射线的质量大且带电荷多，穿透物质的能力弱、射程短，对人体不会造成外照射伤害。但如进入人体则会造成危害性很大的内照射伤害；β射线的穿透能力比α射线强，高能的β粒子在空气中的射程可达几米。因此，对人体可构成外照射危险。但β射线易被有机玻璃、塑料与其他材料屏蔽，其内照射危害比α射线小；与α射线、β射线相比，γ射线是一种波长很短的电磁波，穿透力很强，但由于其为不带电的光子，不能直接引起电离。因此，对人体的内照射危害反而比前两者都小。

②X射线 高速电子轰击靶物质时，会产生X射线。X射线的波长范围在0.01~10nm，属波长较短的电磁波。实验室中，不仅X光机能产生X射线，电子显微镜、阴极射线管与电视显像管等利用高速电子流的科学仪器也能产生X射线。由于X射线波长短，能量高，因此具有很强的穿透力与杀伤力，但影响距离短。

③紫外线 波长范围为7.6~400nm，其电磁波谱介于X射线与可见光之间的频带。自然界中的紫外线主要源于太阳辐射。炽热物体当温度达到1200℃以上时，辐射光谱中都可出现紫外线。物体温度越高，紫外线波长越短，强度越大。在实验室中，紫外线主要源于火焰、高温炉、电弧与紫外线灯等。

在实验室、医院和工厂中，人们利用电离辐射从事科研、治疗和生产。除使用各种放射性核素外，还有很多现代分析仪器利用电离辐射为探针进行物化性质的测试分析，其已成为现代科研中不可或缺的手段。对电离辐射的生物效应研究也有百余年历史，医学上对其防护与诊治积累了许多经验。因此，要充分利用该技术手段，就需要了解电离辐射知识。只有掌握必备的辐射安全防护方法，才能最大限度避免其对自身的辐射伤害。

6.1.2.2 非电离辐射

电离作用会引发非电离辐射，又称电磁辐射，是指电磁辐射中由波长大于或等于紫外线，光能量又不足以使分子离解的辐射线所形成的辐射，其能量小于电离辐射，一般不产生电离，主要由紫外线、红外线、微波和无线电波等引起的。严格意义上来讲，包括家用电器在内的所有电器都会产生电磁辐射，但真正会造成环境污染，影响人类健康的是一些大功率的通信设备，如雷达、电视和广播等发射装置，工业用微波加热器，射频感应和介质加热设备，高压输变电装置，电磁医疗与诊断设备等。由于辐射的本质不同，其对人体的作用机理也不同于电离辐射。

6.1.3 辐射对人体的照射方式

日常生活中，人们时刻受到辐射照射。近几十年来，人工电离辐射应用广泛，已成为人类接受辐射照射的主要来源，对人体健康有直接影响。当然，其照射类型与照射方式是关键。辐射对人体的照射方式可分为外照射、内照射与体表沾染。

①外照射 指辐射源位于人体外对人体造成的辐射照射，包括均匀全身照射、局部受照。

②内照射 指存在于人体内的放射性核素对人体造成的辐射照射，如存在于空气中的放射性气溶胶或放射性气体呼吸进入、饮用被放射性污染的水，食入被放射性污染的食物等。

③体表沾染 指放射性核素沾染于人体表面（皮肤或黏膜），沾染的放射性核素对沾染局部构成外照射源，同时尚可经过体表吸收进入血液构成体内照射。

6.1.4 电离辐射对人体健康的影响

电离辐射对人体的危害是由于单位细胞受到损伤所致，对人体的照射可能会产生各种生物效应。按照生物效应发生的个体不同可分为躯体效应与遗传效应两类。其中，躯体效应是人体普通细胞受到细胞损伤引起的，且只影响受照射的人体本身；遗传效应是性腺中的细胞受到损伤引起的，不仅影响受照射的人体本身，且能影响受照射人员的后代。

6.1.4.1 电离辐射的躯体效应

（1）早期效应

电离辐射的早期效应是指在急性照射（几小时内接受较大剂量照射）后几小时到几周内就能出现的效应。在人体的一些器官内，由于细胞死亡、细胞分裂阻碍或细胞分裂延缓等原因，细胞群严重减少，就会发生早期效应。主要由骨髓、肠胃或神经肌的损伤引起的电离辐射，其损伤程度取决于接受剂量的大小。如果一个人急剧接受1Gy以上的吸收剂量，由于肠的内膜细胞受损伤，可能在几个小时后就出现恶心呕吐，也可能引起白细胞减少，血小板与肾功能下降，尿中氨基酸增多或严重时尿血，称为放射病；如果一次接受2.5Gy的吸收剂量时，皮肤会出现红斑和脱毛，可能造成死亡；接受5Gy的剂量造成死亡的概率为50%左右；8Gy以上的剂量几乎肯定造成死亡。

当剂量超过10Gy时，存活时间急剧降至3~5天，天数抑制保持到达到高得多的剂量为止。在该剂量区间内，辐射剂量引起肠内膜细胞严重减少，肠内膜发生严重损伤，继而是严重细菌感染，该区域称为胃肠致死区。剂量更高时，存活时间则更短。然而，试验发现：即使使用500Gy以上的剂量照射动物，也并不会立即导致死亡。

急性超剂量照射后立即呈现出来的另一种效应是红斑，即皮肤变红。皮肤在人体表面，比人体多数其他组织更易受到较多辐射，对β射线和低能X射线更是如此。一次照射约3Gy剂量的X射线就将引起红斑，若剂量大还将会出现色素发生变化，起水疱和溃疡等症状。实验室的照射水平都远低于产生早期效应的水平，只有在不大可能发生的重大核事故中，才可能接受上述那样高的剂量。

（2）晚期效应

20世纪初期，如放射学专家和其病人这样受过相当高水平的剂量照射的人群，他们患某种癌症的发病率明显比未受照射的人更高。通过研究受原子弹辐射照射的群体、受辐射治疗照射的群体和职业照射（特别是铀矿照射）的群体相关数据表明，辐射可诱发癌症。

癌是人体器官内细胞的过度增生现象。由于从受照射到出现癌症前有一个5~30年的长而可变的潜伏期，且辐射照射诱发的癌症与自发产生的癌症不能区分，就使对癌症增加危险度的估计变得困难。一般认为，对电离辐射而言，可假定任何剂量，不管小到何种程度，都会带来某种危险度，且假定剂量与危害间呈线性关系，将已知剂量水平时的危险度外推即可估计出任何剂量时的危险度。如 10mSv 剂量当量所产生的附加癌症度在 10000 人中有 1 人，则 100mSv 剂量当量所产生的附加癌症度就是 1000 人中有 1 人。

电离辐射可能引起的另一种晚期效应则是眼睛的白内障。一般认为，引起白内障的阈剂量约为 15Sv，低于该剂量时不会产生白内障。因此，要制定剂量限定值，使终身工作期内眼晶体所受的总剂量低于该值，就能避免辐射造成的白内障。

6.1.4.2 电离辐射的遗传效应

亲代生殖细胞遗传物质因电离辐射所致突变而对胚胎或子代产生的影响，称遗传效应。如果辐射引起的是显性突变，在下一代就会表现出来；如果是隐性突变，必须与一个带有相同突变基因的配偶相结合，才能在后代表现出来，所以遗传效应是一种随机效应。

(1) 辐射遗传效应的流行病学调查

动物实验研究中早已明确辐射诱发的突变能导致有害的遗传效应。人类的遗传效应观察一般是通过辐射流行病调查，根据受照人群的有关遗传学指标（如自然流产、死胎、死产、先天性畸形、新生儿死亡率、性比及新生儿身长体重等）与对照人群进行比较分析才能得出结论。日本曾对 7 万名父方或母方在原子弹爆炸时受照射后受孕出生的婴儿与对照人群进行比较，至今尚未发现具有统计学意义的差别；我国于 1984 年对 26983 名医用 X 线诊断工作者的调查结果表明，受照人群中的自然流产率、多胎率、新生儿死亡率以及子女中先天性畸形和遗传性疾病的总发病率均明显高于对照人群。

(2) 细胞遗传学观察

调查分析亲代生殖细胞受照射后其遗传性损害在子代体细胞染色体中的表现，称为细胞遗传学调查。1967 年，日本曾对原子弹爆炸幸存者子女 7540 人进行此项调查，发现幸存者子女体细胞染色体异常的发生频率较高，但与对照人群无统计学意义的差别。

综上可见，目前虽然已知由于基因突变引起的人类遗传性疾病已达 2000 余种，但电离辐射诱发双亲生殖细胞突变而致子代出现遗传性疾病或体细胞染色体异常等辐射遗传学问题则尚无明确结论。所以，对这些与辐射防护密切相关的问题，仍待进一步研究探讨。

6.2 辐射防护

密封放射源、非密封放射性物质和射线装置是主要辐射源，从事放射工作的人员在生产、销售和使用放射源的过程中，难免会受到照射，为防止或减少其对人体的照射，最大程度减少辐射危害，保护操作者本人免受辐射损伤，确保周围人群的健康和安全，应采取必要的防护措施。

辐射防护是原子能科学技术的重要分支，其主要包括辐射剂量学、辐射防护标准、辐射防护技术、辐射防护评价与辐射防护管理等内容。

6.2.1 辐射防护的目的与任务

(1) 防止有害的确定性效应发生

如影响视力的眼晶体浑浊的阈剂量当量约为 15Sv。为保护视力，防止这一确定性效应的发生，就要保证工作人员眼晶体的终身累积剂量当量不超过 15Sv。

（2）限制随机性效应的发生率，使之达到被认为可接受水平

辐射防护的目的是使由于人为原因引起的辐射所带来的各种恶性疾患发生率，小到能被自然发生率的统计涨落所掩盖。

（3）消除各种不必要的照射

主要防止滥用辐射，尽量避免本来稍加努力就可免受的某些照射。

辐射防护的基本任务是既要保护从事放射工作者本人和后代以及广大公众乃至全人类的安全，保护好环境；又要允许进行那些可能会产生辐射的必要实践以造福于人类。

6.2.2 辐射防护标准

《电离辐射防护与辐射源安全基本标准》(GB 18871—2002)（以下简称《基本标准》）是我国现行辐射防护应遵守的基本标准。其中指出，一切带有辐射的实践和设施必须遵循辐射防护五原则，对工作人员、公众、应急照射等情况必须加以约束和限制。具体辐射防护要求为：

（1）实践的正当性

即在施行伴有辐射照射的任何实践前，都必须经过正当性判断，确认这种实践具有正当理由，使获得利益大于代价。

（2）防护与安全的最优化

应避免一切不必要的照射，在考虑到经济和社会因素的条件下，所有辐射照射都保持在合理达到尽量低的水平。

（3）剂量限制和潜在照射危险限制

在实施上述两项原则时，要同时保证个人所受的辐射剂量不超过规定的相应限值。

（4）剂量约束和潜在照射危险约束

除医疗照射外，对一项实践中的任一特定源，其剂量约束和潜在照射危险约束应不大于审管部门对这类源规定或认可的值，且不大于可能导致超过剂量限值和潜在照射危险限值的值。对任何可能向环境释放放射性物质的源，剂量约束还应确保对该源历年释放的累积效应加以限制，使在考虑了所有其他有关实践和源可能造成的释放累积和照射后，任何公众成员在任何一年里受到的有效剂量均不超过相应的剂量限值。

（5）医疗照射指导水平

应制定供执业医师使用的医疗照射指导水平。这类指导水平应根据《基本标准》第 7 章的详细要求，并参照附录 G 制定；对于中等身材的受检者，应是一种合理的剂量指征，能为当前良好医术可实现的医院实践提供指导。同时，在可靠的临床判断表明需要时，可灵活应用（允许实施更高的照射），应随着工艺与技术的改进而加以修订。

6.2.3 辐射剂量限值

（1）职业剂量限值

《基本标准》中规定的工作人员职业照射剂量限值是连续 5 年内的年平均剂量不超过 20mSv，任何一年中的有效剂量不超过 50mSv，眼晶体的年剂量当量不超过 150mSv，四肢（手、足）或皮肤的年剂量当量不超过 500mSv。

对于育龄妇女所接受的照射应严格按照职业照射的剂量限值予以控制，对于孕妇在孕

期后期的时间内应保证腹部表面的剂量当量限值不超过 2mSv。

16~18 岁青少年如接触放射性物质,其一年内受到的有效剂量不超过 6mSv,眼晶体的年剂量当量不超过 50mSv,四肢(手、足)或皮肤的年剂量当量不超过 150mSv。

(2)公众剂量限值

《基本标准》中指出,公众成员所受到的年有效剂量不超过 1mSv,特殊情况下,如果 5 个连续年的年平均剂量不超过 1mSv/a,则某一单一年份的有效剂量可提高到 5mSv;眼晶体的年剂量当量不超过 15mSv;皮肤的年剂量当量不超过 50mSv。

(3)应急照射限值

应急照射指在事故情况下,为抢救人员或国家财产,防止事故蔓延扩大,有时需要少数人一次接受较大剂量的照射。《基本标准》中规定:在十分必要时,经过事先周密计划,由领导批准,健康合格的工作人员一次可接受 50mSv 全身照射,但以后所接受的照射应适当减少,以使这次照射前后 10 年平均有效剂量不超过 20mSv。

应急照射情况下当结果或预料结果超过干预水平时,常表示发生了事故等异常状态,这时应对事件的现场和人员做特殊处理,如立即停止操作或对人员进行医学处理等(表 6-1)。

表 6-1 不同辐射剂量情况下的干预措施

照射区域	预期剂量(mSv/mGy)	一般性措施 隐蔽、服用稳定性碘	严厉措施 撤离
全身照射	<5	不必要	不必要
	5~100	有必要	有必要
	100~500	必须(特别注意对孕妇、儿童的保护)	国家主管部门根据具体特定条件判断后,可以考虑撤离
	>500	必须,直到撤离前	必须
受到主要照射的肺、甲状腺和其他器官	<250	不必要	不必要
	250~500	有必要	有必要
	500~5000	必须(特别注意对孕妇、儿童的保护)	国家主管部门根据具体特定条件判断后,可以考虑撤离
	>5000	必须,直到撤离前	必须

注:1. 其他器官不包括生殖腺和眼晶体。
2. 预期剂量单位对于全身为 mSv,对于器官为 mGy。

6.2.4 电离辐射防护方法

6.2.4.1 内照射防护

非密封的放射性物质会通过呼吸系统、消化系统和完整的皮肤及伤口进入人体。因此,内照射的防护应采取各种有效措施,尽可能隔断放射性物质进入人体内的各种途径,减少放射性核素进入人体和加快排出。

内照射防护的一般措施是包容、隔离、净化和稀释。

(1)包容

指在操作过程中,将放射性物质密闭起来,如采用通风橱、手套箱等。操作强放射性物质时，应在密闭的热室内用机械手操作。对于工作人员，可采用穿戴工作服、工作帽、工作鞋、口罩、手套、气衣等，以阻止放射性物质进入体内。

(2) 隔离

根据放射性核素的毒性、操作量和操作方式等，将开放型放射工作场所进行分级、分区管理。

(3) 净化

采取物理或化学方法，如吸附、过滤、除尘、吸附共沉淀、离子交换、蒸发、贮存衰变和去污等，降低空气、水中放射性物质浓度以降低物体表面和地面的放射性污染水平。

(4) 稀释

在合理控制下利用干净空气或水，使空气或水中的放射性浓度降低到控制水平以下。

在污染控制中，包容、隔离、净化是主要手段，稀释是一种消极手段。开放型放射工作场所应有良好的通风，释放到大气中污染空气应高效过滤；产生的放射性废水要经过处理，达标后方可排放；放射性固体废物和液体废物可集中收集，放入暂存库，短寿命的放射性核素可通过物理衰变，达标后按一般废物进行处置；长寿命的放射性核素应交给有资质的单位回收处理。

6.2.4.2 外照射防护

外照射防护的一般措施是时间防护、距离防护和物质屏蔽。

(1) 时间防护

对于相同条件下的照射，人体接受的剂量与照射的时间成正比。因此，减少接受照射的时间，就可以明显减少吸收剂量。

缩短实验人员受照时间的途径如下：

①合理拟订实验方案，将实验操作设计为一系列简单步骤，以便能快速、安全地完成实验。

②针对可能产生较强辐射的一个或几个关键操作步骤进行预实验，并使用稳定核素或低水平放射性材料。

③合理摆放实验设备，保证实验人员操作方便、快捷。

④在引入辐射源之前，装配、组合好所需的仪器设备。

⑤检测或估算每个实验步骤的剂量率，确保在辐射较强的步骤能集中注意力，减少操作时间。

⑥在实验中不需要接触放射性物质（如记录或等待实验结果）时，应远离辐射区域。

⑦若实验需要使用多个辐射源，最好只取用当时要用的，不要因为怕麻烦而将发射贯穿性辐射的强源一直放在面前。

⑧实验结束后迅速脱掉被污染的手套、眼镜等。

(2) 距离防护

对于点源，如果不考虑介质的散射和吸收，它在相同方位角的周围空间所产生的直接照射剂量与距离的平方成反比。实际上，只要不是在真空中，介质的散射和吸收总是存在的。因此，直接照射剂量随着与源距离的增加而迅速减少。在非点源和存在散射照射的条件下，近距离的情况比较复杂；对于距离较远的地点，其所受的剂量也随着距离的增加而迅速减少。因此，可通过增大与辐射源的距离来减少辐射。

①避免直接操作贯穿性辐射源，严禁直接操作未屏蔽的千万贝可勒尔级（毫居里级）放射源。

②使用镊子、钳子等长柄夹具及专用支架、隔离物或垫片等进行操作，以增加手至辐射源的距离。

③将暂时不用的辐射源存放至工作台和通风橱后部远离自然通道的地方。

（3）物质屏蔽

射线与物质发生作用，可以被吸收和散射，即物质对射线有屏蔽作用。对于不同的射线，其屏蔽方法也有差异。

①α 射线　因其射程短，基本不存在外照射危害，但其进入人体后，可能造成严重的内照射危害。α 射线的屏蔽防护很容易，用一张纸就可以。

②β 射线　应先用低原子序数的材料（如铝、有机玻璃等）阻挡，再在其后用高原子序数的材料（如铁、铅等）屏蔽激发的 X 射线。

③γ 射线和 X 射线　用原子序数高的材料（如铅）对其进行屏蔽防护。

④中子　是一种穿透力很强的间接电离粒子，一般采用均匀含氢材料（如水、石蜡、聚乙烯等）、非含氢较轻材料（如石墨、碳化硼、铝等）和多层屏蔽材料来对其进行屏蔽防护。另外，还要充分考虑辐射场内放射性核素的衰变，以最大限度减少实验人员的受照剂量。

除以上 3 项措施外，在满足需要的情况下，选择活度小、能量低、易防护的辐射源也十分重要。

国际放射防护委员会（International Commission on Radiological Protection，ICRP）规定工作人员全身均匀照射的年剂量当量限值为 50mSv，广大居民的年剂量当量限值为 1mSv。对此，《基本标准》中对工作人员的年剂量当量限值采用了 ICRP 推荐的规定限值。为防止随机效应，规定放射性工作人员受到全身均匀照射时的年剂量当量不应超过 50mSv，公众中个人受照射的年剂量当量应低于 5mSv。当长期持续受放射性照射时，公众个人在一生中每年全身受照射的年剂量当量限值不应高于 1mSv，且以上限值不包括天然本底照射和医疗照射。

个人剂量限值属强制性，须严格遵守。各种民政部门规定的个人剂量限值是不可接受的剂量范围下限，而不是刻意允许接受的剂量上限。即使个人所受剂量未超过规定相应剂量的当量限值，仍必须按最优化原则考虑是否要进一步降低剂量。所规定的个人剂量限值不能作为达到满意防护的标准或设计指标，只能作为以最优化原则控制照射的约束条件之一。

6.3　辐射防护管理

6.3.1　放射源分类和编码

根据放射源对人体健康和环境的潜在危害程度，从高到低可将放射源分为 Ⅰ 类、Ⅱ 类、Ⅲ 类、Ⅳ 类、Ⅴ 类。

半衰期大于或等于 60 天的密封放射源实行身份管理，每个放射源具有唯一编码，同一编码不得重复使用。放射源编码由 12 位数字和字母组成，第 1~2 位表示生产单位（或生产国）；第3~4位为出厂年份；第5~6位为核素代码；第7~11位为产品序列号，第12位为出厂时放射源类型。如编码为US03Co000014的放射源表示为2003年从美国进口的1枚序号为0001Co-60Ⅳ类放射源。

6.3.2 非密封源工作场所分级

非密封源工作场所按放射性核素日等效最大操作量的大小分为甲、乙、丙三个等级，其分级标准见表6-2。

表6-2 非密封源工作场所的分级

级别	日等效最大操作量（Bq）
甲	$>4\times10^9$
乙	$2\times10^7 \sim 4\times10^9$
丙	豁免活度值以上 ~ 2×10^7

放射性核素的日等效操作量等于放射性核素的实际日操作量（Bq）与该核素毒性组别修正因子的积除以与操作方式有关的修正因子所得的商。

为保证非密封源工作场所室内空气清洁，地面、台面和管道应易于去污，不同级别工作场所室内表面和装备有一定特殊要求（表6-3）。

表6-3 不同级别工作场所室内表面和装备的要求

场所级别	地面	表面	通风柜	室内通风	管道	清洗及去污设备
甲	地面与墙壁接缝无缝隙	易清洗	需要	机械通风	特殊要求	需要
乙	易清洗且不易渗透	易清洗	需要	有较好通风	一般要求	需要
丙	易清洗	易清洗	不必	一般自然通风	一般要求	只需清洗设备

对于非密封源工作场所内通风柜的通风速率不小于1m/s，排气口高度应高于本建筑物的屋脊，并设有净化过滤装置；洗涤用自来水的开关一般采用脚踏式、肘开式或光感应式。

6.3.3 非密封源工作场所的表面污染控制

非密封放射性物质操作过程中，放射性核素会扩散、抛撒污染工作场所和物品。工作人员应严格按照规定操作，保证工作场所的表面放射性污染控制在一定水平内。工作场所的放射性表面污染控制水平见表6-4。

表6-4 工作场所的放射性表面污染控制水平 Bq/cm²

表面类型		α放射性物质		β放射性物质
		极毒性	其他	
工作台、设备、墙壁、地面	控制区*	4	40	40
	监督区	0.4	4	4
工作服、手套、工作鞋	控制区			
	监督区	0.4	0.4	4
手、皮肤、内衣、工作袜		0.04	0.04	0.4

注：*该区内的高污染子区除外。

若发生放射性表面污染,视情况采取相应处理措施:

①少量放射性物质洒落时及时采取去污措施。液态放射性物质,可用吸水纸清除;粉末状放射性物质,可用湿抹布等清除。清除时,按照由外到内原则;必要时可根据放射性物质的化学性质和污染表面性质,选用有效的去污剂做进一步去污,直至污染区达到本底水平。

②发生严重污染事故时,要保持镇静,依据具体情况采取各种必要的紧急措施,防止污染扩散和减少危害。主要的紧急措施如下:立即通知在场的其他人员;迅速标出污染范围,以免其他人员误入;立即清洗放射性污染;污染的衣服,应脱掉留在污染区;污染区的人员在采取减少危害和防止污染扩散所应采取的必要措施后,应立即离开污染区;事件发生后,应尽快通知防护负责人和主管人员,防护人员应迅速提出全面处理事故的方案并协助主管人员组织实施,处理事故的人员应穿着适当的个人防护装备和携带必要的用具;污染区经去污、检验合格后,在防护人员的同意下方可重新开放。

6.3.4 辐射工作场所的分区

为便于辐射防护管理和职业照射控制,辐射工作场所通常分为控制区和监督区。控制区是指辐射工作场内需要或可能需要采取专门的防护手段和安全措施的区域,以便在正常工作条件下控制正常照射或防止污染扩展,并预防潜在照射或限制其程度。一般辐射工作场所采用实体边界划定控制区,采用实体边界不现实时,也可采用拉警戒绳或划警戒线等方式;监督区是指未被确定为控制区,通常不需要采取专门防护手段和安全措施,但要不断检查其职业照射条件的任何区域。

6.3.5 辐射警示标志

放射工作场所、射线装置、源容器和放射性废物桶的显著位置应设置电离辐射的标志和警告标志。电离辐射的标志和警告标志如图6-1和图6-2所示。

图6-1 电离辐射标志

图6-2 电离辐射警告标志

6.3.6 屏蔽

①对于有实体屏蔽的放射源和放射装置,如辐射加工装置、探伤房、X诊断机房和加速器机房等,应选择适当材料进行屏蔽,实体屏蔽的墙、窗、门应有足够的防护效果,屏蔽体外30cm的辐射水平不应超过2.5μSv/h。

②对未有实体屏蔽的场所,采用距离屏蔽,辐射水平超过15μSv/h区域设为控制区,

辐射水平在 2.5~15μSv/h 的区域一般设为监督区。

③对加速器、X 射线装置和含源设备等，屏蔽材料应有足够的防护效果，人体可达到的设备外表面 5cm 处的辐射水平不应超过 2.5μSv/h。

④对含源检测仪表，如料位计、密度计、湿度计和核子秤等，含源检测仪表使用场所的防护计量控制如表 6-5 所示。

表 6-5　不同使用场所对检测仪表外围辐射的剂量控制要求

检测仪表使用场所	不同距离的周围剂量当量率 H 控制值(μSv/h)	
	5cm	100cm
对人员的活动范围不限制	$H<2.5$	$H<0.25$
在距源容器外表面 1m 的区域内很少有人停留	$2.5 \leqslant H<25$	$0.25 \leqslant H<2.5$
在距源容器外表面 3m 的区域内不可能有人进入或放射工作场所设置了监督区	$25 \leqslant H<250$	$2.5 \leqslant H<25$
只能在特定的放射工作场所使用，并按控制区、监督区分区管理	$250 \leqslant H<1000$	$25 \leqslant H<100$

注：监督区的边界剂量率为 2.5μSv/h。

6.3.7　安全联锁装置

为保证辐射源安全运行，预防潜在照射发生，有些辐射设施或设备，如辐射加工场、探伤室、加速器治疗机房、γ刀治疗机房、^{60}Co 治疗机房、后装机机房和 X 射线荧光分析仪等，应设置安全联锁装置。

安全联锁装置一般有门机联锁、光电、拉线、紧急停机开关等。安全联锁装置是预防潜在照射的环节之一。为保证安全联锁装置有效运行，安全联锁装置的设计应考虑纵深防御、冗余性、多样性和独立性原则。任何个人不能人为破坏安全联锁装置。

6.3.8　防护器材

辐射工作单位应为放射工作人员配备适当的个体防护设备和监测设备。

外照射的个体防护装备有铅防护服、铅帽、铅眼镜、铅围脖、铅围裙、铅三角巾、铅屏风、铅玻璃、中子防护服等；内照射的个体防护装备有隔离服、口罩、帽子、工作鞋、手套、气衣、气盔等。常用的监测设备有个人剂量报警器、X 和 γ 剂量率仪、中子当量率仪、表面污染仪等。

6.3.9　辐射监测

辐射监测是指为评估和控制辐射或放射性物质的照射，对剂量或污染所完成的测量及对测量结果所做的分析和解释。辐射监测按监测对象分为个人监测、工作场所监测和辐射环境监测。

①个人监测　辐射防护评价和辐射健康评价的基础。通过个人剂量当量评价个人所受有效剂量和当量剂量，以控制个人有效剂量和当量剂量满足国家的规定要求。通常分为外照射个人监测与内照射个人监测，具体参照《职业性内照射个人监测规范》(GBZ 129—2016)进行。外照射个人监测是通过工作人员佩戴的个人剂量计对其所接受的辐射剂量进行的测量；常佩戴的剂量计有电离室型个人剂量计、胶片个人剂量计、热释光剂量计、光致发光玻璃剂量计、电子剂量计或光学受激发光剂量计；存在中子场时作业人员还需佩戴

中子个人剂量计，利用活化的生物样品、设置在事故场所内的中子剂量测量系统和场所设备及人员身上携带的物品的活化分析估算中子剂量；在检修和可能受到大剂量照射情况下，还应佩戴具有声光报警的直读式个人剂量计。内照射剂量监测是通过生物监测和体外直接测量来测量人体内的放射性核素的含量，判定其是否超过国家规定的年剂量限值。

②工作场所监测　对辐射工作场所及邻近地区的辐射水平进行的辐射监测。根据辐射源不同，监测对象主要有X射线、γ射线、中子辐射等外照射水平。工作场所空气中放射性核素浓度，工作场所α、β表面污染。

③辐射环境监测　指在辐射源所在场所的边界以外环境中进行的辐射监测。为评判辐射源运行后是否会对环境造成影响，应开展辐射环境本底调查。辐射工作单位应根据本单位辐射源的实际，制订监测计划，定期开展工作场所辐射水平的自主监测，并委托有资质单位开展辐射防护的外部监测，监测周期一般每年1~2次。

6.4　个人辐射防护管理

6.4.1　个人防护用品与个人卫生

个人防护用品主要有工作服（含工作帽）、工作鞋、手套及特殊的防护用品等。其中，特殊防护用品在处理事故或检修情况下使用。

放射工作人员的工作服，一般采用白色棉织品做成。合成纤维织品具有静电作用，易吸附空气中的放射性微尘而不宜采用。丙级实验室水平的操作用白大褂（含工作帽）即可；乙级实验室水平的操作宜采用上下身联合工作服；甲级实验室水平的操作时，应将个人衣服（含袜子）全部换成工作服。

一般情况下，医用乳胶手套和塑料手套都能满足操作放射性物质的要求，尺寸选型要合适。手套清洗时，一般应戴在手上进行，不宜脱下来洗。

个人防护用品要经常清洗和更换。经清洗后放射性物质仍超过控制水平的防护用品，就不能再用。清洗过个人防护用品的无明显放射性物质污染的洗涤水，一般可以直接排入本单位的工业下水道；有明显污染的个人防护用品，应在专门地方清洗，洗涤水要根据具体情况做妥善处理。

一切放射工作用的实验室都应明确规定在放射性场所使用过的工作服、鞋与手套等防护用品的存放地点。未经防护人员测量并同意，绝对不准将个人防护用品穿戴出放射性工作场所或移至非放射区使用。

放射工作人员的个人卫生主要有两个方面：一是离开工作场所时，应仔细进行污染测量并洗手。在甲、乙级工作场所操作的人员，工作完毕应进行淋浴；二是放射性工作场所内严禁进食、饮水、吸烟和存放食物。

6.4.2　防辐射食物

除使用个人防护用品与个人卫生防护外，日常生活中还可通过食物来防辐射。

（1）番茄、西瓜、红葡萄柚

这些果蔬中均富含一种抗氧化维生素——番茄红素。番茄红素是目前为止发现的抗氧化能力最强的类胡萝卜素，被称为"植物黄金"。番茄红素的抗氧化能力是维生素 E 的 100 倍，对于清除体内自由基非常有效。同时，还能有效抗辐射，预防心脑血管疾病，帮助人体提高免疫力，延缓衰老。另外，女性多吃番茄红素还能起到美容护肤、减少细纹和色斑的功效。而在番茄、西瓜、红葡萄柚等这些红色果蔬中，以番茄中的番茄红素含量最高。建议吃番茄的时候最好经过油烹饪，这样有助于吸收。

(2) 十字花科蔬菜、新鲜水果

维生素 E 和维生素 C 均属于抗氧化性维生素，抗氧化性能好。人们食用富含维生素 E 和维生素 C 的食物，可减缓由计算机辐射所致的过氧化反应，减轻皮肤受到的伤害。食用豆类、橄榄油、葵花籽油、十字花科蔬菜、橘子与猕猴桃等新鲜蔬果可让血液呈碱性，溶解沉淀在细胞里面的毒素，加快尿液排泄，因此，抗辐射功效显著。

(3) 海带与其他碱性食物

海带一直都被人们视作放射性物质的"克星"。这是由于海带里面有一种叫作"海带胶质"的物质，可促使侵入人体的放射性物质从肠道内排出。海带作为碱性食物，也含有丰富的钙、钾、镁、钠等碱性元素，让身体保持在弱碱环境，起到"清洁剂"的作用，帮助排除有害物质。

(4) 动物肝脏、胡萝卜等

维生素 A 可保护眼睛，且维生素 A 和 β-胡萝卜素，不仅可合成视紫红质，有利于眼睛在暗光下看得更加清楚，且含有这两种物质的食物还能帮助抵抗计算机辐射的侵害，同时保护和提高视力。鱼肝油、动物肝脏、鸡肉、蛋黄、西兰花、胡萝卜、菠菜等都适合计算机族们食用来抗辐射。但由于 β-胡萝卜素属于脂溶性维生素，因此，应经过油烹饪才更加利于吸收。

(5) 绿茶、绿豆等

绿茶叶中的脂多糖可防辐射，是计算机族用来抗辐射的良方，所以很多白领都习惯泡绿茶饮用。茶叶中还有丰富的维生素 A 原，被人体吸收后就会快速地转化为维生素 A，起到抗辐射的作用。而绿豆，在民间素有"解百毒"的说法，经过医学研究表明，绿豆的确含有帮助体内排泄毒物，加快新陈代谢的物质，有效抵抗各种形式的污染，当然也包括计算机辐射。

(6) 芝麻、麦芽等

硒抗氧化功效显著，其可阻断身体的过氧化反应，起到抗辐射、延缓衰老的作用。在日常生活中，可多吃芝麻、麦芽、黄芪等含硒量丰富的食物。同时，芝麻不仅含有硒，还含有抗氧化作用的维生素 E，可以起到双重防辐射的作用。另外，如酵母、蛋类、啤酒、大红虾、龙虾、虎爪鱼、大蒜、蘑菇等也含有较丰富的硒。

6.5 辐射安全事故及应急处置

6.5.1 辐射事故的分类

辐射事故的类型按其性质分为超剂量照射事故、表面污染事故、丢失放射性物质事故、超临界事故、放射性物质泄漏事故 5 类；按其影响范围分为发生在辐射工作单位管辖区(归辐射工作单位直接管辖的除生活区外的区域)内部的事故和管辖区外部的事故。

6.5.2 辐射事故的分级

《放射性同位素与射线装置安全和防护条例》规定，根据辐射事故的性质、严重程度、可控性和影响范围等因素，从重到轻将辐射事故分为特别重大辐射事故、重大辐射事故、较大辐射事故与一般辐射事故4个等级。

(1)特别重大辐射事故

指Ⅰ类、Ⅱ类放射源丢失、被盗、失控造成大范围严重辐射污染后果，或者放射性同位素和射线装置失控导致3人以上(含3人)急性死亡。Ⅰ类放射源为极高危险源，在没有防护的情况下，接触这类放射源几分钟到1小时就可致人死亡；Ⅱ类放射源为高危险源，在没有防护的情况下，接触这类放射源几小时至几天可致人死亡。

(2)重大辐射事故

指Ⅰ类、Ⅱ类放射源丢失、被盗、失控，或者放射性同位素和射线装置失控导致2人以下(含2人)急性死亡或者10人以上(含10人)急性重度放射病、局部器官残疾。

(3)较大辐射事故

指Ⅲ类放射源丢失、被盗、失控，或者放射性同位素和射线装置失控导致9人以下(含9人)急性重度放射病、局部器官残疾。Ⅲ类放射源为危险源，在没有防护的情况下，接触这类放射源几小时就可对人造成永久性损伤，接触几天至几周也可致人死亡。

(4)一般辐射事故

指Ⅳ类、Ⅴ类放射源丢失、被盗、失控，或者放射性同位素和射线装置失控导致人员受到超过年剂量限值的照射。Ⅳ类放射源为低危险源，基本不会对人造成永久性损伤，但对长时间、近距离接触的人可能造成可恢复的临时性损伤；Ⅴ类放射源为极低危险源，不会对人造成永久性损伤。

6.5.3 辐射事故管理

(1)事故的预防

辐射工作单位必须贯彻预防为主的方针，加强辐射防护知识和技能的教育与训练，严格事故管理，制订有效的事故处理方案，及时采取有效措施，切实消除不安全因素，防止各类事故的发生和扩大。

(2)应急预案的制订

可能发生事故的单位必须制订事故应急计划，确保在出现此类事故时可立即采取相应行动。应急计划应报监督部门审批，主管部门备案。平时要组织适当的训练和演习。

(3)事故的报告

辐射工作单位不论发生何种辐射事故，均应及时按要求填报事故报告表。一个事故可做多种分类和分级时，按其中最高的一级上报和处理。重大事故应在事故发生后24小时内上报主管部门和监督部门。各单位的领导要对事故报告的及时性、全面性和真实性负责。对于隐瞒不报、虚报、漏报和无故拖延报告的，要追究责任。

(4)事故档案的建立

辐射工作单位应建立全面、系统和完整的事故档案，认真总结经验教训，防止同类事故再次发生。

6.5.4 辐射事故的应急处置

发生辐射安全事故应立即启动事故安全应急预案,及时报告事故的相关情况。

①立即通知事故区内的所有人员并撤离无关人员,及时报告给相关部门及负责人。

②撤离有关工作人员,并在辐射安全专家的指导下开展相关紧急处置行动,封锁现场,控制事故源,切断一切可能扩大污染范围的环节,防止事故扩大和蔓延。放射源丢失,要全力追回;放射源脱出,要将放射源迅速转移至容器内。

③对可能受放射性污染或损伤的人员,应立即采取暂时隔离和应急救援措施,在采取有效个人防护措施的情况下,组织人员彻底清除污染并根据需要实施医学检查和医学处理。

④对受辐射照射的人员要及时估算受照剂量。

⑤污染现场未达到安全水平之前,不得解除封锁,将事故的后果和影响控制在最低限度。

6.5.5 辐射安全

(1) 辐射工作单位须取得辐射安全许可证

按规定在放射性核素种类和用量以及射线种类许可范围内开展实验;除已被豁免管理外,射线装置、放射源或者非密封放射性物质应纳入许可证范畴。

(2) 辐射工作人员须经过专门培训,定期参加职业体检

辐射工作人员具有《辐射安全与防护培训合格证书》,或者《生态环境部辐射安全与防护考核通过报告单》,辐射工作人员按时参加放射性职业体检(2年一次),有健康档案;辐射工作人员进入实验场所须佩戴个人剂量计;剂量计委托有资质的单位按时进行剂量检测(3个月一次)。

6.6 放射性废物的安全管理

6.6.1 放射性废物概述

6.6.1.1 放射性废物的概念

放射性废物是指含有放射性核素或被放射性核素污染,其浓度或活度浓度大于审管部门规定的清洁解控水平,并且所引起的照射未被排除的废弃物。在使用放射性核素的相关工作中,会产生许多放射性废物。

放射性废物多种多样,但其有一些共同特征:

①含有放射性物质　放射性废物的放射性不能用一般的物理、化学和生物方法消除,只能靠放射性核素自身的衰变而减少。

②射线危害　放射性废物中的放射性核素释放出的射线通过生物体时,会产生电离和激发作用,对生物体造成辐射损伤。

③释放热能　放射性废物中的放射性核素通过衰变释放出能量,当废液中放射性核素含量较高时,这种能量的释放会导致废液的温度不断升高甚至自行沸腾。

6.6.1.2 放射性废物的分类

放射性废物根据形态可分为放射性气体废物、放射性液体废物和放射性固体废物,简称"放射性三废"。

①放射性气体废物　主要包括放射性碘蒸气、放射性气溶胶等。

②放射性液体废物　主要包括含放射性的废液、用药后患者的排泄物和呕吐物、器械清洗液、污染物洗涤水等。

③放射性固体废物　主要包括带放射性的手套、用过的注射器及针头、棉签、棉球、试纸、敷料、安瓿瓶、碎玻璃、实验动物尸体及其排泄物等。

6.6.2 放射性废物的贮存

实验室应用专用容器贮存放射性废物,以防放射性废物泄露。贮存地点还应有效屏蔽,以防止外照射。放射性废物应与其他废物分开贮存,不可将放射性废物投入非放射性垃圾桶或下水道中。

放射性废物的包装应完整且使其易于存取,包装上一定要标明放射性废物的核素名称、活度、其他有害成分、使用者和使用日期。管理者应当对贮存地进行监测,防止泄漏事故发生。

放射性废物在实验室临时贮存的时间不宜过长。实验室应按照主管部门的要求将其送往专门贮存和处理放射性废物的单位进行处置。

6.6.3 放射性废物的处理

处理放射性废物的目的是降低放射性废物的放射性水平和危害,缩小放射性废物的体积,并尽可能回收或复用,减少放射性废物向环境的排放。放射性废物不能按照普通废弃物的方式处理,实验室相关人员要根据其性状、体积和所含放射性核素额的种类、半衰期、活度等对其进行相应处理。

6.6.3.1 放射性气体废物的处理

低放射性气体废物,特别是含有半衰期短的放射性物质的气体废物,一般可通过高烟囱直接稀释排放。

含有粉尘或含有半衰期长的放射性物质的气体废物在排放前需要经过一定处理。如用高效过滤的方法除去粉尘,用碱液吸收放射性碘,用活性炭吸附碘、氪、氙等。经处理后的气体废物仍需要通过高烟囱稀释排放。

6.6.3.2 放射性液体废物的处理

(1)稀释排放

对于符合规定浓度的放射性液体废物,可将其稀释后直接排放,否则应经专门净化处理后再排放。

(2)浓缩贮存

对于含有半衰期较短的放射性物质的液体废物,先将其贮存在专用容器中,经过一段时间,待其放射强度降低后,可将其稀释排放;对于含有半衰期长的放射性物质的液体废物或放射强度高的液体废物,可将其浓缩贮存。即通过沉淀法、离子交换法和蒸发法等浓缩手段,将放射性液体废物浓缩成较小体积,再用专用容器贮存,或经固化处理后深埋于地下,使其自然衰变。

（3）回收利用

放射性液体废物中常含有许多有用物质，因此，应该尽可能将其回收利用。这样做既不浪费资源，又可减少污染物的排放。如循环使用放射性液体废物，或回收液体废物中某些放射性物质，并在工业、医疗、科研等领域进行再利用。

6.6.3.3 放射性固体废物的处理

对于可燃烧的放射性固体废物，可通过高温焚烧使其大幅减容，同时使放射性物质聚集在灰烬中。可将焚烧后的灰烬封存于密封的金属容器中，也可对其进行固化处理。采用焚烧方式处理放射性固体废物需要良好的废气净化系统，因而费用较高。

对于无回收价值的金属制品，可在感应炉中将其熔化，使放射性物质被固封在金属块内。

可将经压缩、焚烧减容后的放射性固体废物封装在专用容器中，或固化在沥青、水泥、玻璃中，然后将其埋藏在地下或贮存于地下安全贮存库。埋藏的地方应远离市区，且没有居民活动，同时不能靠近水源。

本章小结

主要介绍了辐射的类型与电离辐射产生的生物危害，提出电离辐射对人体产生哪些危害与防护措施，讨论了如何减少实验室中的辐射伤害，介绍了放射性废物的安全管理。

拓展阅读

轻度污染事故中的清洗方法

在实验室辐射事故中，轻度污染事故在一定条件下可以通过清洗来解决。清洗污染越早进行，去污染效果越好。常规的清洗方法如下：

①实验台表面被污染后，应根据表面材料的性质和污染情况，选择适当的清洗方法。一般先用水和去污粉或肥皂刷洗。若污染严重，则考虑用稀盐酸或柠檬酸溶液清洗，或者刮去表面，更换表面材料。

②皮肤受到污染时，要立即用肥皂、洗涤剂、高锰酸钾、柠檬酸等清洗，也可用适量乙二胺四乙酸和水混合后擦洗。头发受到污染时，应用温水加肥皂清洗。不宜用有机溶剂和较浓的酸清洗，因为这样会促使污染物进入体内。

③对于吸入放射性核素的人员，可用适量浓度的肾上腺素喷射上呼吸道或用适量浓度的麻黄素滴鼻，使血管收缩，然后用大量生理盐水洗鼻、漱口，也可用祛痰剂（如氯化铵、碘化钾等）排痰。眼睛、耳朵也要用生理盐水冲洗。

④清除衣物上的污染时，如果污染不严重，及时用普通清洗法清洗即可。如果污染严重，则不宜用手洗，要用高效洗涤剂（如草酸和磷酸钠的混合液）清洗。如果暂时没有可用的洗涤剂，可将受污染的衣物先封存在塑料袋内，以免大面积污染。

当所受污染不适合采用上述方法清洗时，应咨询专业人士，具体分析污染情况后，再做处理。

课后习题

一、判断题

1. γ 射线是一种波长很短的电磁波，穿透力很强。（　　）
2. 放射性核素衰变时，能自发地放出 α 射线、β 射线、γ 射线，质量较轻的放射性核素一般放出 α 射线。（　　）
3. 可以将放射化学实验室内的物品带到非放射化学实验室内。（　　）
4. 对 β 射线，应先用低原子序数的材料（如铝、有机玻璃等）阻挡，再在其后用高原子序数的材料（如铁、铅等）屏蔽激发的 X 射线。（　　）
5. 在进行非密封性放射性物质实验的区域，可以使用护肤品和化妆品（如唇膏、口红）等。（　　）

二、单选题

1. （　　）是指单位质量被照射物质在额定体积内吸收的辐射能量。
   A. 照射量　　　B. 吸收剂量　　　C. 当量剂量　　　D. 有效剂量
2. （　　）是指 Ⅰ 类、Ⅱ 类放射源丢失、被盗、失控造成大范围严重辐射污染后果，或者放射性同位素和射线装置失控导致 3 人以上（含 3 人）急性死亡。
   A. 特别重大辐射事故　　　　　　B. 重大辐射事故
   C. 较大辐射事故　　　　　　　　D. 一般辐射事故
3. （　　）放射源为危险源，在没有防护的情况下，接触这类放射源几小时就可对人造成永久性损伤。
   A. Ⅰ 类　　　　B. Ⅱ 类　　　　C. Ⅲ 类　　　　D. Ⅳ 类
4. （　　）放射源为低危险源，基本不会对人造成永久性损伤，但对长时间、近距离接触的人可能造成可恢复的临时性损伤。
   A. Ⅰ 类　　　　B. Ⅱ 类　　　　C. Ⅲ 类　　　　D. Ⅳ 类

三、多选题

1. 按照放射性粒子能否引起传播介质的电离，辐射可分为（　　）。
   A. 电磁辐射　　B. 电离辐射　　C. 粒子辐射　　D. 非电离辐射
2. 非电离辐射一般是由（　　）等引起的。
   A. 紫外线　　　B. 无线电波　　C. X 射线　　　D. γ 射线
3. （　　）属于吸收剂量的单位。
   A. Gy　　　　　B. Sv　　　　　C. rad　　　　　D. rem
4. 按照生物效应发生的个体不同，生物效应可分为（　　）。
   A. 躯体效应　　B. 遗传效应　　C. 确定性效应　D. 随机性效应
5. 外照射的防护措施包括（　　）。
   A. 时间防护　　B. 防止吸入　　C. 距离防护　　D. 屏蔽防护
6. 放射性液体废物的处理方法包括（　　）。
   A. 稀释排放　　B. 浓缩贮存　　C. 回收利用　　D. 高温焚烧

四、简答题

1. 辐射的类型有哪些？

2. 电离辐射强度及其单位有哪些？
3. 电离辐射的照射方式有几种？
4. 电离辐射能产生哪些危害？
5. 电离辐射防护的五原则有哪几种？
6. 电离辐射的防护方法由哪几种？
7. 辐射安全事故的分类与分级方法有哪些？

第 7 章 仪器设备安全

> **典型案例**
>
> 某大学学生在实验室操作仪器不当,造成学生伤亡,该事故的发生使学生自身生命健康受到侵害,也造成了学校仪器设备的损害,影响实验教学的正常进行与周边同学的心理健康,是一次较大的仪器设备安全事故。
>
> 该同学由于缺乏基本的仪器设备安全知识,在仪器设备的使用过程中没有把握好使用流程和使用规范,不正确的操作引发了仪器的内部故障,为此次事故发生的根本原因。

● ● ● 学习目标

1. 了解并掌握实验室的常见仪器设备,并对各学科专业的实验用仪器设备有基本的认识;
2. 理解仪器设备的操作注意事项,明白遵守正确实验操作流程的重要性;
3. 了解实验室的仪器设备管理办法,树立自觉遵守仪器设备管理条例的意识。

● ● ● 重点内容

1. 掌握实验室常见的仪器设备分类并能够区分仪器设备的类别;
2. 掌握仪器设备的常见安全隐患;
3. 熟练运用仪器设备的管理办法和使用过程中的注意事项,保护自身安全。

● ● ● 学习建议

1. 走近观察实验室中的仪器设备,从装置原理角度出发,思考有哪些安全隐患;
2. 从网络上了解各学科的专业仪器设备和实验室中各种常用的仪器设备,做好总结归纳。

实验室常用的仪器设备有清洗与消毒设备、制样与消解设备、分离与萃取设备、纯化设备、混合与分散设备、合成反应设备、泵、液体处理设备、气体发生设备、粉碎研磨设备等,专业的仪器设备视各学科专业而定。由于以上设备的错误使用而引发的事故种类有割伤、烫伤、爆炸、冻伤、绞伤、火灾等。部分仪器设备(如高温、高压等设备)具有一定的危险性,如操作失误或使用不当可能会引起较大的安全事故,所以在实验室使用这些仪器设备时必须做好预防措施,按照操作规程正确操作。

为确保实验室的安全和方便实验室的管理、更新、维护,应当建立一系列规章制度,做好仪器设备的使用管理工作,以保证实验人员的安全和实验的顺利进行。实验室安全规章制度，是实验室安全管理的重要组成部分。其中，建立实验室仪器设备管理相关规定是实验室相关制度的重要内容，但也容易被实验人员所忽视。实验室仪器设备管理规定应包括仪器预约、使用、记录等，另外还要制定仪器使用人员培训制度，从多个方面加强仪器运行过程的安全管理。

7.1 实验仪器设备分类

7.1.1 常见实验仪器设备

实验室中常用的仪器设备一般为各种化学、生物实验所需的基本实验材料与装置设备，但实验室类型繁多，各学科都有属于自己的专业实验室。由于无法兼顾各学科门类，本书总结的常见实验设备以自然科学类实验中最常用到的仪器设备进行归纳。

(1) 清洗与消毒设备

实验室中的清洗与消毒设备一般有清洗消毒机、等离子灭菌器、超声波清洗机、空气净化器、连续封口机、纯水设备、干燥柜、无菌物品车等。清洗与消毒设备通常用来清洗实验原料，对实验原料进行粗略或细致的消毒，清洗与消毒设备除实现各自功能外，还需要有配套的设施，如污物回收器具、分类台、手工清洗池、压力水枪、压力气枪、超声清洗装置、干燥设备及相应清洗用品等，同时应符合国家相关的标准与要求。

(2) 制样与消解设备

制样设备是工业生产、制造实验室中生产成品过程中的设备，所有从原材料到成品过程中应用到的设备均可归类为制样设备，主要包括切割机、抛光机、预磨机、磨抛机、镶嵌机等；消解设备是一种常用的样品前处理设备，与制样设备相反，要求对消解对象进行处理使之返回原材料状态，主要包括等离子体表面处理仪、微波消解仪、离子溅射仪、电热消解仪、消化炉、电热板等。

(3) 分离与萃取设备

分离与萃取设备就是利用萃取方法，将化合物提纯和纯化的设备。萃取是有机化学实验室中用来提纯和纯化化合物的手段之一。通过萃取，能从固体或液体混合物中提取出所需要的化合物。主要用于贵重中草药材、化工产品或利用微波萃取能大大提高萃取效率的萃取过程。选择合适的萃取剂是保证萃取分离设备操作能够正常进行且经济合理的关键。选择萃取剂时，要考虑其应具有化学稳定性和热稳定性，对设备的腐蚀性要小等。

(4) 纯化设备

纯化设备多用于医药、生物化学、化工等行业。纯化设备包括纯水器、超纯水器、纯水机、超纯水机、旋转蒸发仪、蒸馏器、凝胶净化系统(GPC)、浓缩仪、氮吹仪、分子蒸馏仪、废水废气处理、大气采样系统(预浓缩仪)等。纯化技术包括萃取与提取、蒸馏与分馏、结晶-沉淀与离心分离、吸附分离、区域熔融提纯、泡沫分离、常规柱层析分离技术等。

(5) 混合与分散设备

混合与分散设备主要是靠剪切应力和拉伸应力作用实现的。将呈现出屈服点的物料混合在一起时，若想将它们分散，应使结块和液滴破裂，这种混合称为分散混合。混合与分散设备特点：既减小分散相粒子尺寸，又提高组分均匀性，即粒子既有粒度的变化又有位置的变化。用于进行实验室环境下溶液中样品的分散和粉碎。

(6) 合成反应设备

合成反应设备是用来准备实验、进行实验、辅助实验的一类器材。主要是反应设备和条件设备。构成多种化工产品生产的物理过程都可归纳为有限的几种基本过程，如流体输送、换热（加热和冷却）、蒸馏、吸收、蒸发、萃取、结晶、干燥等。超声波、次声波、冲击波、微波、紫外线、γ射线、电磁场、超高温、深冷、高压、高真空、超临界、等离子、变压吸附等构成了化学应用中的物理过程。

(7) 泵

泵是输送流体或使流体增压的机械。它将原动机的机械能或其他外部能量传送给液体，使液体能量增加。泵主要用来输送水、油、酸碱液、乳化液、悬乳液和液态金属等液体，也可输送液、气混合物及含悬浮固体物的液体。从泵的性能范围看，巨型泵的流量每小时可达几十万立方米以上，而微型泵的流量每小时则在几十毫升以下；泵的压力可从常压到高达19.61MPa以上；被输送液体的温度最低可达-200℃以下，最高可达800℃以上。

(8) 液体处理设备

液体处理设备用于处理易聚合物质，是从减压的设备中提取液体的设备及制备易聚合物质的方法。已经为涂料、油墨、印染助剂、液体洗涤剂、化妆品、水处理、制药、造纸等领域提供了众多的服务、技术和设备支持。手动和电动移液器、自动化液体处理器、试剂分配器和适用于任何移液器的吸头都属于液体处理设备。

(9) 气体发生设备

气体发生设备是一种实验室常用的气体发生装置，通过压缩机对空气（或其他气体）进行压缩，贮存在储气罐中，以便使用。主要由压缩机、储气罐、过滤器、干燥室等部分组成。进气口过滤器应定期清洗（周期视室内粉尘情况而定，可用超声波清洗）以保持进气通畅，否则易引起压缩机工作负载增大并发热，温度过高时会发生过热保护而导致停机。

(10) 粉碎研磨设备

粉碎研磨设备是破碎机械和粉磨机械的总称，是应用机械力对固体物料进行粉碎作业，使之变为小块、细粉或粉末的机械。两者通常按排料粒度的大小作大致的区分：排料中粒度大于3mm的含量占总排料量50%以上者称为破碎机械；小于3mm的含量占总排料量50%以上者则称为粉磨机械。利用粉碎机械进行粉碎作业的特点是能量消耗大、耐磨材料和研磨介质的用量多，粉尘严重和噪声大等。

7.1.2　各专业仪器设备

(1) 起重类设备

起重设备是指用于垂直升降或者垂直升降并水平移动重物的机电设备，其范围规定为额定起重量大于或等于0.5t的升降机与额定起重量大于或等于1t，且提升高度大于或等于2m的起重机和承重形式固定的电动葫芦等。

起重类设备包括桥式起重机、门式起重机、塔式起重机、流动式起重机、门座式起重机、升降机、缆索式起重机、桅杆式起重机、机械式停车设备等。

(2)高温高压类仪器设备

高温与高压仪器设备在材料、化学、生物、机械等实验室中广泛采用，常见的高温仪器设备包括干燥箱、恒温箱、马弗炉、电炉、电热板和各种加热浴（包括水浴、油浴、沙浴和电热套）、电热枪、电吹风等；常见的高压仪器设备又包括了高压灭菌锅、气瓶与真空泵。

(3)高速运转类仪器设备

实验室常见的高速运转类仪器设备主要为电动离心机与通风橱。电动离心机依靠旋转使得物质产生较大的离心力，往往能起到分离、提纯的作用；通风橱的作用在于通风促使实验室内空气流通，一定程度上驱散有毒有害气体。

(4)强磁类仪器设备

强磁设备一般为特大型装置，典型的强磁设备包括粒子加速器、对撞机、核聚变器，同时还有通过强磁场达到吸附作用的电磁铁，典型的包括电磁吊、强磁磁选机等。

(5)低温类仪器设备

实验室常见的低温设备主要有冰箱、冰柜、真空冷冻干燥机、低温液氮循环制冷系统等。按工作原理可分为压缩制冷设备、吸收制冷设备、蒸汽喷射制冷设备、热泵制冷设备和电热制冷装置等。目前实验室中应用最普遍的是压缩制冷设备，即通过设备的工作循环将物体及其周围的热量移出，造成并维持一定的低温状态。目前制冷剂使用越来越多的是无氟制冷剂，尽量减少对大气层造成污染。

(6)激光类仪器设备

激光仪器是能发射激光的装置。常见的激光测量仪器有激光测距仪、激光水准仪、激光(三维)轮廓测量仪、激光测径仪等，其他激光测量仪器基本是上述仪器的延伸应用。激光仪器按工作介质分，可分为气体激光器、固体激光器、半导体激光器和染料激光器四大类。近来还发展了自由电子激光器，大功率激光器通常都是脉冲式输出。激光仪器发出的光质量纯净、光谱稳定可以在很多方面被应用。

7.2 专业仪器设备使用安全

7.2.1 起重类设备使用安全

实验室中的起重设备一般用于将重型物体抬举并挪动至指定位置，常见于土木工程类实验室、船舶与海洋工程实验室、交通类实验室以及各种配备有大型实验仪器设备的实验室。举重设备由于抬升设备的重量大，抬升力大且抬升力阈值固定，存在各种物理风险隐患，在起重类仪器设备的使用过程中，有可能会造成如下伤害：吊物脱钩，挤压碰撞，高处坠落，触电，绳索绞碾，吊车倾翻及机械伤害等。在使用和实验过程中需要尽可能避免上述伤害做到安全防护。

(1)吊物脱钩

吊物脱钩是实验室起重类设备中极有可能发生的事故之一，其造成的后果严重，不但会使吊物严重损坏，还可能造成人身伤害，因此，需加倍注意吊物脱钩类似事故，从以下几个角度提出防护意见。

①起重动作开始前务必保持吊物平稳,不在吊物晃动过程中便开始起吊重物。
②控制好起重设备的上升、下降速度,不过快,不急停。
③对起重设备进行定期检查,重点关注起重设备的各个部位强度是否达到要求、零部件是否需要更换,各个执行机构是否能正常运转,一旦发现问题需尽快联系专业人员前来修理,确保起重装置使用前处于安全稳定运行状态。
④若起重设备上采用了钢丝绳,需要确保钢丝绳的强度方可使用。

(2)触电事故

起重设备的使用一定会采用较高电压带动电机转动工作,而较高的电压极易发生触电事故,对此,实验过程中的学生和老师务必注意提高对电的防范意识,起重设备通电后应尽可能自觉远离其电线电缆,不乱摸乱碰。在起重设备开始工作前,需检查设备的线路情况,不可随意启动线路老化的起重设备;若工作环境周围有高压输电线,更需要注意安全防护,在老师的指导下进行起重作业,防止起重过程中起重设备带电造成触电事故。

(3)挤压碰撞

起重设备在抬升重物过程中,因为操作不当或受外部因素影响,容易发生重物挤压或撞击到周围其他人等事故。挤压碰撞事故的原因一般是操作人员操作不当,但也存在受到外界的干扰或起重设备自身问题等原因。避免挤压碰撞事故的最好方法是,在起重作业过程中,尽可能使得周围围观人员与起重设备保持相当的距离,称为"安全距离";为避免由于起重设备自身原因造成的挤压碰撞事故,还需要在起重设备起用之前确认操作系统能否正常执行控制指令;操作学生与老师也要尽可能把握好重物的运动,不鲁莽操作系统,应沉着冷静。

(4)钢丝绳断裂

钢丝绳因其强度大、起重效果好,广泛在起重设备中使用,钢丝绳断裂的事故通常是由于钢丝绳自身的强度无法应对重物的重力作用。为避免钢丝绳断裂事故,老师和学生在实验过程中需注意钢丝绳表面的磨损和断丝情况,确定固定的时间期限检查钢丝绳,保证钢丝绳的安全性。

7.2.2 高温高压仪器设备使用安全

高温高压仪器设备都具有较大的危险性,且对于操作的要求较高,需严格按照实验室规定操作规程进行正确操作,其使用过程中的安全注意事项如下:

(1)高温设备

①注意防护高温对人体的辐射。熟悉高温装置的使用方法,并细心地进行操作。使用时,人员不得离岗;使用完毕,应立即断开电源。

②使用高温装置的实验,要求在防火建筑内或配备有防火设施的室内进行,并保持室内通风良好。按照实验性质,配备最合适的灭火设备,如粉末、泡沫或二氧化碳灭火器等。

③配电插座(板、箱)的额定功率应和所使用的电热设备匹配,严重老化的电源线应及时更换。

④不可将高温装置,置于耐热性差的实验台上进行实验。加热、产热仪器设备须放置在阻燃的、稳固的实验台上或地面上,不得在其周围堆放易燃易爆物或杂物。不得不在耐热性差的实验台上使用加热设备时,装置与易燃易爆物和杂物之间应留有1cm以上的安

全距离，以防台面着火。

⑤按照操作温度的不同，选用合适的容器材料和耐火材料。但是，选定时也要考虑到所要求的操作气氛及接触的物质性质。

⑥高温实验禁止接触水。如果在高温物体中混入水，水急剧汽化，易发生所谓水蒸气爆炸。高温物质落入水中时，同样会产生大量爆炸性的水蒸气而四处飞溅；控制加热设备至合适的温度和适当的加热时间。不要在电热设备的上限温度上长时间使用。

高温设备的使用除严格按照实验室标准进行操作外，还需要尽可能做好个人防护，避免高温对人体产生伤害。具体的个人防护包括以下内容：进入高温实验室前，穿着的衣物尽可能便于脱去，避免衣物烧灼后伤及人体；手套尽可能干燥，手套上沾水将会加大手部高温烫伤的可能；长时间观察高温发光火焰或物体时，需佩戴防护眼镜避免灼伤眼部，防护眼镜颜色尽可能选择深绿色；针对特定热源，应做好特定的防护工作，如热源会释放紫外线时，还需要注重对皮肤的保护；有条件时尽可能做好全身防护。

（2）高压设备

①高压灭菌锅 高压灭菌锅通过加热产生蒸汽，蒸汽压力不断上升，温度也随之升高。高压灭菌锅能使得微生物的蛋白质较快变性或凝固，操作也较为简便，在使用时需注意：易燃易爆的物质和具有氧化性的破坏性材料不能用于高压灭菌锅中进行消毒；放置灭菌物体时，不能堵塞安全阀和放气阀的出气孔，要保证空气的流通；使用高压灭菌锅必须向锅中加足量的水，切忌空烧与烧干水；使用时操作人员需在一旁耐心等待，待到压力表归零方可打开；灭菌锅日常要保持清洁干燥。

②气瓶 气瓶的作用为贮存气体，根据气体性质的不同，气瓶可被分为压缩气体气瓶和液化气气瓶；气瓶使用时要先转动阀门，再打开减压器，气体便从瓶口溢出，不使用时要及时将阀门关闭，卸下减压器，盖紧气瓶帽，检查是否漏气。气瓶使用过程中需注意如下事项：按照要求将气瓶垂直放置，避免阳光暴晒，远离热源，贮存时分类贮存，严禁敲打、碰撞，不可使用超过40℃的热源加热气瓶；使用时注意场所的通风，避免有毒气体泄露；使用贮存有毒气体的钢瓶时要做好个人防护，佩戴口罩、防护眼镜等；瓶内气体不能用尽，须保留一定的正压力，防止外部气体倒灌造成瓶内气体不纯；切忌擅自更改钢瓶钢印及颜色标记等信息；定期检查气瓶气体管道等各部位的气密性，做好应急预案。

③真空泵 真空泵的功能为过滤、蒸馏和真空干燥，一般分为空气泵、油泵、循环水泵三类，使用时需注意：油泵前必须接冷阱；循环水泵中的水需定期更换，避免残留溶剂引发爆炸事故；真空泵即将使用完毕时，先等待蒸馏液缓慢降温，后缓慢放气使得内外气压平衡后在关闭真空泵；油泵需经常换油，排气口上接橡皮管导通至通风橱内。

7.2.3 高速运转仪器设备使用安全

电动离心机转动速度快，特别要防止在离心机运转期间，因不平衡或吸垫老化，而使离心机边工作边移动，以致从实验台上掉下来，或因盖子未盖，离心管因振动而破裂后，玻璃碎片旋转飞出，造成事故。因此，使用离心机时，必须注意以下操作：

①离心机套管底部要垫棉花。

②电动离心机如有噪声或机身振动时，应立即切断电源，即时排除故障。

③离心管必须对称放入套管中，防止机身振动，若只有一支样品管，另外一支要用等质量的水代替。

④启动离心机时,应盖上离心机顶盖后,方可慢慢启动。

⑤分离结束后,先关闭离心机,在离心机停止转动后,方可打开离心机盖,再取出样品,不可用外力强制其停止运动。

⑥离心时间一般1~2分钟,在此期间,实验人员不准离开。

通风橱能排出实验室中的有毒有害气体,但不能排出所有的有害气体,因此,使用期间仍需注意如下安全事项:

①使用前需检查抽风系统是否正常运转,实验过程中不能停止通风,每隔2小时进行10分钟的补风,如连续使用时间超过5小时则需要敞开窗户一段时间避免实验室内出现负压。

②所有化学药品、仪器、实验原料不在通风橱出口处摆放,避免发生倾倒造成危险事故。

③应在距离通风柜内至少15cm的地方进行操作;操作时应尽量减少在通风柜内以及调节门前进行大幅度动作,减少实验室内人员移动。

④切勿贮存会伸出柜外或妨碍玻璃视窗开合或者会阻挡导流板下方开口处的物品与设备。

⑤放置在通风柜内的物品切勿用物件阻挡通风柜口和柜内后方的排气槽;确需在柜内存放必要物品时,应将其垫高于左右侧边上,同通风柜台面隔空,以使气流能从其下方通过,远离污染产生源。

7.2.4 强磁类仪器设备使用安全

电与磁密不可分,且电与磁的共同作用产生电磁场。电磁场可以被用来造福人类,在实验室中大有用处,但使用不当的强磁设备会带来巨大的危害。强磁类设备一般由高频大电压产生强大的磁场,混合成电磁场向外界发射,长期处于强磁设备旁会对人体造成的影响如下:

①强磁设备会引发人中枢系统神经障碍或人的各种情绪波动,轻则紧张、头晕、心悸、疲劳无力,重则头痛、食欲不振、血压下降、记忆力减退等,强磁设备一旦影响到人体自身固有的微电流则会严重影响正常生活。

②频率越高的电磁场对人体的影响越大,低频磁场对人体的伤害是可逆的,高频磁场严重时会造成皮肤灼伤、晶状体浑浊等问题,且强磁场的伤害短期内不易被察觉,往往具有积累效应,随着时间推移逐渐影响人的生活。

至今为止,我国已出台多部标准约束强磁场对人体的伤害,强磁设备在实验室中的使用受到《电磁环境控制限值》(GB 8702—2014)等的限制,保护师生在强电磁实验室中的安全。

在强磁设备的使用中,需要注意如下事项:

①避免不必要的处理和不知情的磁体处理/组装。

②避免让强力磁铁长期密切接触身体。

③头部、眼睛、心脏和躯干要远离强磁铁。

④连续的每日暴露不应超过2000Gs(高斯)或0.2T(特斯拉)。

⑤最大一次性暴露不应超过20000Gs(高斯)或2T(特斯拉)。

⑥携带心脏起搏器、激素输注泵(如胰岛素)或其他植入体内的敏感装置或金属假体

注:$1Gs=10^{-4}T$。

植入物的人不得处理或靠近磁铁。在这些人处理磁铁或与磁铁、磁场密切接触之前,必须寻求专家医疗意见。

⑦永磁体会对电子设备造成损坏,如电话卡、智能手机、银行卡、光盘、磁带、硬盘等存储设备。

7.2.5 低温类设备使用安全

低温液体和蒸气,不仅能迅速冷冻人体组织,而且能导致许多常用材料(如碳素钢、橡胶和塑料)变脆甚至在压力下破裂。另外,所有低温液体在蒸发时都会产生大量气体。如果这些液体在密封容器内蒸发,它们会产生能够使容器破裂的巨大威力。

液氮可用作深度制冷剂,具有极强的化学惰性,可以直接和生物组织接触,立即冷冻而不会破坏生物活性,其被广泛地应用于工业和医学领域,在实验室中也作为冷冻剂。另外,实验室中还会用到多种冷冻剂:如将冰与食盐或氯化钙等混合构成的冷冻剂,大约可冷却到-20℃的低温,危险性较低;但也会用到危险性更高的干冰冷冻剂(-80~-70℃)以及液氮一类的低温液化气体(-200~-180℃)。低温设备与冷冻剂的使用虽然温度较低,但仍然会出现危险情况,在使用时要注意:

①放置在通风良好处,周围不得有热源、易燃易爆品、气瓶等,且保持一定的散热空间。

②冰箱中化学试剂的化学标签要粘贴规范,不乱贴,一旦化学标签出现了污染应及时补救;严禁任何实验用品外的物品出现在冰箱中。

③冰箱中的所有容器必须密封保存,不敞口、不留缝,定期清理冰箱中用不到的化学试剂和其他实验原料。

④冰箱与冷冻机等设备的恒定温度随着存放物品的需要进行适当调整,避免物品失活、失效等问题,一旦低温类设备因断电或设备故障停止工作,需要立即将其内部存放的物品移至其他合适的贮存场所。

⑤在搬运低温物质(干冰、液氮、液氦等)时需借助适合的工具,不可上手触摸,以免冻伤;倾倒时小心慢速,避免低温液体溅出,尽可能多的佩戴防护装备,如护目镜、实验服、低温手套等。

⑥低温设备实验室中,环境温度受低温物质影响可能处于较低水平,空气流通差,需注意开窗通风。

7.2.6 激光类设备使用安全

激光是原子受激辐射而发出的光,是1960年出现的一种新光源。激光能量高度集中,方向性强,在工业、农业、国防、医疗卫生、机械加工等科学研究领域中得到广泛应用。它是一种人造的特殊类型的非电离辐射。

(1)激光辐射危害

强烈的激光辐射能够干扰人体的生物钟,产生头痛、乏力、记忆力衰退、激动、心悸、心律失常、血压失常等症状;对脑和神经系统会产生影响,导致松果体素减少、节律紊乱;损伤细胞膜,影响儿童发育,影响生殖系统;直接的激光辐射还能够灼伤人的皮肤(特别是紫外到蓝光波段)。激光对视觉的伤害是激光产品最大的潜在危害,直接激光辐射会对视力造成永久性伤害甚至失明。又分为以下几种情况:

①紫外激光 眼屈光介质透过率随波长变短迅速下降,被角膜吸收,引起角膜炎和结膜炎。

②可见光激光 眼屈光介质(角膜、房水、晶状体)对可见光谱(400~700nm)的激光透过率很高,吸收率低,因此,会造成眼底视网膜和脉络膜损伤。

③近红外、远红外激光 1064nm激光(YAG、Nd玻璃)能量一半损伤屈光介质,一半损伤视网膜,10600nm辐射(CO_2激光)可完全被角膜吸收。

(2)激光产品分类

产生激光的介质主要有4种类型,固体(晶体、玻璃等)、气体(原子气体、离子气体、分子气体)、液体(有机或无机液体)和半导体。这些激光介质发射出的激光覆盖了电磁波的大部分范围,可以从远紫外(100nm)波段到远红外(10mm)波段。

《激光产品的安全》(GB 7247.1—2012)中对激光产品进行分类:

①1类激光 输出功率很小,只达微瓦,如激光打印机等。

②2类激光 输出功率为0.1~1mW,虽不是绝对安全的,但眼睛对这类激光源看久了会自动生厌(眨眼)而自我保护,如游戏用激光枪、条码扫描等。

③3A类激光 输出功率达1~5mW,通常应加防护措施,其工作区及激光源本身均应挂相应的警告标记,利用光学仪器直视这类激光源会对眼睛带来危害,也应加强防护,如激光棒及直线校准仪器等。

④3B类激光 输出功率为5~500mW,直接靠近这类激光源会对身体有危害;通过漫反射器观看这类激光源,距离在150mm以上。观看时间短于10秒则是安全的。此类激光源应设警告标记,如激光治疗仪等。

⑤4类激光 输出功率在0.5W以上,即使通过漫反射也有可能引起危害,会灼伤皮肤,引燃可燃物。用户操作这类激光源时应特别小心。这类激光源应配备明显的警告标记,如大功率激光表演机、激光工业加工机等。

(3)激光使用安全注意事项

①人员管理

a. 激光使用者应经过相关培训,严格按照操作程序进行实验。

b. 设置专职激光安全员,明确指定有权进出安放有激光器房间的人员,在门外安装警示灯和警示标志等方式进行出入限制。

c. 在激光调试和操作过程中操作人员须穿戴防护眼镜等防护用品,在进行激光实验前,除去身上所有的反光物品(手表、指环、珠宝、首饰),避免激光光束意外折射造成伤害。

②环境要求

a. 功率较大的激光器有互锁装置、防护罩;激光照射方向不会对他人造成伤害,防止激光发射口及反射镜上扬。

b. 在给激光器通电前,应确认该设备安全装置是否工作正常,包括不透明挡板、非反射防火表面、护目镜、面具、门链锁、通风设备等。

c. 安放激光器的房间应有明亮的光线,让瞳孔收敛,万一激光光束不慎射入眼睛时,可减少透射到视网膜上的进光量。

d. 激光光路周围不能放置易燃性布料和塑料,以及易燃易爆的气体或液体。

③操作规范　操作切勿直视激光光束或折射光，避免身体直接暴露在激光光束之中。应在最低的工作功率下进行激光调试。禁止用眼睛检查激光器故障，激光器必须在断电情况下进行检查。

（4）激光安全防护

光的防护可以从激光器、周围环境和激光工作人员三方面综合考虑。在激光实验室中，首先要充分照明，使瞳孔缩小，减少进入眼内的激光量。设计实验室时要考虑墙壁的反射和室内物品的反射，尽量减少反射的危害。墙壁应采用白色漫射墙壁，在激光易到达处用黑色吸收体，墙面不要涂油漆。设备上每个激光产品必须装有防护罩，以防止人员接触超过1类的激光辐射，可接触的发射水平不低于给定类别的可达发射极限 Accessible Emission Limit(AEL)值；激光产品需要安全联锁，安全联锁的设计必须能防止挡板移开；属于3B类和4类的任何激光系统必须安装钥匙控制器，钥匙控制器是指用钥匙操作的总开关，对于4类激光产品宜采用遥控操作，避免工作人员直接进入激光辐射区域；激光辐射发射警告应是可闻的或可视的报警；光束终止器或衰减器应能防止人员接触超过标准的激光辐射；激光产品的防护罩正常情况下应能防护伴随辐射（如紫外、可见、红外）的危害。

用户通常可采用制造厂商提供的激光产品类别对激光设备进行分类。若有大于3A类的激光设备，宜指定一名激光安全员。对于3B类或4类激光器应使用可靠的防护围封，防护围封可移动部位或检修接头处应贴有警告标记。管理使用激光器必须由专业（职）人员来进行，未经培训教育人员不得擅自开启使用激光器。在开动激光器之前，必须告诫现场中人员可能出现的危害，并戴上安全防护眼镜。不能完全依赖防护镜，即使佩带防护镜也不能直视激光束。激光受控区域，安装由防燃材料制成并且表面涂敷黑色或蓝色硅材料的幕帘和隔光板吸收紫外辐射并阻挡红外线。

7.3　仪器设备安全管理

仪器设备的安全管理必须在规章制度的约束下进行，下面以某高校某学院的仪器设备管理办法为例，供参考。

××学院仪器设备管理办法

第一章　总　则

第一条　学院的仪器设备属国有资产，是保证学院教学、科研等工作顺利开展的基本物质条件。

第二条　为了规范和加强仪器设备的管理，提高仪器设备的使用效益，保障和促进教学、科研、行政办公各项事业的发展，根据教育部《高等学校仪器设备管理办法》的有关规定，结合我院实际，特制定本办法。

第三条　本办法所指仪器设备是符合国家规定的价格起点，用于教学、科研等方面仪器设备。凡产权属于学院的仪器设备，不论其经费来源（教学、科研、各项专款或基金、贷款、自筹资金等）及其他渠道（自制、接受捐赠等）都属于本办法管理范围。

第四条　学院仪器设备的管理和使用贯彻"满足功能、质优价廉、适应发展、规范程序"的方针,按照"统一领导、归口管理、分级负责、责任到人、管用结合"的原则。

第五条 仪器设备管理的主要任务是对仪器设备的论证、购置、使用、调拨直至报废的全过程实施管理。仪器设备管理的目的是优化资源配置,物尽其用,提高完好率和利用率,为学院的教学、科研和行政任务的顺利进行提供物质保证。

第二章 管理体制及职责

第六条 学院仪器设备管理工作实行院长领导下实验室建设与管理委员会及系室的二级管理体制。

第七条 实验室建设与管理委员会为学院的仪器设备管理小组,负责仪器设备管理工作。系室由部门负责人主管仪器设备管理工作,并配备设备管理员负责本部门教学、科研、办公设备管理工作。

第八条 实验室建设与管理委员会工作职责

1. 负责贯彻执行国家有关仪器设备管理工作的方针、政策和规定,制定学院仪器设备管理制度,并组织实施。

2. 负责仪器设备计划管理、账务管理、档案管理、维修管理、资产清查、使用调剂、事故处理、报废处理、组织安装调试、更新改造和使用保养管理。

3. 负责对各部门仪器设备使用管理,保养维修情况进行检查、监督、反馈和指导。

4. 依据《政府采购法》及时编报政府采购计划并参与完成政府采购计划实施工作,负责制定仪器设备采购方案,组织大型仪器设备购置论证、招标采购与验收交接工作。

5. 根据学院教学、科研等工作需要编制年度仪器设备购置计划。

6. 负责组织检查大型仪器设备使用情况,做好大型仪器设备年度使用效益考核评价工作。

7. 负责对学院闲置仪器设备的清理、监管和修缮工作。

8. 负责对学院设备的转借、转让及对被盗或丢失与损坏设备的调查追缴与赔偿处理工作。

9. 完成学院领导交办的其他工作任务。

第三章 仪器设备的使用管理

第九条 严格建立仪器设备使用和管理责任制,使用保养、安全保管、维护维修都要责任到人。

第十条 要注意仪器设备的安全、保养及维护,发现有损坏的,应及时修复,使仪器设备处于良好的运行状态。

第十一条 充分发挥仪器设备的使用效益,对本院长期闲置不用的仪器设备,要及时报送,根据需求方的情况,办理相应的调剂、调拨手续。

第十二条 大型仪器设备的使用和管理,实行"依托专业、相对集中、专管共用、开放共享"的原则。在完成教学、科研任务的同时,鼓励多种形式的开放使用,最大限度地发挥仪器设备使用效益。

1. 大型仪器设备投入使用时,使用部门应制订仪器设备相关的管理规章制度,包括:操作规程,使用、维护规程,设备开放办法等,并将管理制度装框上墙。

2. 大型仪器设备的使用和管理应实行岗位责任制,配备专业技术人员进行管理和操作,使用部门必须及时建立大型仪器设备技术档案,认真填好大型仪器设备使用记录。

3. 大型仪器设备使用前应进行岗前操作培训，未经培训的人员不得上机操作，严格执行操作规程，切实注意安全操作，防止事故发生。

4. 大型仪器设备的日常维护保养工作，根据仪器设备不同特点及使用情况，应指定专人对所用的仪器设备予以定期保养、维护和检修，认真填好维修保养记录。

5. 学院对大型仪器设备的使用管理和维护保养情况实行定期检查与评价制度，加强动态跟踪管理。实验室建设与管理委员会每年对大型设备使用效益情况进行一次检查评价，评价内容包括完好率、利用率、维护保养、安全使用管理等，检查评价结果向全院公布。

第十三条　学院离(退)休、调出人员使用的办公仪器设备应办理移交手续后，方可办理有关调离手续。在仪器设备管理中，禁止任何形式的闲置浪费、公物私化、擅自外借、出租、丢弃设备等行为。

第四章　仪器设备维修和保养

第十四条　仪器设备维修和保养执行谁管理谁维修，谁管理谁保养，能内修不外修，能节约少花钱的维修保养原则。

第十五条　仪器设备的正确维护保养是仪器设备管理工作中的一个重要环节，使用人都要养成正确使用和经常维护保养的良好习惯。实验室、器材仓库应该按照仪器设备的不同性能与要求，分别做好防火、防潮、防尘、防光、防热、防冻、防震、防爆、防腐蚀等工作。并经常检查，防止损坏和丢失。

第十六条　仪器设备要做到定期维护保养和检修，确保其完好率，保证教学、科研、办公工作的顺利进行。

第十七条　仪器设备使用管理人员应根据制定的保养规程，对仪器做到精心维护，严格检查。维护保养工作要经常化、制度化，保证仪器设备处于良好的运行状态。

第五章　仪器设备管理人员

第十八条　仪器设备管理是学校教学、科研、行政工作的可靠保证，应根据仪器设备的总量和工作量大小，合理配备具有一定专业知识和责任心强的人员担任设备管理员。

第十九条　学校应经常组织设备管理人员进行业务学习和培训，积极开展工作经验交流以及检查评比活动，总结推广先进经验，表彰先进管理集体和先进个人。

第二十条　学院各部门的设备管理员要相对稳定，因工作需要调整变动时，须经部门负责人同意，办理仪器设备移交手续后，才能调离岗位。

第二十一条　设备管理员岗位职责：

1. 学习国家有关仪器设备资产管理工作的方针政策，认真贯彻学院仪器设备管理规章制度。

2. 负责教学、科研等方面的仪器设备管理，具体负责仪器设备的验收、维修、调拨、报损、报失、报废处理等工作。

3. 负责全院仪器设备的建账、建卡工作。

4. 做好仪器设备资产清查工作，做到账、物、卡相符。

5. 加强仪器设备使用管理，提高仪器设备的利用率和完好率，负责做好学院大型仪器设备的使用管理和年度效益考核评价工作。

6. 负责建立仪器设备技术档案并做好管理工作。

7. 协助仪器设备采购及其他管理工作。

8. 完成主管领导及职能部门交办的其他工作任务。

第二十二条 本办法由设备管理处负责解释,自公布之日起施行。

可见,实行责任到人安全制度建设是防范安全问题的关键,加强仪器平台安全建设,应该从多方面一起抓,健全安全法规,制定、完善、落实各种安全管理制度,并使规章制度规范化有效运作。大型仪器设备要有专门的管理员,负责仪器的使用和维护安全,仪器设备发生故障时应及时上报,督促落实安全管理制度,排除安全隐患。仪器的操作人员要经过严格的培训持证上岗,从而降低事故发生率。

本章小结

本章着重介绍了实验室仪器的分类与安全管理,实验室仪器设备众多,可分为常见仪器设备与专业仪器设备进行讨论;常见仪器设备主要应用于生物、化学等实验室中,而专业仪器设备主要服务于各学科专业的需求;仪器设备的更新会给实验室带来一些隐患,如高温高压仪器设备使用不当易发生实验室火灾,严重时会造成实验室爆炸事故;起重类仪器设备、高速旋转类仪器设备等的不安全使用都会对人身安全造成危害。实验室的仪器设备需要妥善管理,在规章制度的监管下进行操作,对其管理和维护都需要有专人负责。实验室的仪器设备皆是有温度的,需要实验室人员的关心爱护方能"和谐相处"。

课后习题

一、判断题

1. 制样与消解设备是指在工业生产或实验室中生产成品过程的设备。（   ）
2. 在萃取过程中,往往需要考虑萃取剂的化学稳定性与热稳定性,但不需要考虑对设备的腐蚀性。（   ）
3. 气体发生设备的使用过程中,进气口过滤器需定期清洗,否则有可能会造成压缩机的工作负载急剧增大而停机。（   ）
4. 目前低温类仪器设备中使用最多的制冷剂为氨。（   ）
5. 激光类仪器设备不会对人体产生任何危害。（   ）
6. 高温实验中可以用水来对高温物体进行冷却。（   ）
7. 启动离心机时,应盖上离心机顶盖后,方可慢慢启动。（   ）
8. 激光辐射对人体没有明显危害,可以随意操作。（   ）
9. 在激光调试和操作过程中操作人员必须做好防护设备,如佩戴护目镜等,除去身上的反光物品。（   ）

二、单选题

1. 下列选项中哪一项不属于实验室常用的清洗与消毒设备（   ）。
   A. 清洗消毒柜　　　B. 等离子灭菌器　　　C. 无菌物品车　　　D. 漏斗
2. 纯化技术在医药、生物化学、化工、（   ）等行业有着广泛的应用。
   A. 工业制造　　　B. 纺织　　　C. 钢铁冶炼　　　D. 医院
3. 合成反应设备是用来（   ）、进行实验、辅助实验的一类器材。
   A. 准备实验　　　B. 模拟实验　　　C. 观察实验　　　D. 仿真实验
4. 泵一般将（   ）形式的能量传递给液体,使得液体的能量增加从而发挥作用。
   A. 热能　　　B. 势能　　　C. 机械能　　　D. 电能

5. 在粉碎研磨设备中，按照排料粒度进行区分，排料中粒度大于(　　)含量占总排料量50%以上的称为破碎机械；小于(　　)含量占总排料量50%以上的称为粉磨机械。
  A. 3mm；5mm   B. 3mm；3mm   C. 5mm；5mm   D. 5mm；3mm

6. 下列选项中，哪一项不属于起重类设备可能造成的安全事故(　　)。
  A. 吊物脱钩   B. 触电事故   C. 燃烧或爆炸   D. 钢丝绳断裂

7. 根据气体性质的不同，气瓶可被分为(　　)和(　　)。
  A. 压缩气体气瓶；压缩液体气瓶   B. 压缩气体气瓶；液化气气瓶
  C. 液体气瓶；液化气气瓶   D. 液体气瓶；压缩气体气瓶

8. 在离心机工作当中，时间一般需要(　　)，此时间内实验人员不准离开设备。
  A. 1~2分钟   B. 3~5分钟   C. 5~10分钟   D. 10分钟以上

9. 实验室中应在距离通风柜至少(　　)的地方进行操作。
  A. 10cm   B. 15cm   C. 20cm   D. 50cm

10. 下列哪一项不属于强磁类仪器设备会对人体造成的危害？(　　)
  A. 头晕、紧张或心悸   B. 头痛
  C. 记忆力减退   D. 过度兴奋

11. 激光产品根据《激光产品的安全》(GB 7247.1—2012)中的分类一般被分为(　　)。
  A. 3类   B. 5类   C. 8类   D. 10类

三、简答题

1. 实验室常用的仪器设备包括哪些类别？实验室专用的仪器设备包括哪些类别？
2. 实验室中的清洗与消毒设备有哪些？列举出其中的3项。
3. 为什么气体发生设备的进气口需定期清洗？
4. 专业类的仪器设备都包括哪些类别？请列举出其中的几类并说出它们都有哪些代表性的仪器设备。
5. 高温设备在使用过程中都有哪些注意事项？
6. 以7.3节中出现的某高校某学院实验室仪器设备管理条例为例，请你在此基础上再提出3点仪器设备管理条例中可增加的条款。

第 8 章 个体防护

> **典型案例**
>
> 1996 年美国达特茅斯学院化学教授,以铬金属研究著名的金属毒理专家凯伦·维特翰,在一次实验中操作二甲基汞时,不慎将二甲基汞洒出。其中两滴二甲基汞沾在了凯伦的乳胶防护手套上。接触毒物后凯伦迅速脱下手套清洁双手,并清洁了所有工具。她在最短时间内做了最正确的防护措施。由于接触的毒物剂量微小,且又佩戴防护手套,凯伦几乎都要忘掉这件事。事实上,那次事故已经对她造成了严重伤害,一年后凯伦教授去世,年仅 48 岁。

●●● 学习目标

1. 了解实验室常用个人防护装备种类;
2. 掌握实验室个人防护装备的选择原则、正确选用和判废。

●●● 重点内容

1. 呼吸防护装备的分类及适用性;
2. 常用手部防护装备的使用注意事项。

●●● 学习建议

1. 依据个人实验和所处实验室环境,掌握个人防护装备的正确选择和使用方法;
2. 在熟悉个人防护装备分类和特性的基础上,掌握个人防护装备的全过程管理方法,以保证防护装备的效能充分发挥。

8.1 个体防护装备

根据《个体防护装备配备规范》(GB 39800—2020)的规定,个人防护装备(personal protective equipment,PPE)是指从业人员为防御物理、化学、生物等外界因素伤害所穿戴、配备和使用的各种护品的总称。在生产作业场所穿戴、配备和使用的劳动防护用品也称个人防护装备。个人防护装备能在一定程度上起到降低接触有害物质量的作用,是在采取了其他控制方法后仍需要在有害环境下工作时的最后一道防线。高校实验室在日常教学科研实验活动中涉及生物、化学、物理、机械等多种安全风险,针对各类风险选择合适的个人防护装置,是高校师生免遭或减轻事故的重要保障手段。本章主要介绍高校实验室个体防护装备类型、选择和管理,旨在加强师生对个人防护装备的认识,掌握个人防护装备的正确选择方法，筑牢最后一道防线。

实验场所个人防护装备的门类品种繁多，按照其所涉及的防护部位分类，可划分为头部防护装备、呼吸防护装备、眼面部防护装备、听力防护装备、手部防护装备、足部防护装备、躯体防护装备7类。

(1) 头部防护装备

头部防护装备是用来保护人体头部，使其免受冲击、刺穿、挤压、绞碾、擦伤和脏污等伤害的各种防护装备，包括工作帽、安全帽、安全头盔等。

① 工作帽　属劳动防护用帽之一。主要供纺织厂、机械厂等女工在车间操作时使用，它既能预防头发、辫子等不被转动的电动机皮带或机器的卷入，造成事故，又能保护戴用者本身的头发不受灰尘或油污的污染，故在戴用时必须将头发全部罩进去。工作帽是一块较大圆形的帽片组成，下接一圈帽边，并用抽带或松紧带收紧。

② 安全帽　根据《头部防护　安全帽》(GB 2811—2019)中的定义，安全帽是指对人体头部受坠落物或小型飞溅物体等其他特定因素引起的伤害起防护作用的帽子。由帽壳、帽衬、下颊带和后箍等组成。帽壳呈半球形，坚固、光滑并有一定弹性，打击物的冲击和穿刺动能主要由帽壳承受。帽壳和帽衬之间留有一定空间，可缓冲、分散瞬时冲击力，从而避免或减轻对头部的直接伤害。冲击吸收性能、耐穿刺性能、侧向刚性、电绝缘性、阻燃性和耐低温性是对安全帽的基本技术性能的要求。

安全帽按用途分有普通型(P)安全帽和特殊作业类(T)安全帽两大类，其中T类中又分成以下7类特殊性能：

a. 阻燃性能：适用于有火源的作业场所；

b. 侧向刚性性能：适用于井下、隧道、地下工程、采伐等作业场所；

c. 耐低温性能：适用于低温作业场所；

d. 耐极高温性能：适用于炼钢炼铁、粉末冶金、易燃易爆等作业场所；

e. 电绝缘性能：适用于带电作业场所；

f. 防静电性能：适用于油船船舱、含高浓度瓦斯煤矿、天然气田、烃类液体灌装场所、粉尘爆炸危险场所，以及可燃气体爆炸危险场所；

g. 耐熔融金属飞溅性能：适用于冶金高温作业、油田钻井、寒冷地区等作业场所。

③ 安全头盔　是指为摩托车、轻骑、电瓶车等车辆驾驶员和乘坐人员提供安全保障的一种头盔。由壳体、缓冲层、舒适衬垫、佩戴装置、护目镜等组成，壳体使用质地坚韧，具有耐水、耐热、耐寒并能较多地吸收冲击能量的材料制成。

④ 防护头罩　通常由头罩、面罩和护肩组成，可使头部免受火焰、腐蚀性烟雾、粉尘以及恶劣气候条件的伤害，可与各类呼吸器和防护服配合使用。

⑤ 一次性简易防护帽　在实验室中佩戴简易的无纺布制作的一次性简易防护帽，可以保护人员避免化学和生物危害物质飞溅至头部(头发)造成的污染；同时，可防止头发和头屑等污染工作环境。在动物实验中，会存在一些动物的毛屑，为避免这些毛屑沾到实验人员的头发上，在进入实验室前也要佩戴一次性帽子，并将头发全部放入帽子中，可起到良好的头部防护效果。

(2) 呼吸防护装备

呼吸防护装备是防御空气缺氧和空气污染物进入呼吸道，从而保护呼吸系统免受伤害的防护装备，包括口罩、空气呼吸器、防毒面具等。

①呼吸防护装备分类　按照防护原理、供气方式、防护部位、吸气环境等将呼吸防护装备分为七大类，具体分类见表 8-1。

表 8-1　呼吸防护装备分类

序号	分类依据	呼吸防护用品品类	防护性能及说明
1	按防护原理	过滤式呼吸防护用品	利用过滤材料滤除空气中的有毒、有害物质，将受污染空气转变为清洁空气供人员呼吸的一类呼吸防护用品
		隔绝式呼吸防护用品	依靠自身携带的气源或靠导气管引入受污染环境以外的洁净空气为气源供气，保障人员正常呼吸和呼吸防护用品
2	按供气原理和供气方式	自吸式呼吸防护用品	靠佩戴者自主呼吸克服部件阻力的呼吸防护用品
		自给式呼吸防护用品	以压缩气瓶为气源供气，保障人员正常呼吸的呼吸防护用品
		动力送风式呼吸防护用品	依靠动力克服部件阻力、提供气源，保障人员正常呼吸防护用品
3	按防护部位及气源与呼吸器官的连接方式	口罩式呼吸防护用品	通过保护呼吸器官（口、鼻）来避免有毒、有害物质吸入对人体造成伤害的呼吸防护用品
		面具式呼吸防护用品	保护呼吸器官的同时，同时保护眼睛和面部的防护用品
		口具式呼吸防护用品	必须用口呼吸，外界受污染空气经过滤后直接进入口部的口部呼吸防护用品
4	按人员吸气环境	正压式呼吸防护用品	使用时呼吸循环过程中面罩内压力均大于环境压力的呼吸防护用品
		负压式呼吸防护用品	使用时呼吸循环过程中，面罩内压力在呼吸气阶段均小于环境压力的呼吸防护用品
5	按使用对象	军用呼吸防护用品	根据各军种、兵种的战术技术要求设计的，用于单兵防护毒剂、生物战剂和放射灰尘伤害的军用过滤式防毒面具
		民用呼吸防护用品	用于防护毒剂、生物战剂、放射性灰尘及其他常见有毒有害气体、蒸气伤害的民用过滤式防毒面具
6	按气源携带方式	携气式呼吸防护用品	使用者随身携带气源（如气瓶、生氧装置）的呼吸防护用品
		长管式呼吸防护用品	以移动供气系统为气源，通过长导气管输送气体供人员呼吸，不需自身携带气源的呼吸防护用品
7	按呼出气体是否排放到外界	闭路式呼吸防护用品	呼出气体不直接排放到外界，而是经净化和补氧后供循环呼吸的防护用品
		开路式呼吸防护用品	呼出气直接排放到外界呼吸防护用品

②过滤式呼吸防护用品

a. 防尘口罩：主要是以纱布、无纺布、超细纤维材料等为核心过滤材料的过滤式呼吸防护用品，用于滤除空气中的颗粒状有毒有害物质，但对于有毒有害气体和蒸气无防护作用。其中，不含超细纤维材料的普通防尘口罩只有防护较大颗粒灰尘的作用，一般经清洗、消毒后可重复使用；含超细纤维材料的防尘口罩除可以防护较大颗粒灰尘外，还可以防护粒径更细微的各种有毒有害气溶胶，防护能力和防护效果均优于普通防尘口罩，基于超细纤维材料本身的性质，该类口罩一般不可重复使用，多为一次性产品或需定期更换滤棉。

防尘口罩的形式很多，包括平面式(如普通纱布口罩)、半立体式(如鸭嘴形式折叠式、埠形式折叠)、立体式(如模压式、半面罩式)。无论哪种形式，其保护部位均为口鼻。从气密效果和安全性考虑，立体式、半立体式气密效果更好，安全性更高，平面式稍次之。

防尘口罩适用领域和场合主要包括医疗卫生、电子工业、食品工业、美容护理、清洁打理等。其适用的环境特点是：污染物仅为非挥发性的颗粒状物质，不含有毒有害气体和蒸气。

b. 防毒口罩：是一种以超细纤维材料和活性纤维等吸附材料为核心过滤材料的过滤式呼吸防护用品。其中超细纤维材料用于滤除空气中的颗粒物质，包括有毒有害溶胶等，活性炭、活性纤维等吸附材料用于滤除有害蒸气和气体。与防尘口罩相比，防毒口罩可以过滤空气中的大颗粒灰尘、气溶胶，同时对有害气体和蒸气也具有一定的过滤作用。

防毒口罩的种类按防毒口罩的外形和使用场所可分为：平面防毒口罩、杯型防毒口罩、带阀防毒口罩、折叠式防毒口罩、面具式防毒口罩、半面具式防毒口罩、单罐防毒口罩、双罐防毒口罩、隔离气体防毒口罩等。其中，平面防毒口罩、杯型防毒口罩、带阀防毒口罩、折叠式防毒口罩，这类防毒口罩主要用在正常气压及空气流通的低密度低毒害的场所；面具式防毒口罩、半面具式防毒口罩、单罐防毒口罩、双罐防毒口罩、隔离气体防毒口罩，这类防毒口罩主要使用在密度较高且毒性较强的环境。其中，隔离气体防毒口罩可以使用在如密闭剧毒空间这样的一些特殊场所。

c. 过滤式防毒面具：是防毒面具最为常见的一种，主要由面罩主体和滤毒件两部分组成。面罩起到密封并隔绝外部空气和保护口鼻、面部的作用。滤毒件内部填充以活性炭为主，由于活性炭里有许多形状不同的和大小不一的孔隙，可以吸附粉尘，并在活性炭的孔隙表面，浸渍了铜、银、铬金属氧化物等化学药剂，以达到吸附毒气后与其反应，使毒气丧失毒性的作用。新型活性炭药剂采用分子级渗涂技术，能使浸渍药品分子级厚度均匀附着到载体活性炭的有效微孔内，使浸渍到活性炭有效微孔内的防毒药剂具有最佳的质量性能比。

过滤式防毒面具与防毒口罩具有相近的防护功能，既能防护大颗粒灰尘、气溶胶，又能防护有毒害蒸气和气体。它们的差别在于过滤式防毒面具滤除的有害气体、蒸气浓度范围更宽，防护时间更长，所以更安全可靠。另外，从保护部位考虑，过滤式防毒面具除可以保护呼吸部位器官(口、鼻)外，同时还可以保护眼睛及面部皮肤免受有毒有害物质的直接伤害，且通常密合效果更好，具有更高和更安全面的防护效能。

过滤式防毒面具具适用的主要领域和场合有化学工业、石油工业、军事、矿山、仓库、海港、科学研究机构等。

③隔绝式呼吸防护用品　根据气源的不同分为氧气呼吸器、空气呼吸器、生氧呼吸器。按照使用者在任一呼吸循环过程中，面罩内压力与外界环境的压力大小分为正压自给

呼吸器和负压自给式呼吸器。

　　a. 氧气呼吸器：又称贮氧式防毒面具，以压缩气体钢瓶为气源，钢瓶中盛装气压缩氧气。根据呼出气体是否排放到外界，可分为开路式和闭路式氧气呼吸器两大类。前者呼出气体直接经呼气活门排放到外界，考虑到安全性的原因，目前很少使用。

　　对于常见的闭路式氧气呼吸器，使用时，打开气瓶开关，氧气经减压器、供气阀进入呼吸仓，再通过呼吸气软管、供气阀进入面罩供人员呼吸；呼出的废气经呼气阀、呼吸软管进入清净罐，去除二氧化碳后也进入呼吸仓，与钢瓶所提供的新鲜氧气混合供循环呼吸。由于在二氧化碳的滤除过程中，发生的化学反应会放出较高的热量，为保证呼吸的舒适度，有些呼吸器在气路中设置有冷却罐、降温盒等气体降温装置。

　　氧气呼吸器是人员在严重污染、存在窒息性气体、毒气类型不明确或缺氧等恶劣环境下工作时常用的呼吸防护设备，其主要应用领域包括矿山救护、抢险救灾、石化、冶金、航天、船舶、国防、核工业、城建、实验室、地铁、医疗卫生等。

　　b. 空气呼吸器：又称贮气式防毒面具，有时也称为消防面具。它以压缩气体钢瓶为气源，但钢瓶中盛装气体为压缩空气。根据呼吸过程中面罩内的压力与外界环境压力间的高低，可分为正压式和外压式两种。正压式在使用过程中面罩内始终保持正压，更安全，目前已基本取代了后者，应用广泛。

　　对于常见的正压式空气呼吸器，使用时，打开气瓶阀门，空气经减压器、供气阀、导气管进入面罩供人员呼吸；呼出的废气直接经呼气活门排出。由于其不需要对呼出废气进行处理和循环使用，所以结构相对氧气呼吸器简单。

　　空气呼吸器的工作时间一般为30~360分钟，根据呼吸器型号的不同，防护时间的最高限值有所不同。总的来说空气呼吸器的防护时间比氧气呼吸器稍短。

　　空气呼吸器主要用于消防员以及相关人员在处理火灾、有害物质泄漏、烟雾、缺氧等恶劣作业现场进行火源侦察、灭火、救灾、抢险和支援。另外，也可用于重工业、海运、民航、自来水厂和污水处理站、油气勘探与采制、石化工业、石油精炼、化学制品、环境保护、军事等领域及场合。

　　c. 生氧呼吸器：又称生氧式防毒面具，是利用人员呼出气中的二氧化碳和水蒸气与含有大量氧的生氧药剂反应生成氧气，使呼出气体经补氧和净化后供人员呼吸的一种闭路循环式呼吸器。

　　生氧呼吸器的组织成包括生氧系统(含生氧罐、启动装置和应急装置)、降温系统(含冷却管、降温增湿器)储气装置(含储气囊及排气阀)、保护外壳及背具等。其中，生氧系统中的生氧罐是面具的重要部件，内装超氧化钾、超氧化钠、过氧化钾或过氧化钠等生氧剂，这类碱性氧化物能够与二氧化碳和生氧的作用。由于生氧和脱除二氧化碳的化学反应，会导致通过气流温度过高，因此，需要有降温装置对气流进行降温以供人员呼吸。

　　使用时，呼出气体经呼吸活门、导气管进入生氧罐废气中的二氧化碳和水蒸气与生氧药剂反应生成氧气，经净化和补充氧的气流进入气囊供人员呼吸。

　　生氧式呼吸器的工作时间一般为30~60分钟，比氧气呼吸器和空气呼吸器都短。

　　生氧呼吸器的适用场合主要包括消防、矿山救护、气体泄漏事故处理等。

　　④其他类型呼吸防护用品

　　a. 紧急逃生呼吸器：是专门为紧急情况下逃生设计的，包括专门的火灾逃生面具及可用于多种危急情况的隔绝式逃生呼吸器等。

火灾逃生面具属于过滤式呼吸防护用品，它除可过滤粉尘、气溶胶和一般有害气体蒸气外，还具有滤除一氧化碳的功能。

与隔绝式呼吸器相似，仅设计形式及防护时间存在一定差异。根据紧急逃生呼吸器的使用目的，为减少器材的重量，减少逃生人员在逃生过程中的体力消耗，方便携带、穿戴，增大其获救机会和可能，紧急逃生呼吸器主要有以下几个特点：轻便便于穿戴；有效使用时间一般为 10~15 分钟，可确保提供足够的逃生时间，同时器材重量较轻；视觉效果明显，颜色鲜艳或带有可发光的荧光物质，便于被发现。

b. 长管呼吸器：其最突出的特点是具有较长的导气管（50~90m），可与移动供气源、移动空气净化站等配合使用，主要采用压缩空气钢管作为气源，也有的采用过滤空气为气源。

长管呼吸器特别适合在复杂的火场救援和大范围的化学、生化及工业污染环境中连续长时间作业使用。典型的应用环境包括消除石棉及其他有害材料、核处理和核清除的工作以及剥离和喷洒异氰酸盐涂料等。

c. 动力送风式呼吸器：主要是采用动力送风与气体过滤相结合的原理为使用者提供气源。动力送风的优点是可降低呼吸阻力，同时可以在面罩内形成一定的正压，提高使用的舒适性及防护的安全性。

（3）眼面部防护装备

眼面部防护装备是防御电磁辐射、紫外线及有害光线、烟雾、化学物质、金属火花和飞屑、尘粒、抗机械和运动冲击等伤害眼睛、面部和颈部的防护装备，包括太阳镜、安全眼镜、护目镜和面罩等。根据防护功能，大致可分为防尘、防水、防冲击、防高温、防电磁辐射、防射线、防化学飞溅、防风沙、防强光 9 类。目前我国生产和使用比较普遍的有 3 种类型：

①焊接护目镜和面罩　预防非电离辐射、金属火花和烟尘等的危害。焊接护目镜分普通眼镜、前挂镜、防侧光镜 3 种；焊接面罩分手持面罩、头戴式面罩、安全帽面罩、安全帽前挂眼镜面罩等。

②炉窑护目镜和面罩　预防炉窑口辐射出的红外线和少量可见光、紫外线对人眼的危害。炉窑护目镜和面罩分为护目镜、眼罩和防护面罩 3 种。

③防冲击眼护具　预防铁屑、灰砂、碎石等外来物对眼睛的冲击伤害。防冲击眼护具分为防护眼镜、眼罩和面罩 3 种。防护眼镜又分为普通眼镜和带侧面护罩的眼镜；眼罩和面罩又分敞开式和密闭式 2 种。

（4）听力防护装备

听力防护装备是能够防止过量的声能侵入外耳道，使人耳避免噪声的过度刺激，减少听力损伤，预防噪声对人身引起的不良影响的个体防护用品。耳部防护用品主要有防噪声耳塞、耳罩、电子耳罩等护耳器。

①耳塞　是插入外耳道内或置于外耳道口处的护耳器。耳塞是护耳器中结构简单、形状小、重量轻、携带使用方便的一种。使用时直接插入耳道，只要正确使用，就可以获得较好的声音衰减效果，有的还能阻隔语言传递。

按形状分为球形、圆柱形、蘑菇形、伞形、凸缘形 5 种；按选用材料分为纤维棉、塑料、橡胶、复合材料4类；另外还可按耳塞隔声性能分为低中高频全隔声、隔高频声、隔低频声；按制作方式分为预模式、控制式。在耳塞类听力防护用品中，目前国际上比较流行的是一种具有慢回弹性的泡沫制耳塞，它具有携带存放方便、降噪效果好的优点，并且能适合不同人的耳道，佩戴时感觉舒适。

②耳罩　是指能遮盖耳道并紧贴耳郭的护耳器。结构较为复杂，平均隔声值在20dB以上，有的A级隔声值在30dB以上；对于高噪声和A声级在100dB的高频噪声，应佩戴耳罩；工业上用的防噪声耳罩由塑料壳、密封垫圈、内衬吸声材料和弓架4部分组成，只有当这4个部分都设计选材适当，才能获得较好的或理想的效果。

③防噪声帽（盔）　是保护听觉和头部不受损伤的品种，有软式和硬式之分。软式防噪声帽是由人造革帽和耳罩组成，耳罩固定在帽的两边，其优点是可以减少噪声通过颅骨传导引起的内耳损伤，对头部有防振和保护作用，隔声性与耳罩相同；硬式防噪声帽（盔）是由钢壳和内衬吸声材料组成，用泡沫橡胶垫使耳边密封。军用时可与通话耳机同时使用，只有在高噪声条件下，才将帽（盔）和耳塞连用。

(5) 手部防护装备

双手是我们生产作业的主要部位，也是人体受伤概率最高的部位。据统计，在各类工伤事故中，手部的事故最多，约占25%，所以对手部的防护尤为重要。日常手部防护装备是具有保护手和手臂免受伤害，供作业者劳动时戴用的手套防护装备，通常人们称作劳动防护手套，主要是各种防护手套。手部防护用品主要有防护手套和防护套袖两类。

①防护手套　按用途分类，可分为一次性手套、化学防护手套、绝缘手套、防割手套、耐火阻燃手套、焊工手套、耐油手套等。

②防护套袖　是用以保护手上臂的防护用品。主要在进行易污作业如炭黑、染色、油漆及相关卫生工作时戴用。主要产品有防辐射热套袖、防酸碱套袖等。

(6) 足部防护装备

足部防护装备是防止生产过程中有害物质和能量损伤劳动者足部的护具，保护穿用者的小腿及脚部免受物理、化学和生物等外界因素伤害。足部防护装备主要是各种防护鞋、靴。根据防护鞋的防护功能，可分为保护足趾的、防刺穿的、电绝缘的、防静电的、耐酸碱等防护鞋。

①保护足趾安全鞋　保护包头安全性能为AN1级，适用于冶金、矿山、林业、港口、装卸、采石、机械、建筑、石油、化工行业等。

②防刺穿安全鞋　抗刺穿强度为1级，适用于矿山、消防、建筑、林业、冷作工、机械行业等。

③电绝缘鞋　适用于电工、电子操作工、电缆安装工、变电安装工等。适合工频电压1kV以下的作业环境，工作环境应能保持鞋面干燥。避免接触锐器、高温和腐蚀性物质，帮底不能有腐蚀破损。

④防静电安全鞋　能消除人体静电积聚，适用于易燃作业场所，如加油站操作工、液化气灌装工等。禁止当绝缘鞋使用；穿用防静电鞋不应同时穿绝缘的毛料厚袜或使用绝缘鞋垫；防静电鞋应同时与防静电服配套使用；防静电鞋一般不超过200小时应进行鞋电阻值测试一次，如果电阻不在规定的范围内（100kΩ~1000MΩ），则不能作为防静电鞋使用。

⑤耐酸碱安全鞋　适用于电镀工、酸洗工、电解工、配液工、化工操作工等。耐酸碱

皮鞋只能适用于一般浓度较低的酸碱作业场所；应避免接触高温、锐器损伤鞋面或鞋底渗漏；穿用后应用清水冲洗鞋上的酸碱液体，然后晾干，避免日光直接照射或烘干。

还有如防尘鞋、防水鞋、防寒鞋、防油鞋、防滑鞋、电热靴、防振鞋等功能防护鞋。

(7) 躯体防护装备

躯体防护装备是保护穿用者躯干部位免受物理、化学和生物等有害因素伤害的防护装备，主要是工作服和各种功能的防护服等。防护服可以分为防化服、隔热服、防火服、防辐射服、阻燃服、防尘服、反光背心、降温背心及防护雨衣等。

① 全封闭防化服　是一种由头罩、连衣裤、防化手套、防化靴连为一体的防化服装，使用时与正压式空气呼吸器配合使用。

② 隔热服　也称为高温防护服，用来保护人体在接触火焰及炙热物体后能阻止本身被点燃、有焰燃烧和阴燃不受各种高温伤害的服装。

③ 反光背心　用高能见度反光材料制成，使用人群一般为交警、环卫工人等。

不同种类个人防护用品本身所具有的防护作用是有限度的，有些作业环境条件复杂多变，超过允许的防护范围，个人防护用品将不起作用。因此，要正确使用个人防护用品，根据作业环境的危害程度合理选择个人防护用品的种类，才能避免发生意外。

8.2　个体防护装备选用

个体防护装备是保证安全生产、应对突发公共事件、维护师生员工生命安全的第一道防线，也是最后一道防线。个体防护装备与其他安全生产防护装备和设施相辅相成，互相匹配，共同发挥作用。为使个体防护装备发挥其应有的效用，依据工作环境、场所和具体的实验活动中的危险因素、危险等级和个人防护用品的适用条件，应选用适合的个人防护装备，以最大限度保护人员健康与安全。

8.2.1　个人防护装备选择原则

个体防护装备品种繁多，涉及面广，正确选用是保证生产者的平安与健康的前提。2022年，我国实施的《个体防护装备配备规范》(GB 39800—2020)国家标准，为选用个体防护装备提供了依据。个体防护装备的选用应按以下原则：

① 作业场所中存在职业性危害因素和危害风险时，用人单位应为作业人员配备符合国家标准或行业标准的个体防护装备。

② 用人单位为作业人员配备的个体防护装备应与作业场所的环境状况、作业状况、存在的危害因素和危害程度相适应，应与作业人员相适合，且个体防护装备本身不应导致其他额外的风险。

③ 用人单位配备个体防护装备时，应在保证有效防护的基础上，兼顾舒适性。

④ 需要同时配备多种个体防护装备时，应考虑使用的兼容性和功能替代性，确保防护有效。

⑤ 用人单位应对其使用的劳务派遣工、临时聘用人员、接纳的实习生和允许进入作业地点的其他外来人员进行个体防护装备的配备及管理。

⑥ 用人单位应在本部分基础上结合所在行业个体防护装备配备国家标准进行个体防

装备的配备及管理；无所在行业个体防护装备配备国家标准时，应按照本部分要求进行个体防护装备的配备及管理。

8.2.2 个人防护装备选择

（1）选择参考

依据《个体防护装备配备规范》(GB 39800—2020)管理规定，根据高校实验类别可以或建议佩戴的个人防护装备，见表8-2所列。

表8-2 个人防护装备选用表

实验类别	可以使用的防护装备	建议使用的防护装备
高温实验	安全帽 防强光、紫外线、红外线护目镜或面罩 隔热阻燃鞋 白帆布类隔热服 热防护服	镀反射膜类隔热服 其他零星防护用品
易燃易爆实验	防静电手套 防静电鞋 化学品防护服 阻燃防护服 防静电服 棉布工作服	防尘口罩(防颗粒物呼吸器) 防毒面具 防尘服
可燃性粉尘实验	防尘口罩(防颗粒物呼吸器) 防静电手套 防静电服 棉布工作服	防尘服 阻燃防护服
涉水实验或实习	防水护目镜 防水胶靴 水上作业服 救生衣(圈)	防水服
密闭场所实验	防毒面具(供气或携气) 防化学品手套 化学品防护服	空气呼吸器 劳动护肤剂
沾染性毒物实验	工作帽 防毒面具 防腐蚀液护目镜 防化学品手套 化学品防护服	防尘口罩(防颗粒物呼吸器) 劳动护肤剂
生物性毒物实验	工作帽 防尘口罩(防颗粒物呼吸器) 防腐蚀液护目镜 防微生物手套 化学品防护服	劳动护肤剂

(续)

实验类别	可以使用的防护装备	建议使用的防护装备
噪声实验	耳塞	耳罩
激光实验	防激光护目镜	防放射性服
微波实验	防微波护目镜 防放射性服	微波防护服
腐蚀性实验	工作帽 防腐蚀液护目镜 耐酸碱手套 耐酸碱鞋 防酸(碱)服	防化学品鞋
易污实验	工作帽 防毒面具 防尘口罩(防颗粒物呼吸器) 耐酸碱手套 防静电鞋 一般防护服 化学品防护服	耐油手套 耐油鞋 防油服 劳动护肤剂 其他零星防护用品
低温实验	防寒帽 防寒手套 防寒鞋 防寒服	耳罩 劳动护肤剂
人工搬运工作	安全帽 防机械伤害手套 防砸鞋	防滑鞋
野外实验或实习	防寒帽 太阳镜 防昆虫手套 防水胶鞋 防寒鞋 防水服 防寒服	防冲击护目镜 防滑鞋 劳动护肤剂
一般性实验	一般性防护服 普通防护装备	乳胶手套 白大褂

在选用防护装备时，还需参照相应的选用规范或标准，遵守国家相应的法律法规要求，并根据实际作业情况选择个体防护装备。

(2)选择流程

根据可识别的危险、有害因素进行个体防护装备的选择，选用的流程如图8-1所示。

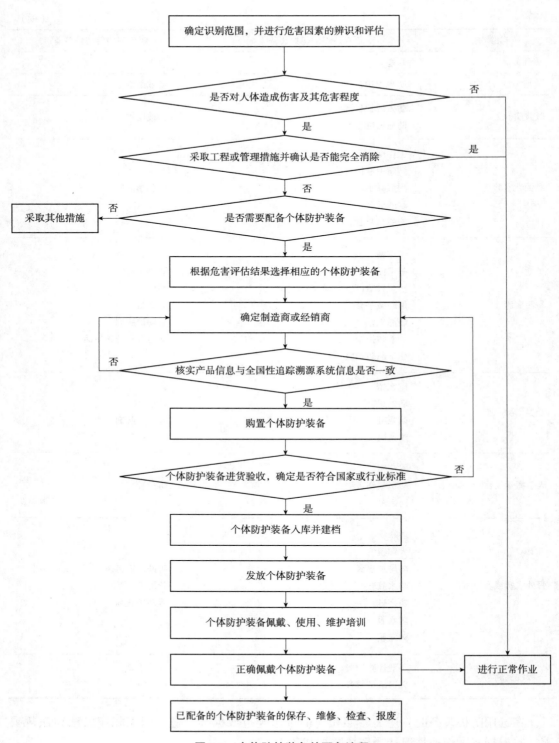

图 8-1　个体防护装备的配备流程

8.2.3 个人防护装备的判废

当出现下列情况之一时,即予判废和更换新品,包括:
①个人防护装备经检验或检查被判定不合格;
②个人防护装备超过有效期;
③个体防护装备功能已经失效;
④个体防护装备的使用说明书中规定的其他判废或更换条件。
被判废或被更换后的个体防护装备不得再次使用。

8.2.4 常用个人手部防护装备介绍

(1) PE手套[图8-2(a)]
可日常使用,具防水、防菌功能;不能用于大部分试剂实验,不能作为实验室手部防护装备。

(2) 丁基橡胶手套[图8-2(b)]
可用于酮类和脂类实验;不可用于脂肪族、芳香族、汽油等试剂实验。

(3) 丁腈橡胶手套[图8-2(c)]
可用于油类、乙醇、酸碱等试剂实验,具有一定的物理防切和耐磨功能;不可用于酮类、氧化性酸、含氮有机物实验。

(4) 乳胶手套[图8-2(d)]
可用于大部分酸类、盐类和含乙醇试剂实验;不可用于芳香族和卤化试剂实验。

(5) 氯丁橡胶手套[图8-2(e)]
可用于有机酸、乙醇、酚类、过氧化试剂实验;不可用于芳香族和卤化试剂实验。

(6) PVC(聚氯乙烯)手套[图8-2(f)]
可用于乙醇和酸类实验;不可用于芳香族、卤化试剂和酮类试剂实验。

(7) PVA(聚乙烯醇)手套[图8-2(g)]
可用于大部分试剂实验;不可用于无机酸和含乙醇试剂实验。

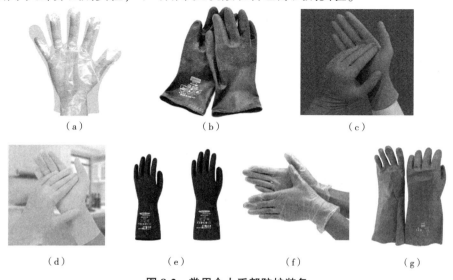

图8-2 常用个人手部防护装备

8.3 个体防护装备管理

个体防护装备在高校实验室安全管理中具有十分重要的地位和作用,它是保障实验室师生员工生命安全和健康的重要装备,是高校体现"以人为本"理念,贯彻落实"安全第一、预防为主"方针的一项重要措施。对防护装备既需要按照防护要求恰当地选择并正确使用,还需加强采购、验收、保管、发放、使用、保养、更新和报废等全过程管理,以保证防护装备的效能充分发挥。

8.3.1 采购管理

①部门应设立个体防护装备专项经费,专款专用。
②编制个体防护装备购置计划,严格按照计划进行采购。
③选择有资质的合格供应商,按学校采购流程进行采购。

8.3.2 验收管理

使用部门应组织开展采购的个人防护装备验收管理,会同设备处或保卫处等管理部门进行督促检查。保证采购的防护装备需符合相关标准:

①采购的特种防护装备必须具有安全生产许可证、产品合格证和安全鉴定证。对一般防护装备,应严格执行其相应的标准。
②防护装备应有效防护人体的各个暴露部位,达到全面防护。
③必须符合安全要求,适用、美观、大方,使职工穿着舒适,佩戴使用方便,不妨碍作业活动。
④防护设备应以轻质材料为主,耐腐蚀,抗老化,对皮肤无刺激,各部、配件的吻合严密,牢固,经济耐用。

8.3.3 保存管理

个人防护用品应分散存放,存放地点有明显标志,在紧急情况需使用的防化服等个人防护器具应分散存放在安全场所,以便于取用。

8.3.4 发放与回收管理

应建立个人防护装备发放室或设专人负责管理,保证用品发放到位。发现个体防护装备有任何缺陷和损坏,应及时回收,避免有问题的个人防护装备流入各实验室。

8.3.5 使用与培训管理

①按照防护要求,正确选择性能符合要求的个体防护装备,绝不能错用或勉强使用。
②使用前应仔细检查,确认所配备的个体防护装备适应防护个体及其防护需要,符合相关标准。确认防护装备各种零部件完好、功能正常,不使用标志不清、破损或泄漏的防护用品。
③实验人员需配备合适的个人防护用品,凡进入实验室人员需穿着质地合适的实验服或防护服。
④按需要佩戴防护眼镜、防护手套、安全帽、防护帽、呼吸器或面罩(呼吸器或面罩

在有效期内，不用时须密封放置）等，在整个实验过程中，必须始终穿戴个体防护装备。

⑤进行化学、生物安全和高温实验时，不得佩戴隐形眼镜。

⑥操作机床等旋转设备时，不穿戴长围巾、丝巾、领带等。

⑦穿着化学、生物类实验服或戴实验手套，不得随意进入非实验区。离开实验室之前，应脱下个体防护装备，按要求做好消毒、清洁、保养工作并存放在规定的地方。不得带出实验场所。

⑧各实验中心应定期开展有针对性的个人防护装备的使用培训教育，让使用者充分了解使用的目的和意义，认真使用。对于结构和使用方法较为复杂的装备，如呼吸防护器宜进行反复训练，让使用者能迅速正确地戴上、卸下和使用，逐渐习惯呼吸防护器的阻力。

8.3.6 检查和保养管理

对个人防护装备妥善的维护保养不但可延长防护装备的使用期限，更重要的是能保证装备的防护效用，避免发生二次污染的情况。

应定期对使用或库存的个人防护装备进行检查记录，时刻掌握防护装备的使用状态和库存状况，并及时添置或更新个人防护装备。

8.3.7 更新和报废管理

对于已不符合国家标准、行业标准或地方标准，与所从事的实验工作类型不匹配，在使用或保管贮存期内遭到损坏或超过有效使用期限，未达到劳动保护安全有关标准或符合报废条件的个体防护装备，应及时报废和更新。

本章小结

本章主要介绍实验室常用的头部防护装备、呼吸防护装备、眼面部防护装备、听力防护装备、手部防护装备、足部防护装备、躯体防护装 7 类个人防护装备。通过对个人防护装备的特性、使用方法和注意事项的介绍，依据高校实验类别，推荐佩戴适宜的个人防护装备，强化个人防护装备的采购、验收、保管、发放、使用、保养、更新和报废等全过程管理，以保证防护装备的效能充分发挥。

课后习题

一、判断题

1. 个体防护装备应按工作场所有害因素、作业类别、工作场所有害因素的测定值、有害物对人体作用部位和人体尺寸进行选用。（　　）
2. 丁基橡胶手适用于酮类、脂类和汽油等试剂实验。（　　）
3. 特种防护装备必须具有安全生产许可证、产品合格证和安全鉴定证。（　　）
4. 穿防静电鞋时应同时穿绝缘的毛料厚袜或使用绝缘鞋垫。（　　）
5. 所选用的个体防护装备与所从事的作业类型不匹配即予判废。（　　）

二、单选题

1. 防静电鞋要求电阻应在(　　)。
   A. $10k\Omega \sim 1000k\Omega$　　　　　　　　　　B. $100k\Omega \sim 1000k\Omega$
   C. $100k\Omega \sim 1000M\Omega$　　　　　　　　　D. $100M\Omega \sim 1000M\Omega$

2. PVC（聚氯乙烯）手套适用于以下哪类实验？（　　）
   A. 芳香族　　　　　B. 酸类　　　　　C. 卤化试剂　　　D. 酮类
3. 不适宜作为实验室手部防护装备的有（　　）。
   A. PE 手套　　　　B. PVA 手套　　　C. 丁腈橡胶手套　D. 乳胶手套
4. 以下呼吸防护装备，属于供气原理和供气方式分类的呼吸防护装备为（　　）。
   A. 过滤式呼吸防护用品　　　　　　B. 自吸式呼吸防护用品
   C. 隔绝式呼吸防护用品　　　　　　D. 口罩式呼吸防护用品
5. 空气呼吸器的工作时间一般可持续多少时间？（　　）
   A. 30 分钟　　　　B. 60 分钟　　　　C. 90 分钟　　　　D. 30~360 分钟

三、简答题

1. 简述个人防护装备的定义。
2. 实验室常用的手部防护装备有哪几种？分别有哪些类型？
3. 所在的实验室有哪些个人防护装备？建议还需配备哪些防护装备？
4. 日常实验室个人防护装备的保存应注意哪些事项？
5. 延长防护装备的使用期限和保证装备的防护效用的措施有哪些？

第9章　实验室安全急救

典型案例

　　2015年12月18日上午，清华大学化学系实验楼一实验室发生爆炸，师生第一时间报警，消防车及救护车紧急赶到现场进行处置，事故造成一名博士后身亡。事故原因是氢气瓶意外爆炸、起火。

　　2008年12月29日，美国加利福尼亚州立大学洛杉矶分校23岁的女研究助理，在把一个瓶子里的叔丁基锂抽入注射器时，活塞滑出了针筒。这种化学制剂遇空气立即着火，而女研究助理当时并未穿防护衣，结果全身遭到大面积烧伤。虽经医院全力抢救，仍于2009年1月16日不治身亡。

● ● ● 学习目标

1. 掌握现场急救基础知识，止血包扎以及热力、电、化学烧伤的急救措施；
2. 熟悉通用防护措施，触电、中毒、昏迷的现场急救；
3. 心肺复苏术（CPR）的实施要点。

● ● ● 重点内容

1. 止血包扎的方法及要领；
2. 烧烫伤、触电、中毒、昏迷的急救措施及注意事项；
3. 心搏骤停概念及心肺复苏的具体实施步骤。

● ● ● 学习建议

1. 结合实验室突发事件，学习现场急救基础知识；
2. 开展实验室安全应急演练，做好实验室安全应急防护。

　　近年来，实验室意外突发事件的发生屡见不鲜，严重威胁人们的生命及安全，造成严重后果。分析事故后可发现，多数事故发生最主要原因是违反实验操作规程或实验操作不慎而导致人员死亡、受伤或中毒。因此，杜绝违规或不当的实验操作是防止事故发生，避免人员伤亡的关键所在。

　　每当这些灾难事故发生时，绝大多数的师生都束手无策，为提高大家的自救、互救能力，本章简单介绍实验室内现场急救的方法，以及现场急救时对伤员进行初步分类与现场急救的基本步骤。希望师生们在面对突发意外的时候，能进行正确的自救、逃生、互救，实现即时性急救，尽可能减少和避免人身伤害或人员伤亡。

9.1 基础急救知识

9.1.1 急救原则

现场急救的实施通常具有突然发生、时间紧迫、不可预测等特点，因此，对施救人员存在着难以估量的艰难与挑战。现场急救的实施须遵守如下原则：

（1）先心肺复苏后固定

对于心跳、呼吸骤停且伴有骨折的伤员，应首先实施心肺复苏术，尽快恢复心、肺功能，判断生命体征，之后再实施骨折部位的固定措施。

（2）先重后轻

依据对现场伤患人员受伤程度的判断，先抢救和处置受伤较重人员，之后抢救受伤较轻的伤员。

（3）先止血后包扎

对于大出血的伤患，先实施止血措施，之后再进行消毒包扎等。

（4）迅速脱离中毒现场

如果发生化学药品泄露事件，尽快疏散现场人员，封锁危险区域及危险物品。对于急性中毒人员，采取迅速撤离有毒现场，尽可能使其置于通风良好的区域再进行进一步施救。

（5）急救和呼救同时进行

如果现场有多名病患，作为施救者必须保持镇定，要思维敏捷，迅速做出反应，急救和呼救同时进行，尽可能早点接受急救外援。

（6）先救治后运送

现场的伤患，应该先对症进行简单有效的处置措施，之后运往医院，途中密切观察伤患情况，如遇病情加重则立即实施抢救工作，以减少伤患病痛及死亡发生。

9.1.2 急救步骤

当意外突然发生时，现场人员要保持沉着、冷静、评估环境安全的同时，尽快、仔细、认真地检查中毒或受伤病人，包括意识、脉搏、呼吸、血压、瞳孔有无异常，是否有出血、骨折、外伤、烧伤等，迅速确定病情。主要急救步骤如下：

①稳定自身情绪，不要惊慌，尽快联系专业医疗机构。现场人员强烈的救护意识和正确的救护方法，将为专业性救助打牢基础。

②尽快排除危险因素，如发现触电时应立即切断电源；一氧化碳中毒时应尽快将伤员置于空气流通处等。

③快速检查生命体征，包括检查伤员意识、呼吸和心跳，如呼吸心跳停止应就地实施徒手心肺复苏术。

④检查伤员有无出血情况，并对症处理。

⑤有效止血后，对伤口进行保护性包扎。

⑥根据伤员情况进行对应应急处理。
⑦安全送医或等待急救车的到达。

9.1.3　几种常见的急救措施

9.1.3.1　止血处理

（1）出血种类

①动脉出血　血色鲜红，出血呈喷射状并与脉搏节律相同。

②静脉出血　血色暗红，血液从伤口不停地涌出。

③毛细血管出血　血色鲜红，从伤口缓慢渗出。

（2）常见止血方法

常见的止血方法有包扎止血、加压包扎止血、指压止血、止血带止血。一般的出血可以使用包扎、加压包扎止血。四肢的动、静脉出血如使用其他方法止血的，就不用止血带止血。整体止血操作要点如下：

①做好自我防护，可使用医用手套，如无可用敷料、干净布片、塑料袋、餐巾纸作为隔离层。

②脱去或剪开衣服，暴露伤口，检查出血部位。

③根据出血的部位以及出血量的多少，采用不同的止血方法。

④不要对嵌有异物或骨折断端外露的伤口直接压迫止血，不要去除血液浸透的敷料，而应在其上方另加敷料并保持压力。

⑤肢体出血应将受伤区域抬高到超过心脏的高度。

⑥如必须用裸露的手进行伤口处理，在处理完毕之后，用肥皂清洗手。

⑦止血带在万不得已的情况下方可使用。

不同止血方法的具体适用情况、分类及处置步骤如下：

①包扎止血　适用于表浅伤口出血量少的情况。

a. 粘贴创可贴：先粘贴在伤口的一侧，向对侧拉紧。

b. 敷料包扎：足够厚的敷料覆盖在伤口上，覆盖面积超过伤口周边至少3cm。

c. 就地取材：选用手帕、纸巾、清洁敷料等。

②加压包扎止血　适用于全身各部位小动脉、静脉、毛细血管出血。用敷料和洁净的毛巾、手帕、三角巾等覆盖伤口，加压包扎，达到止血目的。

a. 直接压法：伤员坐位或卧位，抬高伤肢；检查伤口有无异物；如无异物，用敷料覆盖伤口，敷料要超过伤口周边至少3cm，如果敷料已被血液浸湿，再加上另一敷料；用手施加压力直接压迫；用绷带、三角巾等包扎。

b. 间接压法：伤员坐位或卧位；伤口有异物，如扎入人身体导致外伤出血的剪刀、小刀、玻璃片等；保留异物，并在伤口边缘将异物固定；然后用绷带加压包扎。

③指压止血法　手指按压近心端的动脉。阻断动脉血运，能有效达到快速止血的目的。指压止血法适用于血量多的伤口。

要准确掌握动脉压迫点；压迫力量要适中，以伤口不出血为准；压迫10~15分钟，仅是短暂急救止血；保持伤处肢体抬高。

常用指压止血部位有：

a. 颞浅动脉压迫点：用于头顶部出血，一侧头顶部出血时，在同侧耳屏前上方 1.5cm 处，用拇指按压颞浅动脉止血。

b. 肱动脉压迫点：肱动脉位于上臂中段的内侧，位置很深。前臂出血时，在上臂中段的内侧摸到肱动脉搏动后，用拇指按压止血。

c. 桡、尺动脉压迫点：桡、尺动脉在腕部掌面两侧。腕及手出血时，要同时按压桡、尺动脉方可止血。

d. 股动脉压迫点：在腹股沟韧带中点偏内侧的下方能摸到股动脉的搏动。用拳头或掌根向外上方压迫，用于下肢大出血。股动脉在腹股沟处位置表浅，该处损伤时出血量大，要用双手拇指同时压迫出血点的两端，压迫时间也要延长。如果转运就医时间长应试行加压包扎。

e. 腘动脉压迫点：在腘窝中部摸到腘动脉搏动后用拇指或掌根向腘窝深部压迫，用于小腿及以下严重出血。

f. 手指伤口出血：用拇指和食指掐住伤指根部两侧的指动脉。

④止血带止血 四肢有大血管损伤，或伤口大、出血量多时，采用以上止血方法仍不能止血，方可选用止血带止血的方法。

上止血带的部位要正确，上肢在上臂的上 1/3 处，下肢在大腿的中上部；上止血带的部位要有衬垫，松紧适度；记录上止血带的时间，每隔 40~50 分钟要放松 3~5 分钟；放松止血带期间，要用指压法、直接压迫法止血，以减少出血。

布料止血带止血仅限于在没有上述止血带的紧急情况时临时使用。因布料止血带没有弹性，很难真正达到止血的目的，如果过紧会造成肢体损伤或缺血坏死，因此，仅可谨慎地短时间使用。禁止用铁丝、绳索、电线等当作止血带使用。

使用布料止血带止血时要将三角巾或围巾、领带等布料折叠成带状；将上臂的上 1/3 段或大腿中上段垫好衬垫（绷带、毛巾、平整的衣物等）；用制好的布料带在衬垫上加压绕肢体一周，两端向前拉紧，打一个活结；取绞棒（竹棍、木棍、笔、勺把等）插在带状的外圈内，提起绞棒绞紧，将绞紧后的棒的另一端插入活结小圈内固定；最后记录止血带安放时间。

9.1.3.2 包扎处理

（1）绷带包扎

①环形包扎法 适用于出血量少，肢体粗细较均等的伤口包扎（图 9-1）。辅料覆盖伤口，用左手将绷带斜状固定在敷料上，右手持绷带卷环形绕肢体包扎一圈，将斜出的一角压入环形圈内，环形第二圈，每圈覆盖前一圈，且辅料不能超出绷带边缘；粘贴或绷带尾端中间剪开，先两布条打结再绕肢体打结固定。

图 9-1 环形包扎法

②螺旋包扎法　适用于肢体躯干位置的包扎(图9-2)。无菌敷料覆盖伤口，先环形两圈；从第三圈开始，环绕时压住前一圈的1/2或者2/3，最后环形两圈结束在进行端，固定。

③回返包扎法　适用于头部、肢体末端或断肢部位的包扎(图9-3)。用无菌敷料覆盖伤口，环形固定两圈；左后食指握住伤肢腕关节，过伤端呈扇形上下回返包住断肢处，然后在断肢处环形两圈后螺旋包扎，上圈压下圈的1/2或者2/3处。

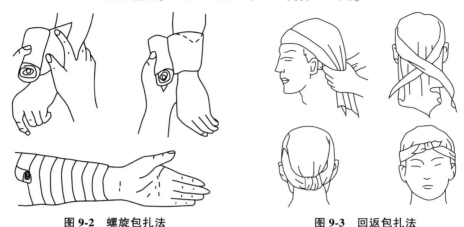

图9-2　螺旋包扎法　　　　　　　图9-3　回返包扎法

④螺旋反折包扎法　用于肢体上下粗细不等部位的包扎，如小腿、前臂等(图9-4)。先用环形法固定始端；每圈反折一次，反折时，以左手拇指按住绷带上面的正中处，右手将绷带向下反折，再向后绕并拉紧。反折处不要压在伤口上。

⑤"8"字包扎法　"8"字包扎适用于手掌、踝部及其他关节处伤口，选用弹力绷带最佳(图9-5)。无菌敷料覆盖伤口；包扎手时从腕部开始，先环形缠绕两圈；绕伤处拉到手指；露出四指，环行一圈(观察血液循环)；然后经手和腕"8"字缠绕；最后绷带尾端在腕部固定；包扎关节时绕关节上下"8"字缠绕。

图9-4　螺旋反折包扎法　　　　　　　图9-5　"8"字包扎法

(2)三角巾包扎

三角巾是一种便捷好用的包扎材料，还可作为固定夹板、敷料及代替止血带使用，适合对肩部、胸部、腹股沟部和臀部等不易包扎的部位进行固定。使用三角巾的目的是保护伤口，减少感染，压迫止血，固定骨折，减少疼痛。

①单肩包扎法　把三角巾一底角斜放在胸前对侧腋下，将三角巾顶角盖住后肩部，用顶角系带在上臂三角肌处固定，再把另一个底角上翻后拉，在腋下两角打结(图9-6)。

图 9-6　单肩包扎法

②双肩包扎法　将三角巾底边放在两肩上,两侧底角向前下方绕腋下至背部打结,顶角系带翻向胸前,在两侧肩前假扣扎紧固定(图 9-7)。

③胸部包扎法　抢救者面对伤员,将三角巾折成燕尾状,燕尾夹角约 100°,并将顶角系带拉出,再将燕尾巾放在胸前,夹角对准胸骨上窝,两燕尾角分别遮盖两肩部至尾部。抢救者到伤员背后,将三角巾底边于背后打结,再将燕尾角带拉紧,与另一边燕尾打结(图 9-8)。

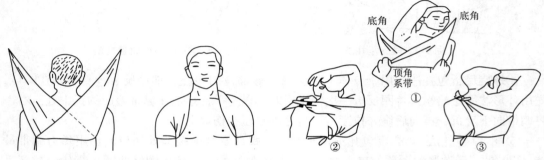

图 9-7　双肩包扎法　　　　　　图 9-8　胸部包扎法

④肘部包扎法　将三角巾一折二,手肘放在中间,然后两角在肘窝交叉,围绕肘关节在外侧打结固定(图 9-9)。

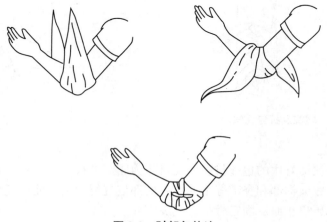

图 9-9　肘部包扎法

9.1.3.3 心肺复苏(CPR)

心肺复苏(cardiopulmonary resuscitation，CPR)是指应对心搏、呼吸骤停采取的抢救措施，采用心脏按压或其他方法形成暂时性的人工循环并恢复心脏自主搏动和血液循环，实施人工呼吸建立肺通气条件，尽快恢复自主呼吸。2020年8月，中国红十字会总会和教育部联合印发《关于进一步加强和改进新时代学校红十字工作的通知》，将学生健康知识、急救知识，特别是心肺复苏纳入教育内容。

成功的心肺复苏，要求心脏恢复自主跳动，呼吸恢复自主呼吸，还要保证中枢神经系统功能。因为心搏骤停到细胞坏死的时间以脑细胞最短，如果脑组织没有得到充足的血液灌注和保护，那么即使心跳恢复，也可能出现严重的脑损伤甚至是脑死亡。因此，这项争分夺秒的救援行动，又称为心肺脑复苏(cardiopulmonary cerebral resuscitation，CPCR)。

2010年美国心脏协会(American Heart Association，AHA)和国际复苏联盟(International Liaision Committee on Re-suscitation，ILCOR)发布的心肺复苏和心血管急救指南，由2005年的四早生存链改为五个链环(图9-10)来表达实施紧急生命支持的重要性：①立即识别心脏停搏并启动应急反应系统；②尽早实施心肺复苏CPR，强调胸外按压；③快速除颤；④有效的高级生命支持；⑤综合的心脏骤停后治疗。

图 9-10 心肺复苏和心血管急救五个链环

心脏跳动停止者，如在4分钟内实施初步的CPR，在8分钟内由专业人员进一步心脏救生，死而复生的可能性最大。因此，时间就是生命，速度是关键，初步简易的CPR按下述操作进行。

(1) 开放气道(Airway)

拍摇患者并大声询问，手指甲掐压人中穴约5秒，如无反应表示意识丧失。这时应使患者水平仰卧，解开颈部纽扣，注意清除口腔异物，使患者仰头抬颏，用耳贴近口鼻，如未感到有气流或胸部无起伏，则表示已无呼吸。

(2) 口对口人工呼吸(Breathing)

在保持患者仰头抬颏前提下，抢救者将患者鼻孔闭紧，用双唇密封包住患者的嘴，做两次全力吹气，同时用眼睛余光观察患者胸部，操作正确应能看到胸部有起伏并感到有气流逸出。每次吹气间隔1.5秒，在这个时间抢救者应自己深呼吸一次，以便继续口对口呼吸，直至专业抢救人员的到来。

(3) 人工循环(Circulation)

检查心脏是否跳动，最简易、最可靠的是检查颈动脉。抢救者用2~3个手指放在患者气管与颈部肌肉间轻轻按压，时间不少于10秒。

如患者停止心跳，抢救者应握紧拳头，拳眼向上，快速有力猛击患者胸骨正中下段一次。此举有可能使患者心脏复跳,如一次不成功可按上述要求再扣击一次。如心脏不能复跳,就要通过胸外按压,使心脏和大血管血液产生流动。以维持心、脑等主要器官最低血液需要量。

下面将详细介绍针对成人的心肺脑复苏术的准备及实施。

(1) 心搏骤停的识别

①评估环境　脱离伤害源迅速评估判断事发地点是否安全,在危楼、危墙、暴恐等情况下禁止抢救。根据现场不同的受害情况火速采取不同措施,使病人脱离受伤现场:触电者迅速脱离电源;急性中毒者立刻脱离中毒现场;溺水者迅速打捞;酸碱烧灼立即用清水冲洗皮肤;火灾现场的受害者即刻转移等。

②判断其意识　在安全的环境中,施救者判断患者的意识。可直呼其名或者轻拍其肩,并大声呼喊"你还好吗?"或"你怎么啦?"判断其意识。

③检查患者是否有呼吸　一经发现成人无呼吸或呼吸异常,如出现仅有喘息的呼吸,应即刻采取复苏措施,判断时间不能超过 10 秒。

(2) 启动紧急医疗服务(emergency medical service,EMS)并获取自动体外除颤仪(图 9-11)

如患者已经失去意识且呼吸异常或无呼吸,在我国境内应立即拨打 120,启动应急救援系统,取来自动体外除颤仪(automated external defibrillator,AED),尽快实施心肺复苏术(CPR),在需要的时候立即进行除颤。

①如发现患者无反应无呼吸,急救者应启动 EMS 体系(拨打 120),取来 AED(如果有条件),对患者实施 CPR,如需要时立即进行除颤。

②如有多名急救者在现场,其中一名急救者按步骤进行 CPR,另一名启动 EMS 体系(拨打 120),取来 AED(如果有条件)。

③在救助淹溺或窒息性心脏骤停患者时,急救者应先进行 5 个周期(2 分钟)的 CPR,然后拨打 120 启动 EMS 系统。

若有自动体外除颤仪(AED),心搏骤停发生后 3~5 分钟内进行电除颤,则复苏的成

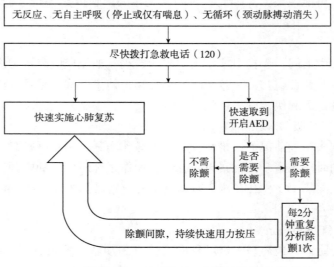

图 9-11　CPR 及 AED 操作流程

功率达50%以上。电除颤的进行每延迟1分钟，复苏成功率就会下降7%~10%。所以，心电监测提示有无脉性室性心动过速或心室纤颤，应立刻实施电除颤。

如果心搏骤停发生在院外，应先进行心肺复苏术(CPR)的同时，尽快启动应急反应系统并准备除颤。目前主要应用具有语音提示和屏幕显示指导操作的自动体外除颤仪(AED)，它是一种便携式的、操作非常简便的急救设备，适用于无反应、无呼吸和无循环体征(包括室上速、室速和室颤)的患者，即使是非医务人员也可以进行，为患者争取救命的宝贵时间。自动体外除颤仪的使用可将复苏的成功率提高2~3倍。与医院中专业除颤器比较，自动体外除颤仪本身会自动读取患者心电图并判断和决定是否需要电击。给患者贴上电击贴片后，它即可自己判断并产生电击。

2010年新指南建议应用AED时，给予一次电击后不要马上检查心跳或脉搏，而应该重新进行胸外按压，循环评估应在实施5个周期CPR(约2分钟)后进行。因为大部分除颤器可一次终止室颤，而室颤终止后数分钟内，心脏并不能有效泵血，立即实施CPR十分必要。

> 2015年3月15日，在太湖举行了国际马拉松赛事。当天9：17，一位选手倒地，9：18，第1名急救队员到达，确认无反应无呼吸，开始心肺复苏术；9：19，第2名急救队员到达，接替心肺复苏术；9：20，第3、第4名急救队员携带自动体外除颤仪到达，给予除颤；9：21，选手呼吸恢复，意识恢复，较为烦躁；9：25，救护车赶到，送往医院；短短几分钟，一个鲜活的生命，从心脏停止跳动，到死而复生，创造了奇迹，是中国首例马拉松"猝死"自动体外除颤仪施救成功案例。

自动体外除颤仪具体使用步骤如下(图9-12)：

①打开自动体外除颤仪　开启盖子，按照屏幕显示和语音提示进行实际操作。

②给患者贴电极　具体贴电极位置参考自动体外除颤仪机壳上的图样和电极板上的图片说明即可，通常是贴在右胸上部和左胸左乳头外侧。目前也有一体化电极板的AED。贴电极时也有一些特殊情况，如有患者胸壁有体毛，应以最快速度剃掉；如果是胸壁有水分，请迅速将其擦干。

③将电极板插头插入自动体外除颤仪主机插孔。

④分析心律，在必要时除颤　在自动体外除颤仪开始进行自动分析心律期间，不要接触患者，因为即便是轻微的触动也有可能影响自动体外除颤仪的分析及决定。分析完毕后，自动体外除颤仪将会提示是否进行除颤，当要进行除颤时，请不要与患者接触，并告之附近的其他所有人散开，远离患者，由施救者按照语音提示或屏幕显示进行操作。

⑤一次除颤后马上实施心肺复苏　一次除颤后不要马上检查心搏或脉搏，因为除颤可消除和终止心室颤动，但是心室颤动终止后，心脏并不能马上恢复有效泵血，所以必须马上实施心肺复苏，一般进行5个周期心肺复苏，然后再次分析心律，除颤，心肺复苏，反复进行，直至专业急救人员的到来。

若暂时无自动体外除颤仪(AED)，则应在等待过程中按后续步骤逐步抢救。

(3)判断是否有颈动脉搏动

患者仰头，急救人员一手摁住前额，用另一只手的食指和中指在甲状软骨旁胸锁乳突

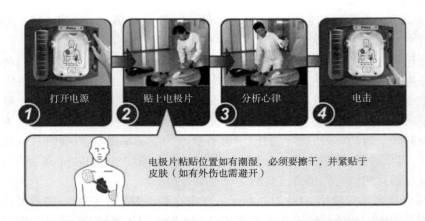
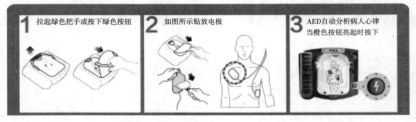
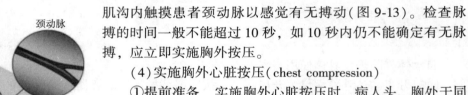

图 9-12　自动体外除颤仪使用步骤

图 9-13　判断颈动脉

肌沟内触摸患者颈动脉以感觉有无搏动(图 9-13)。检查脉搏的时间一般不能超过 10 秒,如 10 秒内仍不能确定有无脉搏,应立即实施胸外按压。

(4)实施胸外心脏按压(chest compression)

①提前准备　实施胸外心脏按压时,病人头、胸处于同水平,尽量平卧于硬板或地面上,实施者立于或跪在病人一侧。

②按压位置　两乳头连线中点或剑突上两横指,即胸骨中下 1/3 处。

③操作手法　用一只手掌跟紧贴病人的胸壁,另一只手重叠在该手背上,十指相扣,下面手的手指翘起,双肘关节伸直,双肩在患者胸骨上方正中,用上身力量用力按压,按压的方向与胸骨垂直。按压时手指不得压在胸壁上,以免引起肋骨骨折。上抬时手不离胸,以免移位,垂直按压,以免压力分散(图 9-14)。

a. 按压频率:频率至少 100 次/分钟,2015 年国际心肺复苏和心血管急救指南提出施救者应以 100~120 次/分钟的速度进行胸外按压较为合理。

b. 按压深度:至少 5cm,但也要避免按压深度过深(>6cm),施救人员不得倚靠在患者胸上,保证每次按压后胸廓能够充分回弹。

c. 注意事项:成人单人按压 30 次。按压时间与放松时间之比 1:1,即使放松掌根部也不能离开胸壁,保证按压点不移位。为保证按压效率,胸外按压在整个心肺复苏中的目标比例应不少于 60%。人工循环时间因病人年龄、身体状况而定,但对触电、溺水、煤气中毒病人,按压时间要稍长些。

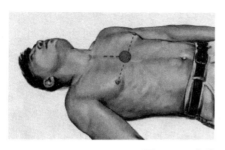

图 9-14　胸外心脏按压部位及姿势

胸外按压法于 1960 年提出后，曾一直认为胸部按压可使位于胸骨和脊柱之间的心脏受到挤压，引起心室内压力的增加和房室瓣的关闭，从而促使血液流向肺动脉和主动脉，按压放松时，心脏则"舒张"而再度充盈，此即为"心泵机制"。但这一概念在 1980 年以后受到"胸泵机制"的严重挑战，后者认为按压胸部时胸膜腔内压增高并平均地传递至胸腔内所有腔室和大血管，由于动脉不萎陷，血液由胸腔内流向周围，而静脉由于萎陷及单向静脉瓣的阻挡，压力不能传向胸腔外静脉，即静脉内并无血液返流；按压放松时，胸膜腔内压减少，当胸膜腔内压低于静脉压时，静脉血回流至心脏，使心室充盈，如此反复。不论"心泵机制"或"胸泵机制"，均可建立有效的人工循环。

2015 年，国际心肺复苏和心血管急救指南强调，要进行快速有效有力的胸外按压，尽可能避免中断，如若过多发生中断，会造成冠状动脉和脑血流中断，影响复苏的成功率。

（5）实施人工呼吸（artificial respiration）

人工呼吸是指针对自主呼吸停止的急救措施。通过徒手或机械装置被动地将空气有节律地吹入肺内，胸廓和肺组织的弹性回缩力又促使进入肺内的气体呼出，尽可能减轻缓解患者缺氧和二氧化碳滞留，以此代替自主呼吸（图 9-15）。

有两种方法可以开放气道提供人工呼吸：仰头抬颏法和推举下颌法。后者仅在怀疑头部或颈部损伤时使用，因为此法可以减少颈部和脊椎的移动。

遵循以下步骤实施仰头抬颏：将一只手置于患者的前额，然后用手掌推动，使其头部后仰；将另一只手的手指置于颏骨附近的下颌下方；提起下颌，使颏骨上抬。

在人工呼吸操作前必须迅速地作好准备：

①伤员的呼吸道要通畅无阻，以使气体容易进出。要检查口、鼻有无泥草、痰或其他分泌物，如有应予清除。

②松开伤员的衣领、裤带、胸罩，使外界没有阻碍胸廓的影响，使肺脏伸缩自如。

③如有活动的假牙应立即取出，以免坠入气管。

④要求操作方法上，原则上不加重或无害于身体已有的损伤。这就要操作前察看伤情，决定好先用何种人工呼吸法。

在进行人工呼吸前，不需要深吸气，正常呼吸即可。无论实施哪种人工呼吸，必须要吹气 1 秒以上，确

图 9-15　人工呼吸

保胸廓起伏。如果未能引起胸廓起伏，需再次仰头抬颏，实施再一次人工呼吸。每一次吸入或呼出的气量以500~600mL为宜，也要避免多次吹气或吹入气量过大造成过度通气。

在事发现场进行人工呼吸有口对口方法，口对面罩、球囊-面罩装置等。在医院内抢救呼吸骤停患者应用呼吸机。

口对口人工呼吸的具体步骤如下：

首先，救助员用压前额手的拇、食指捏紧患者鼻翼，正常吸气后，用双唇包裹患者口唇外缘，缓慢匀速吹气1秒（救助员心里匀速默念1-0-0-1），余光看到伤者胸廓轻微隆起即可。

其次，救助员松开患者鼻子并脱离口唇，观察患者胸廓是否回落，如回落即为吹气有效，如不回落应考虑气道开放角度不够，尽快重新开放气道吹气（图9-16）。

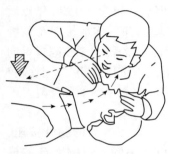

图9-16 观察胸廓

对于面部受伤或口腔不能打开的患者，要进行口对鼻人工呼吸。施救者首先开放患者气道，用嘴封住患者的鼻子，抬高患者的下巴封住口唇，对着患者鼻孔内用力深吹一口气，之后移开嘴并将患者的口唇张开，让气体呼出。建立高级气道基础上，每6~8秒进行一次通气，呼吸频率控制在8~10次/分钟。在此通气期间，不需要停止胸外心脏按压。

球囊-面罩装置在没有建立高级气道时也可以产生正压实现通气。具体操作：开放气道，清除患者口腔异物，将面罩紧密置于面部，紧紧贴住皮肤。一只手拇指和食指置于面罩边缘呈"C"形，将面罩固定于患者面部，其余三指以"E"形状托住患者下颌。另一只手均匀挤压气囊，不宜用力过大或过小，尽可能保证均匀，以免损伤肺组织及使过多气体被挤压到胃部。这样的手法被称为"EC"形手法固定。用1L容量的球囊要挤压其2/3为宜，用2L容量的球囊要挤压其1/3为宜。

无论使用哪种人工呼吸，都要避免过度通气和通气不足。过度通气会造成脑部血管收缩，颅内压升高，脑血流量减少，并且会引起胸腔内压升高，导致回心血量减少，搏出量减少；通气不足则会导致缺氧和二氧化碳滞留。如果吸气量过大或吸气时间过快，会导致咽部压力过大，使气体进入食管和胃，出现胃胀气，其严重后果可导致膈抬高，肺不易扩张，肺容量减少，影响肺通气。

(6) 心肺复苏成功的标准

非专业急救者应持续CPR直至获得AED和被EMS人员接替，或患者开始有活动，不应为了检查循环或检查反应有无恢复而随意中止CPR。对于医务人员应遵循下述心肺复苏有效指标和终止抢救的标准：

①心肺复苏有效指标

a. 颈动脉搏动：按压有效时，每按压一次可触摸到颈动脉一次搏动，若中止按压搏动也消失，则应继续进行胸外按压，如果停止按压后脉搏仍然存在，说明病人心搏已恢复。

b. 面色（口唇）：复苏有效时，面色由发绀转为红润，若变为灰白，则说明复苏无效。

c. 其他：复苏有效时，可出现自主呼吸，或瞳孔由大变小并有对光反射，甚至有眼球活动及四肢抽动。

②终止抢救的标准　现场CPR应坚持不间断地进行，不可轻易作出停止复苏的决定，

如符合下列条件者，现场抢救人员方可考虑终止复苏：
a. 患者呼吸和循环已有效恢复。
b. 无心搏和自主呼吸，CPR 在常温下持续 30 分钟以上，EMS 人员到场确定患者已死亡。
c. 有 EMS 人员接手承担复苏或其他人员接替抢救。

9.2 火灾及爆炸

9.2.1 火灾与火灾事故的定义

火灾是指在时间或空间上失去控制的燃烧所造成的灾害。在实验室各种事故中，火灾是最经常、最普遍的但往往也是伤害最严重的事故。火灾在发生时常会伴随有爆炸的危险。这就意味着救火时候的爆炸也将会导致二次事故的发生，事故应急措施得当能使损失降到最低。

火灾事故的应急过程主要以扑救火灾、医疗救治、抢救贵重设备等为主要任务。消防安全事故突发时能及时有效地进行应急处置，所有实验人员在保证自身安全的情况下，服从专人指挥最大限度地保证师生人身安全和学院财产安全，按照"救人第一和快速有效"的事故处理原则，及时灭火、抢险、消除险情、控制事态发展，将事故损失降低到最小。

9.2.2 火灾事故应急程序

9.2.2.1 拨打应急电话

当发生事故时，我们需要拨打应急电话告知现场的紧急情况，请求援助。应急电话包括火警 119、急救 120 以及单位或企业负责人及安防部门。一般来说，单位或企业负责人对本单位的实验室或生产现状更清楚，对小范围化学火灾等事故的应急处理措施相比政府消防单位可以更有针对性和更及时，因此发生小型火灾等应急事故时，首先应向直属单位或企业负责人准确清晰地汇报现场情况，单位或企业负责人要及时准确地做出处理的决策，并赶赴现场指挥处理。如发生有人员受伤的情况，还需马上通知 120，寻求医疗援助；如有发生人员被困灾害现场，还需马上通知消防保卫部门营救被困人员。

9.2.2.2 应急行动现场处理

火灾发生时要根据火势严重程度，组织本单位消防成员灭火或向 119 指挥中心报警，同时向本单位第一责任人和第一指挥人汇报，第一指挥人根据情况可随时调集消防成员赶赴火灾现场。在第一责任人、第一指挥人、内部或外部增援力量未到事故现场以前，发现事故人员应迅速组织义务消防队员实施灭火扑救。首先要切断电源，利用就近的灭火器、消防栓、铁锹等工具进行灭火，以足够的灭火力量和最快的速度消灭初起火灾。单位第一责任人在火灾发生后要及时抽调人员成立临时指挥组，负责调动人员、车辆、疏散、供水、医疗及抢救等工作，配合消防部门灭火，查明火灾原因及损失，并拿出处理意见，同时向治安防控中心汇报。救援组长负责指挥现场伤员的救治工作，必要时迅速拨打 120 急救电话。

火灾的应急处理主要包括以下几个方面。

(1) 火场救人

①疏散人员　在疏散时应使受困人员有秩序地撤离火场。寻找人员时要进入室内主动呼喊，观察动静，注意倾听辨别哪里有呼救声、喘息声和呻吟声，要注意搜寻出口（如门窗、走廊等处）；在药品库、实验室和准备室寻人时，应特别注意设备和机器附近是否有需救助者。

②救人的方法　对于神志清醒，但在烟雾中辨不清方向或找不到出口的人员，可指明通道，让其自行脱险，也可直接带领他们撤出，当救人通道被切断时，应借助消防梯、安全绳等设施将人救出；遇有烟火将人员围困在建筑物内时，应借用消防水枪开辟出救人的通道，并做好掩护；救援人员也可以用浸湿的衣服、被褥等将被救者和自身的外露部位遮盖起来，防止被火焰灼伤。

(2) 转移物资

受到火势威胁的物资应予转移，如妨碍或影响火情侦察、灭火、救援人员行动等的物资；超过建筑物承重的物资，用水扑救会使建筑物内单位面积上的重量猛增，有引起楼板变形、塌落的危险时，应将物资转移到安全地带；有些物资因体积大、分量重或因数量多、火势迅猛而来不及转移的，可采用阻燃、防水材料遮盖或用水枪冷却等方法进行保护。

(3) 警戒与治安

由保卫处负责在火灾事故现场周围建立警戒区域，实施现场通道封闭，维护火灾现场治安秩序，防止与应急救援无关的人员进入火灾现场，保障救援队伍、物资运输和人群疏散等交通的畅通。

(4) 人群疏散与安置

在火灾事故应急预案中，应对疏散的紧急情况和决策、预防性疏散准备、疏散区域、疏散距离、疏散路线、疏散运输工具、安全庇护场所以及回迁等做出细致的规定和准备，应考虑疏散人群的数量、所需要的时间及可利用的时间、环境变化等问题。对已实施临时疏散的人群，要做好临时安置。

(5) 应急行动组织善后、恢复

善后处理组由二级单位、人事处和财务处组成，负责伤亡人员家属的接待、安抚、抚恤和善后处理工作，负责因处理事故引起的法律诉讼、保险索赔等事宜。应急抢险单位在火灾事故抢险工作结束后，对参与火灾事故应急的人员进行清点，使用的抢险物资与装备安排专人进行清点和回收。对使用现场配置的消防器材要及时补配到位。在充分评估危险和应急情况的基础上，经火灾事故指挥部批准，由现场指挥人员宣布应急结束。

9.3　烧伤

9.3.1　烧伤概念

烧伤或烫伤指火焰、热液、高温气体、炽热金属液体或固体、激光等各类热源因素导致的组织损伤。烧伤是一种常见的意外外伤，需紧急处理。轻者损伤皮肤，损伤处出现水疱、肿胀、疼痛等表现；重者会使皮肤烧焦，甚至会累及血管、神经、各器官及系统，由此引起的剧痛和皮肤渗出会引发休克、感染、败血症等，直至危及生命。

9.3.2 烧伤伤情判断

（1）Ⅰ度烧伤

仅损伤表皮浅层。表皮发红，轻度红肿，表皮屏障功能存在，3~7天痊愈，短期内有色素沉着，但不会形成瘢痕，如阳光灼伤及沸水烫伤等。

（2）Ⅱ度烧伤

①浅Ⅱ度烧伤　烧伤延伸至浅乳头状真皮，表现有形成淡黄色液体的水疱，伴有明显的疼痛，表面发红且潮湿。愈合周期需要7~14天。多数有色素沉着，但是一般不留疤痕。

②深Ⅱ度烧伤　累及网状真皮层，残留皮肤附件。与浅Ⅱ度烧伤比较，潮湿皮肤明显减少，白色夹杂着红斑的色泽，压之不会褪色，有刺痛感，但迟钝。愈合周期需要14~28天。因为绝大多数真皮丧失，会形成比较严重的疤痕，如生活中被热油烫伤等。

（3）Ⅲ度烧伤

累及真皮全层甚至皮下组织、肌肉、骨骼等。以硬皮革样焦痂为特征，无痛感，呈黑白或焦黄色甚至出现碳化，其愈合需要植皮。

9.3.3 烧伤创面处理

9.3.3.1 判断烧伤后的基本情况

通过目测烧伤的面积大小、受伤处疼痛与否、颜色等判断烧伤后的基本情况。救护人员不能直接用手接触烧伤部位，也不能涂抹任何油脂类的物质或化妆品，烧伤部位若不清洁，容易引发感染。

9.3.3.2 处理方法

（1）救护原则

尽快去除致伤原因，脱离烫伤现场，保护创面，预防感染，尽快就医，对危及生命的情况采取合理救治措施。

（2）救护具体方法

①迅速去除致伤原因　劝阻伤员衣服着火时站立或奔跑呼叫，以防止头面部烧伤或吸入性损伤；火速撤离密闭和通风不好的现场。

②冲水冷疗　轻度烧伤，伤口处很痛，及时（越快越好）冷疗能防止热力继续作用于创面，可减轻疼痛、减少局部渗出和水肿，使组织细胞的损伤减弱。一般适用于中小面积烧伤，尤其是四肢烧伤。方法是用自来水冲洗，水温15~20℃，或用冷水浸湿的毛巾、纱垫等敷于创面，不需要包扎，具体冲洗的时间可以根据伤者的感觉，以疼痛消失或明显减轻为标准。如果不能及时冲洗，也可浸泡在15~20℃的冷水中，可达到相同降温与止痛效果。

③脱衣物　在烧伤处有衣物覆盖时，应该先用冷水降温，然后小心地褪去衣物，如果衣物与皮肤粘住，应尽可能避免对皮肤的二次损伤，可用剪刀小心剪开。如烧伤发生在上肢，应为伤者除去戒指、手镯等首饰，避免肢体肿大而引发坏死。

④覆盖　对烧伤处做好应急处理后，在前往医院就医的途中，一定要保护好创面，用无菌纱布或者保鲜膜覆盖（不能用毛巾），避免细菌的侵袭。

⑤保持呼吸道通畅　火焰烧伤常伴烟雾、热力等吸入性损害，应保持呼吸道通畅。对于一氧化碳中毒者应移至通风处，有条件应该尽快吸入氧气。

⑥其他救治措施　严重口渴、烦躁不安者常提示已发生休克，如现场具备静脉点滴的条件，尽快输液；如果不具备，则及时口服含盐饮品。安慰并鼓励患者，让伤员尽可能保持情绪稳定。

⑦运送　对于重度烧伤的患者，在运往医院途中，一定要密切观察血压、呼吸、心跳等，避免发生休克、心脏骤停等意外，如果发生及时实施人工呼吸和胸外按压。所以，运送途中最好有专业医护陪同，给予静脉输液治疗，保持呼吸道通畅。

9.3.4　烧伤急救的注意事项

（1）用水冲洗时注意事项

不能选择冰水，以免发生冻伤。禁止在伤口处涂抹各种物质，如牙膏、酱油、醋、紫药水、有色药膏、黄油等，其中，酱油和米醋会影响医生对伤口大小的判断，牙膏、药膏、黄油不利于伤口的散热。

（2）请不要擅自弄破水疱，以免留下疤痕

如果水疱的位置处于关节处容易破损，需用消毒针扎破，对于已经破裂的水疱用消毒棉擦干水疱周围的液体。

（3）处理烫伤过于严重的情况

暴露伤口或用敷料覆盖，及时去医院就诊。严禁冰敷，勿涂抹药膏。

（4）不要自行剥掉烧伤的死皮

不要自行剥掉烧伤的死皮，尽可能防止恢复过程中感染或疤痕形成。

9.3.5　电烧伤

因电引起烧伤有两种，由电火花导致的烧伤称为电弧烧伤，其性质和处理方式与火焰烧伤相同；由电流通过人体而引起的烧伤称为电烧伤。电烧伤的严重程度与电流的强度、交流或直流、频率、电压、接触部位的电阻、接触时间长短以及电流在体内的路径等因素均有关系。

由于电压越高，电流强度越大，而人体内各个组织的电阻不同，电阻的大小顺序为骨、脂肪、皮肤、肌腱、肌肉、血管和神经，所以电流导入人体后，导致的局部损害程度不同。如骨的电阻大，局部产生的热能大，就会在骨骼周围形成"袖套式"坏死；交流电对心脏的损害很大，如果电流通过脑、心等重要器官，其导致的结果很严重；当电流通过肢体时，会导致剧烈的挛缩，在关节曲面常形成电流短路，造成在肘、腋、膝、股等处出现"跳跃式"深度烧伤。

9.3.5.1　临床表现

（1）全身性损害

轻症表现有头晕、恶心、心悸或暂时性意识障碍；重症表现有昏迷，呼吸、心搏骤停，如果得到及时有效救治可恢复。电休克恢复后，可能会遗留一些后遗症，如头晕、头疼、心悸、耳鸣、眼花、听力下降、视力模糊等，后期多数可自行恢复。

（2）局部损害

电流通过人体，有入口也有出口，通常入口处的伤比出口处的重。入口处的组织常被碳化，形成裂口或洞，伤势深达肌肉、肌腱、骨骼，局部渗出较重；没有明显坏死层；损伤范围外小内大；因为邻近血管被损害，常出现进行性坏死，伤后坏死范围扩大显著。

9.3.5.2 治疗

（1）现场急救

用干木棍、干竹竿等绝缘的物体将电源迅速拨开，或立即关掉电闸等，使伤员迅速脱离电源。观察病患人员心跳、呼吸、脉搏等，如呼吸、心跳已经停止，立即进行人工呼吸和胸外心脏按压等复苏措施。

（2）液体复苏

早期补液量要多于一般烧伤。避免急性肾功能衰竭的发生，多补液的同时要补充碳酸氢钠碱化尿液，给予甘露醇利尿，监测尿量。

（3）创面处理

对坏死范围做及早且彻底的探查，切除坏死组织。密切注意血管状态，避免悄然破裂，引发大出血及休克。

（4）预防感染

可合理利用大剂量抗生素预防感染。

9.3.6 化学烧伤

导致烧伤的化学物品很多，化学烧伤的特点是由于有些化学物质在接触人体后可继续被侵入或被吸收，所以会导致进行性局部损害或全身性中毒。处理化学烧伤，应了解致伤物质的性质以采取相应的处理措施。一般性操作包括：现场立刻脱除被化学药品污染的衣物，大量清水连续冲洗至少30分钟以上，迅速冲洗五官等。下面介绍常见的酸、碱烧伤及磷烧伤。

9.3.6.1 酸烧伤

硫酸、硝酸和盐酸导致的烧伤，均会使组织脱水、组织蛋白沉淀、凝固，所以不会有水疱形成，创面会结痂，不继续向深部侵蚀。但硫酸烧伤后呈深棕色，硝酸烧伤后呈黄褐色，盐酸烧伤后呈黄蓝色。烧伤越深，结痂的颜色越深，质地越硬。氢氟酸能溶解脂肪和使骨质脱钙，并可向深部组织侵蚀，可达骨骼。浅Ⅱ度烧伤多可以痂下愈合；深度烧伤不易脱痂，脱痂后创面肉芽组织愈合缓慢，所以瘢痕组织增生比一般烧伤明显。创面的处理与一般烧伤相同。早期用大量水冲淋或浸泡，可用25%硫酸镁溶液或者饱和氯化钙浸泡，或用10%氨水浸泡或敷料湿敷，可局部注射小剂量5%~10%葡萄糖酸钙，帮助患者减轻痛苦和进行性损害。

9.3.6.2 碱烧伤

碱烧伤主要以氢氧化钠、氨、石灰及电石烧伤多见。强碱可将组织细胞脱水并皂化脂肪，碱离子与蛋白结合，形成可溶性蛋白，并向组织深部侵入，所以应尽早处理，以免创面继续扩大。碱性氢氧化物造成的创面深，颜色潮红，呈黏滑或皂状焦痂，有小水疱。焦痂或坏死组织脱落后，创面常不易愈合。强碱烧伤后急救时立刻冲洗至少30分钟以上。创面pH值7以上时可用2%硼酸湿敷，之后再冲洗。冲洗后一般暴露，以便观察创面变化。

9.3.6.3 磷烧伤

皮肤接触磷以后接触空气会引发自燃导致烧伤。此外，磷烧伤氧化后产生五氧化二磷，该物质对细胞有脱水和夺氧作用，遇水即生成磷酸，造成磷酸烧伤。磷吸收后还会引起肝、肾、心、肺等重要脏器损害。现场急救时应将病患伤处浸入水中，以隔绝空气，切忌不可暴露于空气，避免继续燃烧，加重创伤。应在水中将磷粒移除，用1%硫酸铜涂布，形成无毒的磷化铜。切忌用油脂类敷料，磷易溶于油脂，更易吸收；最后可用3%~5%的碳酸氢钠湿敷包扎。

9.4 触电

9.4.1 急救原则

进行触电急救，应坚持迅速、就地、准确、坚持的原则。触电急救必须分秒必争，立即就地迅速用心肺复苏法进行抢救，并坚持不断地进行，同时及早与医疗部门联系，争取医务人员接替救治。在医务人员未接替救治前，不应放弃现场抢救，更不能只根据没有呼吸或脉搏擅自判定伤员死亡，放弃抢救。只有医生有权做出伤员死亡的诊断。

9.4.2 急救方法

9.4.2.1 脱离电源

①触电急救，首先要使触电者迅速脱离电源，越快越好。因为电流作用的时间越长，伤害越重。

②脱离电源就是要把触电者接触的那一部分带电设备的开关、刀闸或其他断路设备断开；或设法将触电者与带电设备脱离。在脱离电源中，救护人员既要救人，也要注意保护自己。

③触电者未脱离电源前，救护人员不准直接用手触及伤员，避免触电危险。

④如触电者处于高处，触脱电源后会自高处坠落，因此，要采取预防措施。

⑤触电者触及低压带电设备，救护人员应设法迅速切断电源，如拉开电源开关或刀闸，拔除电源插头等；或使用绝缘工具、干燥的木棒、木板、绳索等不导电的东西解脱触电者；也可抓住触电者干燥而不贴身的衣服，将其拖开，切记要避免碰到金属物体和触电者的裸露身躯；也可戴绝缘手套或将手用干燥衣物等包起绝缘后解脱触电者；救护人员也可站在绝缘垫上或干木板上，绝缘自己进行救护。

为使触电者与导电体解脱，最好用一只手进行。如果电流通过触电者入地，并且触电者紧握电线，可设法用干木板塞到身下，与地隔离，也可用干木把斧子或有绝缘柄的钳子等将电线剪断。剪断电线要分相，一根一根地剪断，并尽可能站在绝缘物体或干木板上。

⑥触电者触及高压带电设备，救护人员应迅速切断电源，或用适合该电压等级的绝缘工具（戴绝缘手套、穿绝缘靴并用绝缘棒）解脱触电者。救护人员在抢救过程中应注意保持自身与周围带电部分必要的安全距离。

⑦如果触电发生在架空线杆塔上，如是低压带电线路，若可能立即切断线路电源的，应迅速切断电源，或者由救护人员迅速登杆，束好自己的安全皮带后，用带绝缘胶柄的钢丝钳、干燥的不导电物体或绝缘物体将触电者拉离电源；如是高压带电线路，又不可能迅速切断电源开关的，可采用抛挂足够截面的适当长度的金属短路线方法，使电源开

关跳闸。抛挂前，将短路线一端固定在铁塔或接地引下线上，另一端系重物，但抛掷短路线时，应注意防止电弧伤人或断线危及人员安全。无论是何级电压线路上触电，救护人员在使触电者脱离电源时要注意防止发生高处坠落和再次触及其他有电线路。

⑧如果触电者触及断落在地上的带电高压导线，且尚未确证线路无电，救护人员在未做好安全措施（如穿绝缘靴或临时双脚并紧跳跃地接近触电者）前，不能接近断线点 8~10m，防止跨步电压伤人。触电者脱离带电导线后也应迅速带至 8~10m 以外后立即开始触电急救。只有在确证线路已经无电，才可在触电者离开触电导线后，立即就地进行急救。

⑨救护触电伤员切除电源时，有时会同时使照明失电，因此应考虑事故照明，提前准备应急灯等。新的照明要符合使用场所防火、防爆的要求，但不能因此延误切除电源和进行急救。

9.4.2.2 伤员脱离电源后的处理

对于需要救治的触电者，大体可以分为以下 3 种情况：

①对伤势不重、神志清醒，但有轻微心慌、四肢发麻、全身无力，或触电过程中曾一度昏迷，但已清醒过来的触电者，此时应让其安静休息，并严密观察，也可请医生前来诊治，或必要时送往医院。

②对伤势较重、已失去知觉，但依然有心脏跳动和呼吸的触电者，应使其舒适、安静地平卧。不要围观，让空气流通，同时解开其衣服包括领口与裤带以利于其呼吸。

③对伤势严重，甚至呼吸、心跳都已停止，即处于所谓"假死"状态的触电者，应立即施行人工呼吸和胸外心脏按压进行抢救，同时速请医生或速将其送往医院。

9.5 中毒

9.5.1 中毒概念

急性中毒是指毒性物质短时间内进入人体内引发器官系统损害及疾病，可危及生命。随着科学的发展，世界上有成千上万种的化学产品不断涌现，给人类带来很多益处的同时也带来了无尽的伤害，如环境污染、中毒、爆炸事件等。

在实验室，经常会接触到有毒的化学试剂，其特点是具有强刺激性、强氧化性以及强腐蚀性，如硫酸、盐酸、氯仿、氢氧化钠、甲醇、甲醛、甲酸、过氧化氢、磷酸、硝酸、氢氧化钾等。从事实验室工作，要时刻保持高度警惕。这些有毒物质会通过呼吸道、皮肤黏膜、血液和消化道等途径进入机体内而造成中毒。

9.5.2 急救方法

实验室发生中毒事件，早发现、早诊断、早处理是关键，所以主要从以下 4 步进行（图 9-17）。

图 9-17 实验室中毒急救步骤

（1）拨打急救中心电话

急救箱和化学区域突出显示急救电话，发生中毒事件时，及时拨打急救中心电话。

（2）描述现场

急救中心调度人员会询问一些中毒现场的问题，如致使发生中毒的毒物名称或者在不知名的情况下，描述毒物的相关信息；中毒的量、患者的年龄、体重、事件发生的时间地点，患者的个人感觉，呼吸、心跳等生命体征。调度员会给出尽可能合理的解毒剂。

（3）确认在中毒发生现场的安全与否

在现场寻找任何毒物的标志和发生易洒、泄露的药品，如果发现，为了确保施救者及伤员的安全切勿靠近事故现场，让所有人撤离。发现多人中毒时，让所有人以最快的速度撤离现场，及时拨打120。在确保现场对施救者和伤员安全的情况下，必须穿戴个人防护设备靠近现场，同时准备急救箱和自动体外除颤仪，在允许的情况下，先将伤员小心地尽快移至安全、空气新鲜的场所。有些实验室会提供安全数据表，用来说明特定化学药品的危害及急救建议。

（4）中毒急症处理

对移至安全地带的患者，如果神志不清，应置于侧位，保持呼吸道畅通。对休克伤者应施以非口对口的人工呼吸，尽快送往医院施救。心脏停止跳动者应立即进行胸外心脏按压。

当伤员的皮肤及衣物被污染时，尽快脱去中毒者身上被污染的衣服，帮助伤员移至水龙头处或喷淋处，并冲洗伤员累及的任何部位的皮肤及污染衣物，置于水龙头处或喷淋流动清水下冲洗数分钟，等待急救车和专业医护人员的到来及接手。

9.5.3 注意事项

①如果毒物使眼睛被污染时，不能耽误分秒，应立即提起眼睑，用流动清水不间断彻底冲洗15分钟以上。在冲洗眼部的同时，让伤员尽可能多眨眼睛，如果仅有一只眼睛被累及，一定要确保毒物污染的眼睛位于较低位置，这样就不会将毒物冲入另一只未受累及的眼睛中。

②如果伤员已经丧失意识且呼吸不正常或者出现濒死叹息样呼吸时，施救者开始进行心肺复苏术，应使用面罩进行人工呼吸，对于口唇被毒物污染的伤员，这点非常重要。

9.6 溺水

溺水是由于人体淹没在水中，呼吸道被水堵塞或喉痉挛引起的窒息性危急病症。溺水时可有大量的水、泥沙、杂物经口、鼻灌入肺内，可引起呼吸道阻塞、缺氧和昏迷直至死亡。落水被淹后一般4~6分钟即可致死。所以，对溺水者抢救，必须争分夺秒。

9.6.1 急救办法

在120急救车到来之前，施救者掌握正确的抢救方法，对溺水人员实施及时、准确的抢救措施十分重要。因为在几秒钟的时间内，正确的方法就可能挽救一条生命，提高抢救的成功率。具体抢救方法为：

9.6.1.1 判断意识

拍打溺水者双肩,并大声呼喊,判断其意识是否清醒。若溺水者意识清醒,轻者可有呛咳、呼吸急促等表现,重者可有面部青紫、肿胀、口腔和鼻腔充满泡沫和污泥、四肢冰凉等表现,若溺水者意识丧失,应立即呼喊他人拨打急救电话120,并就近取得AED(使用方法详见本章第八节电除颤部分)。

9.6.1.2 判断呼吸

观察溺水者胸廓是否有起伏,以判断其是否有呼吸。

(1)意识丧失

如溺水者意识丧失,需立即按照以下步骤对其进行救治。

①开放气道 施救者跪在溺水者一侧,一手压前额,一手提下颌,打开气道,清除溺水者口鼻中的泥沙、水草、假牙等异物。

②人工呼吸 在呼吸道通畅的前提下,施救者用拇指和食指捏紧溺水者的鼻孔,嘴唇包住溺水者嘴唇,连续吹气2~5次(吹气1秒钟,放松1秒钟)。在进行人工呼吸时,施救者可使用衣物,有条件者可使用纱布、呼吸膜垫在患者口部,以便保护施救者(详见第八节人工呼吸部分)。

③胸外按压 手掌根部放在两乳头连线中点,胸骨中下段,两手腕部重叠,十指交叉、相扣,两臂垂直,用身体重量向下压至少5cm,不超过6cm。每分钟按压100~120次,按压30次后进行口对口人工呼吸2次。重复上述操作,每5个循环检查1次溺水者呼吸、意识是否恢复,直至急救人员赶到(具体操作详见9.1.3.3部分)。

(2)意识清醒

安抚溺水者,安置其保持较为舒适的体位;守在溺水者身旁,密切观察其生命体征,直至急救人员赶到。如有条件,可为溺水者脱下湿衣物,盖上干净衣物以保暖。

9.6.2 注意事项

①如果发现有人溺水,首先应确保自身安全,不要轻易下水救援,若没有进行专门训练,盲目下水救援非常危险。

②对被救上岸的溺水者,切勿控水,且会耽误心肺复苏实施的时间,还可能由于胃内容物反流造成窒息,增加死亡概率。

③呼吸停止者,应立即进行人工呼吸,一般以口对口吹气为最佳(详细方法见9.1.3.3部分)急救者位于伤员一侧,托起伤员下颌,捏住伤员鼻孔,深吸一口气后,往伤员嘴里缓缓吹气,待其胸廓稍有抬起时,放松其鼻孔,并用一手压其胸部以助呼气。反复并有节律地(每分钟吹16~20次)进行,直至恢复呼吸为止。

④心跳停止者,应先进行胸外心脏按压。

9.6.3 风险预防

①未成年人应在成人带领下游泳,不要独自在河边、山塘边及其他环境不熟悉的地方游泳。

②在游泳前要做适当的准备活动,以防抽筋。

③游泳前应考虑身体状况,太饱、太饿或过度疲劳时不要游泳。

④有开放性伤口、皮肤病、眼疾、心脏病、癫痫病等不要游泳。

本章小结

本章主要介绍了实验室安全急救知识，介绍了基础急救知识，重点讲解了心肺复苏术，包括心搏骤停的概念、分类以及具体心肺复苏的准备及实施，胸外心脏按压及人工呼吸等实际操作的流程及要领；火灾与爆炸发生时处理办法，烧伤的伤情判断、治疗原则及现场急救及处理；烧伤的基本情况的判断及即时性处理方法及注意事项；触电、中毒与溺水事件发生时，如何进行急救及急救步骤。了解这些急救知识可使大家在面对突发意外时，能进行正确的自救、逃生、互救，实现即时性急救，尽可能减少和避免人员伤亡。

课后习题

一、判断题

1. 电火花导致的烧伤称为电烧伤，其性质和处理方式与火焰烧伤相同。（　　）
2. 应用 AED 时，给予1次电击后不要马上检查心跳或脉搏，而应该重新进行胸外按压。（　　）
3. 对于面部受伤或口腔不能打开的患者，要进行口对鼻人工呼吸。（　　）
4. 如果发现有人溺水，首先应确保自身安全，不要轻易下水救援，若没有进行专门训练，盲目下水救援非常危险。（　　）
5. 救助触电人员时，要找到带电设备的总开关并断开，在脱离电源中，救护人员要先确保自己安全。（　　）

二、填空题

1. 血色鲜红，从伤口缓慢渗出的出血种类是_____。
2. 烧伤用水冲洗时不能选择_____。
3. 无论使用哪种人工呼吸，都要避免_____和_____。
4. 落水被淹后一般_____分钟即可致死。所以，对溺水者抢救，必须争分夺秒。
5. 电流通过人体，有入口也有出口，通常入口处的伤比出口处的_____。

三、简答题

1. 常用的止血方法有哪些？
2. 溺水识别两步法是什么？
3. 心肺复苏术有效的指标是什么？
4. 毒物污染眼睛时应该如何处理？
5. 实验室发生中毒事件，如何进行急救？

第 10 章　实验室安全管理体系

> **典型案例**
> 　　2021 年 3 月 31 日，中国科学院某研究所一实验室发生爆炸，一名研究生当场死亡；7 月 13 日，南方科技大学某实验室发生火情，一名博士后实验人员头发着火，被诊断为轻微烧伤；7 月 27 日，中山大学药学院某实验室博士生冲洗烧瓶时发生炸裂，玻璃碎片刺破手臂动脉血管，幸无生命危险；10 月 24 日，南京航空航天大学将军路校区一实验室发生爆燃，共造成 2 人死亡，9 人受伤。

●●● 学习目标
1. 了解高校实验室安全管理体系；
2. 理解高校实验室安全通用规则与"6S"管理。

●●● 重点内容
1. 掌握高校实验室安全通用规则；
2. 掌握高校实验室的"6S"管理包含的内容。

●●● 学习建议
1. 由高校实验室安全管理体系，明确实验室安全管理重点内容；
2. 结合高校实验室的"6S"管理，做好实验室规范化管理。

　　校园安全是高等教育事业发展、学生成长成才的根本前提，是人民健康、社会安定、国家利益的重要保障。《教育部关于加强高校实验室安全工作的意见》（教技函〔2019〕36号）中指出"安全是教育事业不断发展、学生成长成才的基本保障"。高校应坚持底线思维、树立"安全发展"理念，弘扬"生命至上、安全第一"的思想。虽然，当前的实验室安全管理工作已取得积极成效，安全形势总体保持稳定，但高校实验室安全事故仍时有发生，暴露出实验室安全管理仍存在薄弱环节，突出体现在实验室安全责任落实不到位、管理制度执行不严格、宣传教育不充分、工作保障体系不健全等方面。

10.1　实验室安全概述

　　在高校中，实验室类型一般分为教学实验室和科研实验室。教学实验室根据教学计划安排，由教师或实验指导教师组织；科研实验室通常由科研人员负责，由于科研实验室种类繁多、探索性强、研究领域广、人员变动频繁等特殊性，管理比较复杂，安全管理问题较为突出，也是事故发生的重点区域。

教育部实验室安全检查组成员、中国矿业大学（北京）资产与实验室管理处处长田志刚曾做过一个不完全统计：2001—2020年，媒体公开报道的全国高校实验室安全事故有113起，共造成99人次伤亡。其中，火灾、爆炸事故占80%，中毒、触电、机械伤害等事故占20%；化学品试剂使用、贮存、废物处理方面的事故比例近50%；试剂贮存不规范、违规操作、废物处置不当等直接原因比例占62%。安全事故的发生对师生身心、财产安全、校园安全造成了重大损失，对教学科研工作的顺利开展产生消极影响，乃至影响到了社会安全和稳定。

实验室安全事故中人的操作不规范导致的事故最多，实验条件不佳也是重要的影响因素，如仪器设备老化、防护用品不到位、贮存条件不达标等。高校实验室安全事故频发，其原因是淡薄的安全意识、简陋的硬件环境、滞后的保障制度，以及永远在抢进度出成果的科研压力。

10.2　实验室安全管理规范

对于实验室安全，从国家到地方政府的各级教育主管部门已从安全意识、责任体系、宣传教育、运行机制等方面对高校实验室安全工作做了全方位的规定并形成了一系列制度文件，要求高校高度重视实验室安全管理。

2019年教育部发布了《教育部关于加强高校实验室安全工作的意见》（教技函〔2019〕36号），2021年教育部办公厅发布了《关于开展加强高校实验室安全专项行动的通知》（教科信厅函〔2021〕38号），2021年上海市教育委员会发布了《上海市教育委员会关于进一步加强上海高校实验室安全管理工作的实施意见》（沪教委保〔2021〕14号）。以上文件都要求从提高思想认识，深刻理解实验室安全的重要性和复杂性；落实责任，健全实验室安全管理体系；建立健全工作制度，加强实验室安全闭环管理；加强教育培训，提升师生实验室安全意识和能力；加强组织保障，支撑实验室安全管理工作科学发展；明确奖惩机制，督促主动积极作为等方面对实验室安全管理工作做了系统梳理和明确要求。

同时教育部持续调整、更新、完善《高等学校实验室安全检查项目表》，要求、指导各高校系统开展实验室安全管理工作，是对以上文件要求的细化。以《高等学校实验室安全检查项目表（2022年）》为例，检查项目表包括责任体系、规章制度、安全宣传教育、安全检查、实验场所、安全设施、基础安全、化学安全、生物安全、辐射安全与核材料管制、机电等安全、特种设备与常规冷热设备等12个一级目录、50个二级目录、156个三级目录。

10.3　实验室安全通用规则

实验室安全隐患在于人的不安全行为、物的不安全状态、环境的不安全因素以及管的缺陷。人的不安全行为,如不按规程操作、出现意外盲目慌乱、仪器试剂等位置错放等,这些归结为意识与习惯;物的不安全状态,如线路老化短路漏电、仪器设备工作过热、设备损坏、药品过期等,这些归结为质量与管理;环境的不安全因素,如环境高温、气温骤降、湿度过大等,这些归结为变量与保障。

据美国杜邦公司研究统计,86%~96%的安全事故是由人的不安全行为造成的。因此,实验室管理中减少人的不安全行为,做到"全员参与、预防在先"尤为重要。

除安全检查外,日常管理中可通过实验室"6S"管理来减少隐患、降低风险。"6S"即整理(SEIRI)、整顿(SEITON)、清扫(SEISO)、清洁(SEIKETSU)、素养(SHITSUKE)、安全(SAFETY)。整理——将实验场所的所有物品按照"有必要的"和"没有必要的"加以区分,彻底清除"没有必要的"的物品,腾出空间,防止误用,创造清爽的实验环境;整顿——对留下来的"有必要的"物品按照规定、属性、使用习惯选择合适的位置整齐摆放,并加以标识,使得实验场所一目了然,营造整齐的实验环境,减少寻找物品的时间;清扫——将实验场所内看得见与看不见的地方擦拭、清扫干净,保持干净的实验环境;清洁——是一种状态,将整理、整顿、清扫3个步骤进行到底,以制度化约束,保持实验环境经常清洁、整齐;素养——参与标准化实验室建设的每位师生严格依规行事,并养成良好的习惯;安全——每位成员时刻都有安全第一观念,秉持防患于未然的思想,建立安全的实验环境。事实上,做好前5个规定动作,第6个"安全"就能得到较好的保障。

"6S"管理是现代企业行之有效的现场管理理念和方法,起源于日本企业的"5S"管理,我国企业在引进的同时,加上了"安全",因而称"6S"现场管理法。"6S"管理是加强企业现场管理最基础、最有效的方法,在欧美国家广泛应用,是公认的环境与行为建设的国际化管理文化。

实验室"6S"管理始终把安全贯彻到各个环节中,突出环境安全,注重安全意识、安全管理、安全技能训练,养成优良习惯,有效消除存在人为的、潜在的不安全因素。

10.4 实验室安全教育及安全文化

在实验室管理工作中除了确保安全,更应该通过加强管理,发挥实验教师、实验教学、实验室在实践育人、提高人才培养质量和支撑学校事业发展产生高质量成果方面做更大贡献。这些工作需要对师生开展实验室安全教育,积极营造实验室安全文化。

当下,实验室一方面有严格的实验室安全管理制度,另一方面师生对制度却熟视无睹,违章现象屡见不鲜,究其原因不难看出实验室安全文化的缺失是关键所在。如果说制度的约束对实验室安全工作的影响是外在的、冰冷的、立竿见影的、被动的,那么实验室安全文化的作用则是内在的、温和的、潜移默化的、主动的,具有其他约束无法比拟的优越性,实验室安全文化所具有的凝聚、规范、辐射等功能对实验室安全管理会产生巨大的推动作用。因此,实验室安全文化是实现实验室安全管理的灵魂所在。

高校可通过实验室安全文化周、实验室安全文化月、大学生实验室安全知识竞赛、实验室安全演练等形式,开展寓教于乐、喜闻乐见的活动,引导学生增强安全意识、了解安全知识、掌握安全技能,为实验室安全建设和管理做更大贡献。

本章小结

近年来发生的高校实验室安全事故暴露出实验室安全管理仍存在薄弱环节，突出体现在实验室安全责任落实不到位、管理制度执行不严格、宣传教育不充分、工作保障体系不健全等方面问题，建立科学规范的实验室安全管理体系刻不容缓。本章通过实验室安全通用规则的介绍，对"6S"管理理念加以说明，强调高校应通过实验室安全教育与安全文化建设，营造和谐稳定的实验室环境氛围。

课外习题

一、判断题

1. 实验室安全事故中仪器设备老化、防护用品不到位与贮存条件不达标导致的事故最多。（　　）
2. 不按规程操作、出现意外盲目慌乱、仪器试剂等位置错放等属于人的不安全行为。（　　）
3. 据美国杜邦公司研究统计，86%～96%的安全事故是由环境的不安全行为造成的。（　　）
4. 日常管理中可通过实验室"6S"管理来减少隐患、降低风险。（　　）
5. 实验室安全文化是实现实验室安全管理的灵魂所在。（　　）

二、简答题

1. 简述近年来高校实验室主要由哪些原因引起安全事故。
2. 《高等学校实验室安全检查项目表（2022年）》共有多少个一级、二级与三级目录？
3. 简述实验室"6S"管理的意义与内涵。
4. 如何开展实验室安全教育与安全文化宣传？
5. 谈谈你对高校实验室安全管理的理解与认识。

参考文献

敖天其，廖林川，2015. 实验室安全与环境保护[M]. 成都：四川大学出版社.

北京大学化学与分子工程学院实验室安全技术教学组，2012. 化学实验室安全知识教程[M]. 北京：北京大学出版社.

蔡乐，曹秋娥，罗茂斌，等，2018. 高等学校化学实验室安全基础[M]. 北京：化学工业出版社.

陈孝平，汪建平，赵继宗，2019. 外科学[M]. 北京：人民卫生出版社.

崔飞，李玉新，2021. 高校开展消防教育的重要性[J]. 消防界（电子版），7(17)：36，38.

崔泽，王冬玉，2014. 职业中毒应急处理与防控[M]. 北京：人民军医出版社.

丁杨，赵宏苏，鲁嘉，等，2020. 加强高校本科教学实验室安全与防护的探索[J]. 广州化工，48(16)：219-220.

董振旗，刘鹏，陈桂明，等，2012. 6S管理在实验室管理中的应用研究[J]. 实验室研究与探索，31(7)：410-415.

杜莉莉，郑前进，姜喜迪，等，2021. 基于海因里希事故致因理论的高校实验室安全管理[J]. 实验技术与管理，38(8)：257-264.

冯端，2000. 实验室是现代化大学的心脏[J]. 实验室研究与探索，19(5)：1-4.

冯建跃，金海萍，阮俊，等，2015. 高校实验室安全检查指标体系的研究[J]. 实验技术与管理，32(2)：1-10.

冯建跃，赵建新，史天贵，等，2020. 高校实验室安全工作参考手册[M]. 北京：中国轻工业出版社.

付裕贵，2012. 农业高校实验室技术安全知识题库[M]. 北京：中国农业出版社.

和彦苓，2015. 实验室安全与管理[M]. 北京：人民卫生出版社.

黄开胜，2018. 清华大学实验室安全手册[M]. 北京：清华大学出版社.

黄开胜，2019. 清华大学实验室安全管理制度汇编[M]. 北京：清华大学出版社.

黄开胜，艾德生，郭英姿，2018. 清华大学实验室安全手册[M]. 北京：清华大学出版社.

姜忠良，齐龙浩，马丽云，等，2009. 实验室安全基础[M]. 北京：清华大学出版社.

蓝蔚青，武春燕，2020. 实验安全与急救[M]. 北京：中国林业出版社.

李恩敬，黄士堂，2016. 高等学校实验室用电安全管理[J]. 实验室科学，19(5)：205-208.

李海，2019. 高校实验室消防安全教育的探索与实践[J]. 决策探索（中）(5)：78.

李建军，2021. 前沿生物技术领域安全风险治理的历史经验和重要启示[J]. 山东科技大学学报（社会科学版），23(5)：1-8，68.

李建军，唐冠男，2013. 阿希洛马会议：以预警性思考应对重组DNA技术潜在风险[J]. 科学与社会，3(2)：98-109.

林鹏，向云飞，安瑞楠，2021. 水电智能化安全管理对加强高校实验室安全建设的启示[J]. 实验技术与管理，38(6)：7-12，20.

刘静，孙燕荣，2018. 我国实验室生物安全防护装备发展现状及展望[J]. 中国公共卫生，34(12)：1700-1704.

刘丽葵，贺丽苹，王小梅，2010. 高校实验室危险源的辨识和控制[J]. 实验室研究与探索，29(8)：

346-348.

刘卫锋，2018. 大学生安全教育[M]. 南京：南京大学出版社.

陆文宣，2018. 高校实验室安全管理的 SWOT 分析与对策研究[J]. 中外企业家(1)：210.

陆文宣，2018. 地方特色高校实验室安全管理工作分析[J]. 实验技术与管理，35(8)：263-266.

陆文宣，沙锋，2021. 高校实验室安全文化建设探索与实践[J]. 实验室研究与探索，40(11)：305-309.

孟令军，张洋，刘艳，等，2015. 实验室安全教育课的设计与思考[J]. 实验技术与管理，32(8)：12-15.

闵鑫，李金洪，房明浩，等，2017. 新形势下强化高校实验室安全教育的重要性及其发展趋势[J]. 科技创新导报，14(13)：201-202.

楠吉桑漠，2018. 生物技术实验室的废弃物安全管理[J]. 现代农业(1)：100-101.

宁浩男，高崎，陈金，等，2015. 高校实验室消防安全[M]. 北京：兵器工业出版社.

庞俊兰，孔凡晶，郑君杰，2006. 现代生物技术实验室安全与管理[M]. 北京：科学出版社.

全国认证认可标准化技术委员会，宋桂兰，2015. GB/T 27476.1—2014《检测实验室安全 第 1 部分：总则》理解与实施[M]. 北京：中国质检出版社.

施胜江，2021. 高校实验室安全准入教育[M]. 北京：航空工业出版社.

宋志军，王天舒，方瑾，等，2019. 图说搞笑实验室安全[M]. 杭州：杭州工商大学出版社.

孙尔康，张剑荣，2015. 高等学校化学化工实验室安全教程[M]. 南京：南京大学出版社.

王强，张才，姜俊超，2019. 高校实验室安全准入教育[M]. 南京：南京大学出版社.

王晓迪，2014. 高校实验室技术安全概述[M]. 哈尔滨：哈尔滨工程大学出版社.

王岩，张志勇，张迎颖，等，2021. 100 起实验室安全事故分析与建议[J]. 实验室科学，24(6)：221-226，230.

许景期，许书烟，2016. 高校实验室管理与安全[M]. 厦门：厦门大学出版社.

杨斌，2021. 高校消防安全教育的重要性[J]. 消防界(电子版)，7(23)：116-117.

叶冬青，孔英，温旺荣，2020. 实验室生物安全[M]. 3 版. 北京：人民卫生出版社.

尹忠昌，唐小磊，赵冰，2020. 安全生产管理[M]. 北京：应急管理出版社.

张宗兴，吴金辉，衣颖，等，2019. 我国生物安全实验室关键防护技术与装备发展概况[J]. 中国卫生工程学，18(5)：641-646.

赵华绒，方文军，王国平，2013. 化学实验室安全与环保手册[M]. 北京：化学工业出版社.

中华人民共和国科学技术部，2017. 生物技术研究开发安全管理办法[EB/OL]. http：//www.most.gov.cn/xxgk/xinxifenlei/fdzdgknr/fgzc/gfxwj/gfxwj2017/201707/t20170725_134231.html.

中华人民共和国农业农村部，2017. 农业转基因生物安全评价管理办法[EB/OL]. http：//www.moa.gov.cn/ztzl/zjyqwgz/zcfg/201007/t20100717_1601306.htm.

周海燕，2011. 人的不安全行为和物的不安全状态[J]. 西部探矿工程，23(2)：219-220.

朱莉娜，2014. 高校实验室安全基础[M]. 天津：天津大学出版社.

朱莉娜，孙晓志，弓保津，等，2017. 高校实验室安全基础[M]. 2 版. 南京：南京大学出版社.

KATHY BARKER，2014. 生物实验室管理手册[M]. 2 版. 王维荣，译. 北京：科学出版社.

参考答案

绪 论

一、判断题

1. √, 2. ×, 3. √, 4. ×, 5. √

二、单选题

1. D, 2. B, 3. C, 4. C, 5. B

三、简答题

略。

第1章

一、判断题

1. √, 2. √, 3. ×, 4. ×, 5. ×

二、单选题

1. B, 2. C, 3. C, 4. A, 5. B

三、简答题

1. 从人、物、管、环四个方面考虑。

2. 四类标识：危险源要将实验室涉及的危害都包含(三角警示标志)、容易引发危害的行为都应禁止、要根据所涉及的危险源配备相应的防护措施以及应急处置措施。重要信息：实验室的安全责任人，联系方式等。

3. 参考本章1.5.2相关内容。

4. 参考本章1.5.4相关内容。

5. 辨识的首要目的是为了预防，辨识所有可能诱发事故的不安全因素，便于制定相关管理措施，控制事故的发生，并做好减轻事故后果的相关应急处置措施。而隐患排查，是对危险源管理工作的检查，检查是否出现危险征兆，并进行整改，消除隐患。

第 2 章

一、判断题

1. ×，2. √，3. √，4. √，5. ×

二、单选题

1. A，2. A，3. C，4. A，5. C

三、填空题

1. 可燃物、氧化剂、温度和未受抑制的链式反应
2. 干粉灭火器、二氧化碳灭火器和泡沫灭火器
3. 手提式、推车式
4. 泡沫、干粉、二氧化碳
5. B 类火灾、C 类火灾、E 类火灾、F 类火灾

四、简答题

1. 有热传导、热对流、热辐射。
2. 热对流。
3. 略。
4. 略。
5. 略。

第 3 章

一、判断题

1. √，2. ×，3. √，4. ×，5. √，6. √，7. ×，8. √，9. √，10. ×

二、单选题

1. C，2. D，3. C，4. A，5. B，6. C，7. D，8. B，9. A，10. B，11. D，12. C，13. B，14. A，15. B

三、简答题

略。

第 4 章

一、判断题

1. √，2. ×，3. √，4. √，5. ×

二、单选题

1. C, 2. C, 3. B, 4. C, 5. D

三、简答题

1. 危险化学品是指具有毒害、腐蚀、爆炸、燃烧、助燃等性质，对人体、设施、环境具有危害的剧毒化学品和其他化学品。

根据《危险货物分类和品名编号》(GB 6944—2012)和《危险货物品名表》(GB 12268—2012)将常用危险化学品按危险特性分为 9 类，分别为：①爆炸品；②压缩气体和液化气体；③易燃液体；④易燃固体、自燃物品和遇湿易燃物品；⑤氧化剂和有机过氧化物；⑥有毒品；⑦放射性物品；⑧腐蚀品；⑨其他危险品。

2. 管制类化学品主要包括：剧毒化学品、易制爆危险化学品、易制毒化学品、麻醉药品和精神药品。

剧毒化学品使用管理要求：由专人管理并做好贮存、领取、发放情况登记；库房内设置温湿度表，按时观测记录；严格控制库内温湿度，保持在要求范围之内；定期检查库内设施、消防器材、防护用具是否齐全有效。定期进行毒害品质量检查(每种药品抽查 1~2 件)，检查结果逐项记录，并做好标记。入库、检查、使用等登记资料至少保存 1 年。

作业人员应持有毒害性商品养护上岗作业资格证书；作业人员应佩戴手套和相应的防毒口罩或面具，穿防护服；作业中不应饮食不应用手擦嘴脸、眼睛；每次作业完毕，应及时用肥皂(或专用洗涤剂)洗净面部、手部，用清水漱口，防护用具应及时清洗，集中存放；操作时轻拿轻放，不应碰撞、倒置，防止包装破损，商品散漏。

3. 化学废弃物处置注意事项有：

(1)若用旧试剂瓶收集液体废弃物，旧试剂瓶中的残余试剂不得与化学性实验废弃物发生化学反应。

(2)化学性实验废弃物容器应有外包装箱；盛有化学性实验液体废弃物的玻璃容器应避免相互碰撞，否则可能破损，造成液体泄漏事故。

(3)酸存放时，应远离活泼金属(如钠、钾、镁等)、氧化性酸或易燃有机物；相混后会产生有毒气体的物质(如氰化物、硫化物等)碱存放时，应远离酸及一些性质活泼的物质；易燃物应避光保存，并远离一切有氧化作用的酸或能产生火花火焰的物质；贮存量不可太多，需及时处理。

(4)化学性实验废弃物不得贮存在通风橱、试剂柜、实验室内的过道旁或烘箱附近、走廊等处；废弃物不得随意丢弃于垃圾桶；贮存化学性实验废弃物的地点不得对周围环境有影响或成为安全隐患。

(5)在实验室内，化学性实验废弃物不宜贮存时间过长，尽可能在一或两周内处理；特殊废弃物应立即处理。对于毒性大的废液，如硫醇、胺等能发出臭味的废液，能产生氰、硫化氢、磷化氢等有毒气体的废液，燃烧性强的二硫化碳、乙醚之类的废液等，必须及时、妥善处置。

(6)化学性实验废弃物搬运时应轻拿轻放；尤其是对于含有过氧化物、硝酸甘油、过氧乙醚之类的爆炸性物质的废液，须更加谨慎。

4. 有毒有害化学品侵入人体的途径：呼吸道、皮肤、消化道。

5. 有毒品使用防护措施如下：

(1) 呼吸系统防护：佩戴头罩型电动送风过滤式防尘呼吸器。

(2) 身体防护：穿连衣式胶布防毒衣。

(3) 手防护：戴橡胶手套。

(4) 其他防护：工作现场禁止吸烟、进食和饮水。工作完毕，彻底清洗。车间应配备急救设备及药品。单独存放被毒物污染的衣服，洗后备用。作业人员应学会自救互救。避免氰化钾接触潮湿空气。

第5章

一、判断题

1. √，2. √，3. ×，4. ×，5. ×，6. √，7. ×，8. √，9. √，10. ×

二、单选题

1. B，2. B，3. D，4. D，5. A，6. C，7. D，8. D，9. A，10. B，11. C，12. B，13. C，14. A，15. B，16. D，17. D，18. B，19. A，20. C，21. B，22. D

三、多选题

1. ABCD，2. ABCDE，3. AB，4. ABCD，5. BCD，6. ABCD，7. ABCD，8. ABC

四、简答题

1. 适用《生物安全法》的活动主要有8个方面，包括：①防控重大新发突发传染病、动植物疫情；②生物技术研究、开发与应用；③病原微生物实验室生物安全管理；④人类遗传资源与生物资源安全管理；⑤防范外来物种入侵与保护生物多样性；⑥应对微生物耐药；⑦防范生物恐怖袭击与防御生物武器威胁；⑧其他与生物安全相关的活动。

2. 根据生物安全实验室的研究对象和防护措施，以不同生物因子的危险程度进行划分，从低到高依次为一级(P1)、二级(P2)、三级(P3)和四级(P4)，其中等级最高的是四级(P4)。各级实验室对实验人员的要求如下：P1级适用经普通微生物或相关训练的人员；P2级适用经特定培训或高级培训的科学家；P3级适用必须提前接受对致病性和潜在的致命或致病性病原体的具体培训、且有对此方面有经验的科学家的监督；P4级适用必须对要处理的极其危险的病原体有具体且深入的培训，并完全理解实验操作规程及应急措施，且有实际处理过这些病原体的合格科学家的监督。

3. 生物安全实验室可由防护区(含主实验室)和辅助区组成[参见《生物安全实验室建筑技术规范》(GB 50346—2011)]。防护区内的生物安全风险相对较大，对围护结构的严密性和气流流向等有明确要求。防护区内设主实验室，是污染风险最高的房间，一般包括实验操作间、动物饲养间和动物解剖间等，也称核心工作间；辅助区指防护区以外的区域，生物安全风险相对较小。辅助区包括空调机房、洗消间、更衣间、淋浴间、走廊、缓冲间等。其中，缓冲间是指设置在被污染概率不同的实验室区域间的密闭室，需要时可设置机械通风系统，其门具有互锁功能，不能同时处于开启状态，可防止空气对流。

4. 根据病原微生物的传染性、感染后对个体或者群体的危害程度，可将病原微生物分为四类。第一类是能够引起人类或者动物非常严重疾病的微生物,以及我国尚未发现或者已经宣布消灭的微生物;第二类是能够引起人类或者动物严重疾病,比较容易直接或者间接在人与人、动物与人、动物与动物间传播的微生物;第三类是能够引起人类或者动物疾病,但一般情况下对人、动物或者环境不构成严重危害,传播风险有限,实验室感染后很少引起严重疾病,并且具备有效治疗和预防措施的微生物;第四类是在通常情况下不会引起人类或者动物疾病的微生物。

5.①处理过程中不要将头伸入安全柜内,也不要将脸直接面对前操作口,而应始终处于前视面板的后方;②如果溢洒量不足1mL时,可直接用消毒灭菌液浸湿的纸巾擦拭;③如果溢洒量大或发生容器破碎时,应立即向实验室安全负责人报告,再进行处理;④使生物安全柜保持开启状态,在溢洒物上盖上浸有消毒灭菌液的吸收材料,作用指定的时间。必要时,用消毒灭菌液浸泡工作台表面、排水沟和接液槽等处;⑤将吸收了溢洒物的消毒纸巾连同溢洒物收集到专用的收集容器中,并反复用新的消毒纸巾将剩余物质吸净,破碎的玻璃或其他锐器要用镊子或钳子处理;⑥用消毒灭菌液擦拭或喷洒安全柜的工作表面及前视窗的内侧,作用指定时间后用洁净水擦干净消毒灭菌液;⑦如果溢洒物流入生物安全柜内部,需要评估后再采取适当的措施。⑧按程序处理产生的所有废物,再按程序离开实验室。

第 6 章

一、判断题

1. √,2. ×,3. ×,4. √,5. ×

二、单选题

1. B,2. A,3. C,4. D

三、多选题

1. BD,2. AB,3. AC,4. ABCD,5. ACD,6. ABC

四、简答题

略。

第 7 章

一、判断题

1. √,2. ×,3. √,4. ×,5. ×,6. ×,7. √,8. ×,9. √

二、单选题

1. D,2. D,3. A,4. C,5. B,6. C,7. B,8. A,9. B,10. D,11. B

三、简答题

略。

第 8 章

一、判断题

1. √, 2. ×, 3. √, 4. ×, 5. ×

二、单选题

1. C, 2. B, 3. A, 4. B, 5. D

三、简答题

1. 根据《个体防护装备配备规范》(GB 39800—2020)的规定，个人防护装备(personal protective equipment，PPE)是指从业人员为防御物理、化学、生物等外界因素伤害所穿戴、配备和使用的各种护品的总称。在生产作业场所穿戴、配备和使用的劳动防护用品也称个人防护装备。

2. 手部防护用品主要有防护手套和防护套袖两类。

防护手套按用途分类，可分为一次性手套、化学防护手套、绝缘手套、防割手套、耐火阻燃手套、焊工手套、耐油手套等。

防护套袖主要有：防辐射热套袖、防酸碱套袖。

3. 略。

4. 个人防护用品应分散存放，存放地点有明显标志，在紧急情况需使用的防化服等个人防护器具应分散存放在安全场所，以便于取用。

5. 对个人防护装备妥善的维护保养。不但可延长防护装备的使用期限，更重要的是能保证装备的防护效用，避免发生二次污染的情况。定期对使用或库存的个人防护装备进行检查记录，时刻掌握防护装备的使用状态和库存状况，及时添置或更新个人防护装备。

第 9 章

一、判断题

1. ×, 2. √, 3. √, 4. √, 5. ×

二、填空题

1. 毛细血管出血，2. 冰水，3. 过度通气、通气不足，4. 4~6，5. 重

三、简答题

1. 包扎止血、加压包扎止血、指压止血、止血带止血。

2. 判断意识；判断呼吸。

3. ①自主呼吸恢复，患者能够自己喘气；②心率恢复，可以听到心音；③血压可以恢

复到 90/60mmHg 以上，可触摸到大动脉脉搏；④意识恢复，能够将患者唤醒；⑤肌张力恢复；⑥临床中，若心电图已经恢复正常，为心肺复苏的有效指征；⑦如果在户外，最主要是观察呼吸、动脉脉搏、意识，还可以观察患者口。

4. 立即提起眼睑，用流动清水不间断彻底冲洗 15 分钟以上。同时，尽可能多眨眼睛，如果仅有一只眼睛被累及，一定要确保毒物污染的眼睛位于较低位置，这样就不会将毒物冲入另一只未受累及的眼睛中。

5. 早发现、早诊断、早处理是关键，主要从以下 4 步进行：①拨打急救中心电话；②描述现场：毒物的相关信息；中毒的量、患者的年龄、体重、事件发生的时间地点，患者的个人感觉，呼吸、心跳等生命体征；③确认中毒发生现场的安全与否；④中毒急症的处理：如果神志不清，应置于侧位，保持呼吸道畅通。对休克伤者应施以非口对口的人工呼吸，尽快送往医院施救。心脏停止跳动者应立即进行胸外心脏按压。

第 10 章

一、判断题
1. ×，2. √，3. ×，4. √，5. √

二、简答题
略。

附 录
高等学校实验室安全检查项目表(2022年)

序号	检查项目	检查要点	情况记录
1	责任体系		
1.1	学校层面安全责任体系		
1.1.1	有校级实验室安全工作责任人与领导机构	(1)有校级正式发文,明确学校党政主要负责人是第一责任人;分管实验室工作的校领导是重要领导责任人,协助第一责任人负责实验室安全工作;其他校领导在分管工作范围内对实验室安全工作负有支持、监督和指导职责;设立校级领导机构,明确其部门组成和工作职责,分管实验室工作的校领导为该机构负责人	
1.1.2	有明确的实验室安全管理职能部门	(2)明确牵头职能部门负责实验室安全工作,相关职能部门切实配合落实工作	
1.1.3	学校与院系签订实验室安全管理责任书/告知书	(3)档案或信息系统里有现任学校领导与院系负责人签字盖章的安全责任书/告知书	
1.1.4	实验室安全工作纳入学校决策研究事项	(4)有学校相关会议(校务会议、党委常委会议等)纪要	
1.2	院系层面安全责任体系		
1.2.1	二级单位党政负责人作为实验室安全工作主要领导责任人	(5)有带文号的院系文件如党政联席会/办公会等纪要、通知或制度等明确其内容	
1.2.2	成立院系级实验室安全工作领导小组	(6)有带文号的院系文件明确由院系党政主要领导作为负责人,设立分管实验室安全领导、安全助理,有实验室负责人或安全员等代表参与	
1.2.3	建立院系实验室安全责任体系	(7)有文件资料或网络档案证明实验室(研究所、中心、教研室及具体实验室等)有安全责任人与安全员	
1.2.4	有实验室安全责任书	(8)签订责任书到实验房间安全责任人,及每一位使用实验室的教职员工	
1.3	经费保障		
1.3.1	学校每年有实验室安全常规经费预算	(9)学校职能部门有预算审批凭据证明有专款用于实验室安全工作	

(续)

序号	检查项目	检查要点	情况记录
1.3.2	学校有专项经费投入实验室安全工作，重大安全隐患整改经费能够落实	（10）学校职能部门有支出凭据证明有专款用于实验室安全工作，尤其是用于重大安全隐患整改项目	
1.3.3	院系有自筹经费投入实验室安全建设与管理	（11）院系有支出凭据证明有专款用于实验室安全工作	
1.4	队伍建设		
1.4.1	学校根据需要配备专职或兼职的实验室安全管理人员	（12）有重要危险源，即有毒有害（剧毒、易制爆、易制毒、爆炸品等）化学品、危险（易燃、易爆、有毒、窒息）气体、动物及病原微生物、辐射源及射线装置、同位素及核材料、危险性机械加工装置、强电强磁及激光设备、特种设备等的高校应依据工作量，在校级管理机构配备足够的专职实验室安全管理人员 （13）有重要危险源的院系应依据工作量配备专职实验室安全管理人员；文、管、艺术类、数学及信息相关工学等院系配备兼职实验室安全管理人员	
1.4.2	有校级实验室安全检查队伍，可以由教师、实验技术人员组成，也可以利用有相关专业能力的社会力量	（14）有校级文件证明学校设立了检查队伍，并有工作记录	
1.4.3	各级主管实验室安全的负责人、管理人员及技术人员到岗一年内须接受实验室安全培训	（15）有培训记录（证书、电子文档、书面记录）等证明培训及合格情况	
1.5	其他		
1.5.1	采用信息化手段管理实验室安全	（16）学校建设信息管理等系统用于实验室安全管理	
1.5.2	建立实验室安全工作档案	（17）包括责任体系、队伍建设、安全制度、奖惩、教育培训、安全检查、隐患整改、事故调查与处理、专业安全、其他相关的常规或阶段性工作归档资料等，且档案分类规范合理，便于查找	
2	规章制度		
2.1	实验室安全管理制度		
2.1.1	有校级实验室安全管理制度	（18）有正式发文的校级实验室安全管理规定，内容包括上位法依据、实验室范围、安全管理原则、组织架构、责任体系、奖惩、事故处理、责任与追究、安全文化等要素	

(续)

序号	检查项目	检查要点	情况记录
2.1.2	有校级实验室安全管理办法或细则、应急预案	(19)学校或职能部门依据危险源情况制定实验室分级分类、准入管理、安全检查、奖惩,以及各类专业安全等二级管理办法,并正式发文 (20)有校级的实验室安全事故应急处置预案,并正式发文	
2.1.3	有院系级实验安全管理制度	(21)建有院系特色的实验室安全管理制度,包含安全检查、风险评估、实验室准入、应急预案、安全培训等内容;制度文件应有院系正式发文,并及时修订更新;文件应具有可操作性或实际管理效用	
3	安全宣传教育		
3.1	安全教育活动		
3.1.1	开设实验室安全必修课或选修课	(22)对于有重要危险源[见(12)]的院系和专业,要开设有学分的安全教育必修课或将安全教育课程纳入必修环节;鼓励其他专业开设安全选修课	
3.1.2	开展校级安全教育培训活动	(23)校级层面每年有档案证明开展了实验室安全教育培训	
3.1.3	院系开展专业安全培训活动	(24)院系层面每年有档案证明开展了实验室安全教育培训,重点关注外来人员和研究生新生	
3.1.4	开展结合学科特点的应急演练	(25)每年有校级的实验室安全事故应急演练	
3.1.5	组织实验室安全知识考试	(26)建设有考试系统或考试题库并及时更新,从事实验工作的学生、教职工及外来人员均需参加考试,通过者发放合格证书或保留记录	
3.2	安全文化		
3.2.1	建设有学校特色的安全文化	(27)学校有网页设立专栏开展安全宣传	
3.2.2	编印学校实验室安全手册	(28)将实验室安全手册发放到每一位从事实验活动的师生	
3.2.3	创新宣传教育形式,加强安全文化建设	(29)通过微信公众号、微博、工作简报、文化月、专项整治活动、安全评估、知识竞赛、微电影等方式,加强安全宣传	
4	安全检查		
4.1	危险源辨识		
4.1.1	学校、院系层面建立危险源分布清单	(30)清单内容需包括单位、房间、类别、数量、责任人等信息	
4.1.2	涉及危险源的实验场所,应有明确的警示标志	(31)涉及重要危险源[见(12)]的场所,有显著的警示标志	

(续)

序号	检查项目	检查要点	情况记录
4.1.3	建立针对重要危险源的风险评估和应急管控方案	(32)学校、院系、实验室应逐级建立风险分级管控方案	
4.2	安全检查		
4.2.1	学校层面开展定期/不定期检查	(33)每年不少于4次,并记录存档	
4.2.2	院系层面开展定期检查	(34)每月不少于1次,并记录存档	
4.2.3	针对高危实验物品开展专项检查	(35)针对重要险源[见(12)],开展定期专项检查	
4.2.4	实验室房间须建立自检自查台账	(36)定期检查并留存记录	
4.2.5	安全检查人员应配备专业的防护和计量用具	(37)安全检查人员要佩戴标识、配备照相器具 (38)进入涉及危化品、生物、辐射等实验室要穿戴必要的防护装具;检查辐射场所要佩戴个人辐射剂量计;配备必要的测量、计量用具(手持式VOC检测仪、声级计、风速仪、电笔、万用表等)	
4.3	安全隐患整改		
4.3.1	检查中发现的问题应以正式形式通知到相关负责人	(39)通知的方式包括校网上公告、实验室安全简报、书面或电子的整改通知书等形式	
4.3.2	院系应对问题隐患进行及时整改	(40)整改报告应在规定时间内提交学校管理部门 (41)如存在重大隐患,实验室应立即停止实验活动,整改完成或采取相应防护措施后方能恢复实验	
4.4	安全报告		
4.4.1	学校有定期/不定期的安全检查通报	(42)存有相关资料或电子文档	
4.4.2	院系有安全检查及整改记录	(43)存有相关资料或电子文档	
5	实验场所		
5.1	场所环境		
5.1.1	实验场所应张贴安全信息牌	(44)每个房间门口挂有安全信息牌,信息包括:安全风险点的警示标志、安全责任人、涉及危险类别、防护措施和有效的应急联系电话等,并及时更新	
5.1.2	实验场所应具备合理的安全空间布局	(45)超过200m^2的实验楼层具有至少两处紧急出口,75m^2以上实验室要有2个出入口 (46)实验楼大走廊保证留有大于1.5m净宽的消防通道 (47)实验室操作区层高不低于2m (48)理工农医类实验室内多人同时进行实验时,人均操作面积不小于2.5m^2	

(续)

序号	检查项目	检查要点	情况记录
5.1.3	实验室消防通道通畅，公共场所不堆放仪器和物品	(49)保持消防通道通畅	
5.1.4	实验室建设和装修应符合消防安全要求	(50)实验操作台应选用合格的防火、耐腐蚀材料 (51)仪器设备安装符合建筑物承重载荷 (52)有可燃气体的实验室不设吊顶 (53)不用的配电箱、插座、水管水龙头、网线、气体管路等，应及时拆除或封闭 (54)实验室门上有观察窗，外开门不阻挡逃生路径	
5.1.5	实验室所有房间均须配有应急备用钥匙	(55)应急备用钥匙需集中存放、统一管理，应急时方便取用	
5.1.6	实验设备需做好振动减震、电磁屏蔽和噪音降噪	(56)容易产生振动的设备，需考虑建立合理的减震措施 (57)易对外产生磁场或易受磁场干扰的设备，需做好磁屏蔽 (58)实验室噪声一般不高于55dB(机械设备不高于70dB)	
5.1.7	实验室水、电、气管线布局合理，安装施工规范	(59)采用管道供气的实验室，输气管道及阀门无漏气现象，并有明确标志。供气管道有名称和气体流向标识，无破损 (60)高温、明火设备放置位置与气体管道有安全间隔距离	
5.2	卫生与日常管理		
5.2.1	实验室分区应相对独立，布局合理	(61)有毒有害实验区与学习区明确分开，合理布局，重点关注化学、生物、辐射、激光等类别实验室。如部分区域分区不明显，现场查看有毒有害物质的管理须对工作环境无健康危害	
5.2.2	实验室环境应整洁卫生有序	(62)实验室物品摆放有序，卫生状况良好，实验完毕物品归位，无废弃物品、不放无关物品 (63)不在实验室睡觉过夜，不存放和烧煮食物、饮食，禁止吸烟、不使用可燃性蚊香	
5.2.3	实验室有卫生安全制度	(64)实验期间有记录	
5.3	场所其他安全		
5.3.1	每间实验室均有编号并登记造册	(65)现场查看门牌，查阅档案	
5.3.2	危险性实验室应配备急救物品	(66)配备的药箱不得上锁，并定期检查药品是否在保质期内	
5.3.3	停用的实验室有安全防范措施和明显标志	(67)查看现场	
6	安全设施		
6.1	消防设施		
6.1.1	实验室应配备合适的灭火设备，并定期开展使用训练	(68)烟感报警器、灭火器、灭火毯、消防砂、消防喷淋等，应正常有效、方便取用 (69)灭火器种类配置正确，且在有效期内(压力指针位置正常等)，安全销(拉针)正常，瓶身无破损、腐蚀	

（续）

序号	检查项目	检查要点	情况记录
6.1.2	紧急逃生疏散路线通畅	(70)在显著位置张贴有紧急逃生疏散路线图，疏散路线图的逃生路线应有2条(含)以上，路线与现场情况符合 (71)主要逃生路径(室内、楼梯、通道和出口处)有足够的紧急照明灯，功能正常，并设置有效标识指示逃生方向 (72)人员应熟悉紧急疏散路线及火场逃生注意事项(现场调查人员熟悉程度)	
6.2	应急喷淋与洗眼装置		
6.2.1	存在燃烧和腐蚀风险的实验区域，需配置应急喷淋和洗眼装置	(73)应急喷淋和洗眼装置的区域有显著标志	
6.2.2	应急喷淋与洗眼装置安装合理，并能正常使用	(74)应急喷淋安装地点与工作区域之间畅通，距离不超过30m。应急喷淋安装位置合适，拉杆位置合适、方向正确。应急喷淋装置水管总阀为常开状，喷淋头下方无障碍物 (75)不能以普通淋浴装置代替应急喷淋装置 (76)洗眼装置接入生活用水管道，水量水压适中(喷出高度8~10cm)，水流畅通平稳	
6.2.3	定期对应急喷淋与洗眼装置进行维护	(77)经常擦拭洗眼喷头，无锈水脏水，有检查记录(每月启动一次阀门，时刻保证管内流水畅通)	
6.3	通风系统		
6.3.1	有需要的实验场所配备符合设计规范的通风系统	(78)管道风机需防腐，使用可燃气体场所宜采用防爆风机 (79)实验室通风系统运行正常，柜口面风速0.35~0.75m/s，定期进行维护、检修 (80)屋顶风机固定无松动、无异常噪声	
6.3.2	通风柜配置合理、使用正常、操作合规	(81)实验室排出的有害物质浓度超过国家现行标准规定的允许排放标准时，应采取净化措施，做到达标排放 (82)任何可能产生高浓度有害气体而导致个人暴露、或产生可燃、可爆炸气体或蒸汽而导致积聚的实验，都应在通风柜内进行 (83)进行实验时，通风柜可调玻璃视窗开至离台面10~15cm，保持通风效果，并保护操作人员胸部以上部位 (84)实验人员在通风柜进行实验时，避免将头伸入调节门内。不可将一次性手套或较轻的塑料袋等留在通风柜内，以免堵塞排风口 (85)通风柜内放置物品应距离调节门内侧15cm以上，以免掉落 (86)玻璃视窗材料应是钢化玻璃	
6.4	门禁监控		
6.4.1	重点场所需安装门禁和监控设施，并有专人管理	(87)关注重点场所，如剧毒品、病原微生物、放射源存放点、核材料等危险源的管理	

（续）

序号	检查项目	检查要点	情况记录
6.4.2	门禁和监控系统运转正常，与实验室准入制度相匹配	(88)监控不留死角，图像清晰，人员出入记录可查，视频记录存储时间不少于30天 (89)停电时，电子门禁系统应是开启状态或者有备用机械钥匙	
6.5	实验室防爆		
6.5.1	有防爆需求的实验室需符合防爆设计要求	(90)安装有防爆开关、防爆灯等，安装必要的气体报警系统、监控系统、应急系统等 (91)对于产生可燃气体或蒸汽的装置，应在其进、出口处安装阻火器 (92)室内应加强通风，防止爆炸物聚积	
6.5.2	应妥善防护具有爆炸危险性的仪器设备	(93)使用合适的安全罩防护	
7	基础安全		
7.1	用电用水基础安全		
7.1.1	实验室用电安全应符合国家标准（导则）和行业标准	(94)实验室电容量、插头插座与用电设备功率需匹配，不得私自改装 (95)电源插座须有效固定 (96)电气设备应配备空气开关和漏电保护器 (97)不私自乱拉乱接电线电缆，禁止多个接线板串接供电，接线板不宜直接置于地面 (98)禁止使用老化的线缆、花线、木质配电板、有破损的接线板，电线接头绝缘可靠，无裸露连接线，穿越通道的线缆应有盖板或护套，不使用老国标接线板 (99)大功率仪器（包括空调等）使用专用插座（不可使用接线板） (100)电器长期不用时，应切断电源 (101)配电箱前不应有物品遮挡并便于操作，周围不应放置烘箱、电炉、易燃易爆气瓶、废液桶等；配电箱的金属箱体应与箱内保护零线或保护地线可靠连接	
7.1.2	给水、排水系统布置合理，运行正常	(102)水槽、地漏及下水道畅通，水龙头、上下水管无破损 (103)各类连接管无老化破损（特别是冷却冷凝系统的橡胶管接口处） (104)各楼层及实验室的各级水管总阀需有明显的标志	
7.2	个人防护		
7.2.1	实验人员需配备合适的个人防护用品	(105)进入实验室人员需穿着质地合适的实验服或防护服 (106)按需要佩戴防护眼镜、防护手套、安全帽、防护帽、呼吸器或面罩（呼吸器或面罩在有效期内，不用时须密封放置）等 (107)进行化学、生物安全和高温实验时，不得佩戴隐形眼镜 (108)操作机床等旋转设备时，不得穿戴长围巾、丝巾、领带等，长发需盘在工作帽内 (109)穿着化学、生物类实验服或戴实验手套，不得随意进入非实验区	

（续）

序号	检查项目	检查要点	情况记录
7.2.2	个人防护用品分散存放，存放地点有明显标志	（110）在紧急情况需使用的防化服等个人防护器具应分散存放在安全场所，以便于取用	
7.2.3	各类个人防护用品的使用有培训及定期检查维护记录	（111）检查培训及维护记录	
7.3	其他		
7.3.1	危险性实验（如高温、高压、高速运转等）时必须有两人在场	（112）实验时不能脱岗，通宵实验须两人在场并有事先审批制度	
7.3.2	实验台面整洁、实验记录规范	（113）查看实验台面和实验记录	
8	化学安全		
8.1	危险化学品购置		
8.1.1	危险化学品采购需要符合要求	（114）危险化学品须向具有生产经营许可资质的单位进行购买，查看相关供应商的经营许可资质证书复印件	
8.1.2	剧毒品、易制毒品、易制爆品、爆炸品的购买程序合规	（115）购买前须经学校审批，报公安部门批准或备案后，向具有经营许可资质的单位购买，并保留报批及审批记录 （116）建立购买、验收、使用等台账资料 （117）不得私自从外单位获取管制化学品	
8.1.3	麻醉药品、精神药品等购买前须向食品药品监督管理部门申请	（118）报批同意后向定点供应商或者定点生产企业采购	
8.1.4	保障化学品、气体运输安全	（119）现场抽查，校园内的运输车辆、运送人员、送货方式等符合相关规范	
8.2	实验室化学品存放		
8.2.1	实验室内危险化学品建有动态台账	（120）建立实验室危险化学品动态台账，并有《化学品安全技术说明书》（MSDS）或安全周知卡，方便查阅 （121）定期清理废旧试剂，无累积现象	
8.2.2	化学品有专用存放空间并科学有序存放	（122）贮藏室、贮藏区、贮存柜等应通风、隔热、避光、安全 （123）易泄漏、易挥发的试剂存放设备与地点应保证充足的通风 （124）试剂柜中不能有电源插座或接线板 （125）化学品有序分类存放，固体液体不混乱放置，互为禁忌的化学品不得混放，试剂不得叠放。有机溶剂贮存区应远离热源和火源。装有试剂的试剂瓶不得开口放置。实验台架无挡板不得存放化学试剂 （126）配备必要的二次泄漏防护、吸附或防溢流功能	

（续）

序号	检查项目	检查要点	情况记录
8.2.3	实验室内存放的危险化学品总量符合规定要求	(127)危险化学品(不含压缩气体和液化气体)原则上不应超过100L或100kg，其中易燃易爆性化学品的存放总量不应超过50L或50kg，且单一包装容器不应大于20L或20kg（按50m^{2}为标准，存放量以实验室面积比考量） (128)单个实验装置存在10L以上甲类物质储罐，或20L以上乙类物质储罐，或50L以上丙类物质储罐时，需加装泄露报警器及通风联动装置	
8.2.4	化学品标签应显著完整清晰	(129)化学品包装物上应有符合规定的化学品标签 (130)当化学品由原包装物转移或分装到其他包装物内时，转移或分装后的包装物应及时重新粘贴标识。化学品标签脱落、模糊、腐蚀后应及时补上，如不能确认，则以不明废弃化学品处置	
8.3	实验操作安全		
8.3.1	制定危险实验、危险化工工艺指导书、各类标准操作规程（SOP）、应急预案	(131)指导书和预案上墙或便于取阅，实验人员熟悉所涉及的危险性及应急处理措施，按照指导书进行实验	
8.3.2	危险化工工艺和装置应设置自动控制和电源冗余设计	(132)涉及危险化工工艺、重点监管危险化学品的反应装置应设置自动化控制系统 (133)涉及放热反应的危险化工工艺生产装置应设置双重电源供电或控制系统应配置不间断电源	
8.3.3	做好有毒有害废气的处理和防护	(134)对于产生有毒有害废气的实验，须在通风柜中进行，并在实验装置尾端配有气体吸收装置，配备合适有效的呼吸器	
8.4	管制类化学品管理		
8.4.1	剧毒化学品执行"五双"管理（即双人验收、双人保管、双人发货、双把锁、双本账），技防措施符合管制要求	(135)单独存放、不得与易燃、易爆、腐蚀性物品等一起存放 (136)有专人管理并做好贮存、领取、发放情况登记，登记资料至少保存1年 (137)防盗安全门应符合GB 17565—2007的要求，防盗安全级别为乙级（含）以上，防盗锁应符合GA/T 73—2015的要求，防盗保险柜应符合GB 10409—2001的要求，监控管控执行公安要求	
8.4.2	麻醉药品和第一类精神药品管理符合"双人双锁"，有专用账册	(138)设立专库或者专柜贮存，专库应当设有防盗设施并安装报警装置，专柜应当使用保险柜，专库和专柜应当实行双人双锁管理 (139)配备专人管理并建立专用账册，专用账册的保存期限应当自药品有效期期满之日起不少于5年	
8.4.3	易制爆化学品存量合规、双人双锁保管	(140)存放场所出入口应设置防盗安全门，或存放在专用贮存柜内，贮存场所防盗安全级别应为乙级（含）以上，专用贮存柜应具有防盗功能，符合双人双锁管理要求，台账账册保存期限不少于1年	

(续)

序号	检查项目	检查要点	情况记录
8.4.4	易制毒化学品贮存规范，台账清晰	(141)设置专库或者专柜贮存，专库应当设有防盗设施 (142)第一类易制毒化学品、药品类易制毒化学品实现双人双锁管理，账册保存期限不少于2年。第二、三类易制毒品实行上锁管理，并记录台账	
8.4.5	爆炸品单独隔离、限量贮存、使用、销毁按照公安部门要求执行	(143)收存和发放民用爆炸物品必须进行登记，做到账目清楚，账物相符	
8.5	实验气体管理		
8.5.1	从合格供应商处采购实验气体，建立气体钢瓶台账	(144)查看记录	
8.5.2	气体的存放和使用符合相关要求	(145)气体钢瓶存放点须通风、远离热源、避免暴晒，地面平整干燥 (146)气瓶应合理固定 (147)危险气体钢瓶尽量置于室外，室内放置应使用常时排风且带监测报警装置的气瓶柜 (148)气瓶的存放应控制在最小需求量 (149)涉及有毒、可燃气体的场所，配有通风设施和相应的气体监测和报警装置等，张贴必要的安全警示标志 (150)可燃性气体与氧气等助燃气体钢瓶不得混放 (151)独立的气体钢瓶室应通风、不混放、有监控，有专人管理和记录 (152)有供应商提供的钢瓶定期检验合格标志，无超过检验有效期的气瓶、无超过设计年限的气瓶 (153)钢瓶气瓶颜色符合GB/T 7144—2016的规定要求，确认"满、使用中、空瓶"三种状态 (154)使用完毕，应及时关闭气瓶总阀 (155)钢瓶附件齐全，未在使用中的气瓶应有气瓶帽	
8.5.3	较小密封空间使用可引起窒息的气体，需安装有氧含量监测，设置必要的气体报警装置	(156)存有大量无毒窒息性压缩气体或液化气体(液氮、液氩)的较小密闭空间，为防止大量泄漏或蒸发导致缺氧，须安装氧含量监测报警装置	
8.5.4	气体管路和钢瓶连接正确、有清晰标志	(157)管路材质选择合适，无破损或老化现象，定期进行气密性检查；存在多条气体管路的房间须张贴详细的管路图，管路标识正确	
8.6	化学废弃物处置管理		
8.6.1	实验室应设立化学废弃物暂存区	(158)暂存区应远离火源、热源和不相容物质，避免日晒、雨淋，存放两种及以上不相容的实验室危险废物时，应分不同区域 (159)暂存区应有警示标志并有防遗洒、防渗漏设施或措施	

(续)

序号	检查项目	检查要点	情况记录
8.6.2	实验室内须规范收集化学废弃物	(160)危险废物应按化学特性和危险特性，进行分类收集和暂存 (161)废弃的化学试剂应存放在原试剂瓶中，保留原标签，并瓶口朝上放入专用固废箱中 (162)针头等利器需放入利器盒中收集 (163)废液应分类装入专用废液桶中，液面不超过容量的3/4。废液桶须满足耐腐蚀、抗溶剂、耐挤压、抗冲击的要求 (164)实验室危险废物收集容器上应粘贴危险废物信息标签、警示标志 (165)严禁将实验室危险废物直接排入下水道，严禁与生活垃圾、感染性废物或放射性废物等混装	
8.6.3	化学废弃物的转运须合规	(166)委托有危险废物处置资质的专业厂家集中处置化学废弃物，查看协议 (167)建立危险废物管理台账，如实记录有关信息，包括种类、产生量、流向、贮存、处置等有关资料 (168)校外转运之前，贮存站必须妥善管理实验室危险废物，采取有效措施，防止废物的扬散、流失、渗漏或其他环境污染 (169)转运人员应使用专用运输工具，运输前根据运输废物的危险特性，应携带必要的应急物资和个人防护用品，如收集工具、手套、口罩等 (170)实验室危险废物的校外转运必须按照国家有关规定填写危险废物电子或者纸质转移联单，任何单位和个人未经许可不得非法转运	
8.6.4	学校应建设化学废弃物贮存站并规范管理	(171)制定意外事故的防范措施和应急预案，并向所在地生态环境主管部门备案 (172)贮存站应有具体的管理办法并将贮存站安全运行、实验室危险废物出站转运等日常管理工作落实到相关人员的岗位职责中 (173)贮存设施、场所应当按照规定设置危险废物识别标志 (174)贮存站管理员须做好实验室危险废物收集及外送情况的记录	
8.7	危化品仓库与废弃物贮存站		
8.7.1	学校建有危险品仓库、化学实验废弃物贮存站，对废弃物集中定点存放	(175)危险品仓库、化学实验废弃物贮存站须有通风、隔热、避光、防盗、防爆、防静电、泄露报警、应急喷淋、安全警示标志等技防措施，符合相关规定，专人管理 (176)危险品仓库、化学实验废弃物贮存站的消防设施符合国家相关规定，正确配备灭火器材(如灭火器、灭火毯、砂箱、自动喷淋等) (177)危险品仓库、化学实验废弃物贮存站不能建设在地下室空间，若在实验楼内，必须有警示、通风、隔热、避光、防盗、防爆、防静电、泄露报警、应急喷淋等技防措施，面积不超过30m² (178)危险品仓库的试剂不混放，整箱试剂的叠加高度不大于1.5m	

(续)

序号	检查项目	检查要点	情况记录
8.8	其他化学安全		
8.8.1	配制试剂需要张贴标签	（179）装有配制试剂、合成品、样品等的容器上标签信息明确，标签信息包括名称或编号、使用人、日期等 （180）无使用饮料瓶存放试剂、样品的现象，如确需使用，必须撕去原包装纸，贴上试剂标签	
8.8.2	不使用破损量筒、试管、移液管等玻璃器皿	（181）查看现场	
9	生物安全		
9.1	实验室资质		
9.1.1	开展病原微生物实验研究的实验室，须具备相应的安全等级资质	（182）BSL-3/ABSL-3、BSL-4/ABSL-4 实验室须经政府部门批准建设，BSL-1/ABSL-1、BSL-2/ABSL-2 实验室由学校建设后报卫生或农业部门备案	
9.1.2	在规定等级实验室中开展涉及病原微生物的实验	（183）以国家法律、法规、标准、规范，以及权威机构发布的指南、数据等为依据，对涉及的致病性生物因子进行风险评估，选择对应的实验室安全级别进行致病性病原微生物研究，重点关注：开展未经灭活的高致病性病原微生物（列入一类、二类）相关实验和研究，必须在 BSL-3/ABSL-3、BSL-4/ABSL-4 实验室中进行；开展低致病性病原微生物（列入三类、四类），或经灭活的高致病性感染性材料的相关实验和研究，必须在 BSL-1/ABSL-1、BSL-2/ABSL-2 或以上等级实验室中进行	
9.2	场所与设施		
9.2.1	实验室安全防范设施达到相应生物安全实验室要求，各区域分布合理、气压正常	（184）BSL-2/ABSL-2 及以上安全等级实验室须设门禁管理和准入制度，贮存病原微生物的场所或储柜配备防盗设施，BSL-3/ABSL-3 及以上安全等级实验室须安装监控报警装置	
9.2.2	配有符合相应要求的生物安全设施	（185）BSL-2/ABSL-2 及以上安全等级实验室须配有 Ⅱ 级生物安全柜，定期进行检测，B 型生物安全柜需有正常通风系统 （186）BSL-2/ABSL-2 及以上安全等级实验室应配备消防器材和设施、应急供电（至少延时半小时）、必要的应急淋浴及洗眼装置 （187）BSL-2/ABSL-2 及以上安全等级实验室的传递窗功能正常、内部不存放物品；安装有防虫纱窗、入口处有挡鼠板 （188）生物安全实验室配有压力蒸汽灭菌器，每次使用时监测灭菌效果	
9.2.3	场所消毒要保证人员安全	（189）使用紫外灯的生物安全实验室应设安全警示标志，尤其应对紫外灯开关张贴警示标志 （190）使用紫外灯的生物安全实验室在消毒过程中禁止人员进入。采用紫外加臭氧方式消毒应在消毒时间结束后有一定的排风时间，臭氧消散后人员方可进入	

(续)

序号	检查项目	检查要点	情况记录
9.3	病原微生物采购与保管		
9.3.1	采购或自行分离高致病性病原微生物菌(毒)种,须办理相应申请和报批手续	(191)采购病原微生物须从有资质的单位购买,具有相应合格证书。须按照学校流程审批,报行业主管部门批准 (192)转移和运输病原微生物需按规定报卫生和农业主管部门批准,并按相应的运输包装要求包装后转移和运输	
9.3.2	高致病性病原微生物菌(毒)种应妥善保存和严格管理	(193)病原微生物菌(毒)种保存在带锁冰箱或柜子中,高致病性病原微生物实行双人双锁管理。有病原微生物菌(毒)种保存、实验使用、销毁的记录	
9.4	人员管理		
9.4.1	开展病原微生物相关实验和研究的人员经过专业培训	(194)人员经考核合格,并取得证书	
9.4.2	为从事高致病性病原微生物的工作人员提供适宜的医学评估	(195)实施监测和治疗方案,并妥善保存相应的医学记录。有上岗前体检和离岗体检,长期工作有定期体检	
9.4.3	制定相应的人员准入制度	(196)外来人员进入生物安全实验室需经负责人批准,并有相关的教育培训、安全防控措施。出现感冒发热等症状时,不得进行病原微生物实验	
9.5	操作与管理		
9.5.1	制定并采用生物安全手册,有相关标准操作规范	(197)有从事病原微生物相关实验活动的标准操作规范	
9.5.2	开展相关实验活动的风险评估和应急预案	(198)BSL-2/ABSL-2及以上等级实验室,开展病原微生物的相关实验活动应有风险评估和应急预案,包括病原微生物及感染材料溢出和意外事故的书面处置程序	
9.5.3	实验操作合规,安全防护措施合理	(199)在合适的生物安全柜中进行实验操作;不得在超净工作台中进行病原微生物实验 (200)安全操作高速离心机,小心防止离心管破损或盖子破损造成溢出或气溶胶散发 (201)有合适的个人防护措施,禁止戴防护手套操作相关实验以外的设施设备	
9.6	实验动物安全		
9.6.1	实验动物的购买、饲养、解剖等须符合相关规定	(202)饲养实验动物的场所应有资质证书,实验动物需从具有资质的单位购买,有合格证明,用于解剖的实验动物须经过检验检疫合格 (203)解剖实验动物时,必须做好个人安全防护 (204)定期组织健康检查	

(续)

序号	检查项目	检查要点	情况记录
9.6.2	动物实验按相关规定进行伦理审查，保障动物权益	(205)学校有伦理审查机构，查看伦理审查记录	
9.7	生物实验废物处置		
9.7.1	生物废弃物的中转和处置规范	(206)学校与有资质的单位签约处置感染性废物，有交接记录，形成电子或者纸质台账 (207)学校有生物废弃物中转站或收集点，生物废物及时收集转运	
9.7.2	生物废弃物与其他类别废物分开，且做好防护和消杀	(208)生物废物应与化学废物、生活垃圾等分开贮存 (209)实验室内配备生物废物垃圾桶(内置生物废物专用塑料袋)，并粘贴专用标签标识 (210)刀片、移液枪头等尖锐物应使用利器盒或耐扎纸板箱盛放，送储时再装入生物废物专用塑料袋，贴好标签 (211)动物实验结束后，动物尸体及组织应做无害化处理，废物彻底灭菌后方可处置 (212)涉及病原微生物或其他细菌类的生物废物必须进行高温高压灭菌或化学浸泡处理，然后由有资质的公司进行最终处置 (213)高致病性生物材料废物处置实现溯源追踪	
10	辐射安全与核材料管制		
10.1	资质与人员要求		
10.1.1	辐射工作单位须取得辐射安全许可证	(214)按规定在放射性核素种类和用量以及射线种类许可范围内开展实验。除已被豁免管理外，射线装置、放射源或者非密封放射性物质应纳入许可证范畴	
10.1.2	辐射工作人员须经过专门培训，定期参加职业体检	(215)辐射工作人员具有《辐射安全与防护培训合格证书》，或者《生态环境部辐射安全与防护考核通过报告单》 (216)辐射工作人员按时参加放射性职业体检(2年1次)，有健康档案 (217)辐射工作人员进入实验场所须佩带个人剂量计，剂量计委托有资质的单位按时进行剂量监测(3个月1次)	
10.1.3	核材料许可证持有单位须建立专职机构或指定专人负责保管核材料，执行国家法律法规要求。有账目与报告制度，保证账物相符	(218)持有核材料数量达到法定要求的单位须取得核材料许可证，有专职机构或指定专人负责核材料管制工作，核材料衡算和核安保工作执行国家法律法规要求	
10.2	场所设施与采购运输		
10.2.1	辐射设施和场所应设有警示、连锁和报警装置	(219)放射源贮存库应设"双人双锁"，并有安全报警系统和视频监控系统 (220)辐照设施设备和Ⅱ类以上射线装置具有能正常工作的安全连锁装置和报警装置，有明显的安全警示标志、警戒线和剂量报警仪	

(续)

序号	检查项目	检查要点	情况记录
10.2.2	辐射实验场所每年有合格的实验场所检测报告	(221)查看场所辐射环境监测报告	
10.2.3	放射性物质的采购、转移和运输应按规定报批	(222)放射源和放射性物质的采购和转让转移有学校及生态环境部门的审批备案材料,采购和转让转移前必须先做环境影响评价工作 (223)放射性物质的转移和运输有学校及公安部门的审批备案材料 (224)放射源、放射性物质以及Ⅲ类以上射线装置贮存和使用场所变更应重新开展环境影响评价	
10.3	放射性实验安全及废物处置		
10.3.1	各类放射性装置有符合国家相关规定的操作规程、安保方案及应急预案,并遵照执行	(225)重点关注γ辐照、电子加速器、射线探伤仪、非密封性放射性实验操作、Ⅴ类以上的密封性放射性实验操作 (226)查看辐射事故应急预案及应急演练记录(每年不少于一次演练)	
10.3.2	放射源及设备报废时有符合国家相关规定的处置方案或回收协议	(227)中、长半衰期核素固液废物有符合国家相关规定的处置方案或回收协议,短半衰期核素固液废弃物放置10个半衰期经检测达标后作为普通废物处理,并有处置记录 (228)报废含有放射源或可产生放射性的设备,需报学校管理部门同意,并按国家规定进行退役处置。X光管报废时应破坏高压设备,拍照留存 (229)涉源实验场所退役,须按国家相关规定执行	
10.3.3	放射性废物(源)应严加管理,不得作为普通废物处理,不得擅自处置	(230)相关实验室应当配置专门的放射性废物收集桶;放射性废液送贮前应进行固化整备 (231)放射性废物应及时送交城市放射性废物库收贮 (232)排放气态或液态放射性流出物应严格按照环评和地方生态环境部门批准的排放量和排放方式执行	
11	机电等安全		
11.1	仪器设备常规管理		
11.1.1	建立设备台账,设备上有资产标签,有明确的管理人员	(233)查看电子或纸质台账	
11.1.2	大型、特种设备的使用需符合相关规定	(234)大型仪器设备、高功率的设备与电路容量相匹配,有设备运行维护的记录,有安全操作规程或注意事项	
11.1.3	仪器设备的接地和用电符合相关要求	(235)仪器设备接地系统应按规范要求,采用铜质材料,接地电阻不高于0.5Ω (236)计算机、空调、电加热器等不随意开机过夜。对于不能断电的特殊仪器设备,采取必要的防护措施(如双路供电、不间断电源、监控报警等)	
11.1.4	特殊设备应配备相应安全防护措施	(237)关注高温、高压、高速运动、电磁辐射等特殊设备,对使用者有培训要求,有安全警示标志和安全警示线(黄色),设备安全防护措施完好 (238)自研自制设备,须充分考虑安全系数,并有安全防护措施	

(续)

序号	检查项目	检查要点	情况记录
11.2	机械安全		
11.2.1	机械设备应保持清洁整齐,可靠接地	(239)机床应保持清洁整齐,严禁在床头、床面、刀架上放置物品 (240)机械设备可靠接地,实验结束后,应切断电源,整理好场地并将实验用具等摆放整齐,及时清理机械设备产生的废渣、废屑	
11.2.2	操作机械设备时实验人员应做好个人防护	(241)个人防护用品要穿戴齐全,如工作服、工作帽、工作鞋、防护眼镜等。操作冷加工设备必须穿"三紧式"工作服,不能留长发(长发要盘在工作帽内),禁止戴手套 (242)进入高速切削机械操作工作场所,穿好工作服工作鞋、戴好防护眼镜、扣紧衣袖口,戴好工作帽(长发学生必须将长发盘在工作帽内),禁止戴手套、长围巾、领带、手镯等配饰物,禁穿拖鞋、高跟鞋等。设备运转时严禁用手调整工件	
11.2.3	铸锻及热处理实验应满足场地和防护要求	(243)铸造实验场地宽敞、通道畅通,使用设备前,操作者要按要求穿戴好防护用品 (244)盐浴炉加热零件必须预先烘干,并用铁丝绑牢,缓慢放入炉中,以防盐液炸崩烫伤 (245)淬火油槽不得有水,油量不能过少,以免发生火灾 (246)与铁水接触的一切工具,使用前必须加热,严禁将冷的工具伸入铁水内,以免引起爆炸 (247)锻压设备不得空打或大力敲打过薄锻件,锻造时锻件应达到850℃以上,锻锤空置时应垫有木块	
11.2.4	高空作业应符合相关操作规程	(248)在坠落高度基准面2m及以上有可能坠落的高处进行作业,须穿防滑鞋、佩戴安全帽、使用安全带 (249)临边作业须在临空一侧设置防护栏杆,有相关安全操作规程	
11.3	电气安全		
11.3.1	电气设备的使用应符合用电安全规范	(250)各种电器设备及电线应始终保持干燥,防止浸湿,以防短路引起火灾或烧坏电气设备 (251)试验室内的功能间墙面都应设有专用接地母排,并设有多点接地引出端 (252)高压、大电流等强电实验室要设定安全距离,按规定设置安全警示牌、安全信号灯、联动式警铃、门锁,有安全隔离装置或屏蔽遮拦(由金属制成,并可靠接地,高度不低于2m) (253)控制室(控制台)应铺橡胶、绝缘垫等 (254)强电实验室禁止存放易燃、易爆、易腐品,保持通风散热 (255)应为设备配备残余电流泄放专用的接地系统 (256)禁止在有可燃气体泄露隐患的环境中使用电动工具;电烙铁有专门搁架,用毕立即切断电源 (257)强磁设备应配备与大地相连的金属屏蔽网	
11.3.2	操作电气设备应配备合适的防护器具	(258)强电类实验必须2人(含)以上,操作时应戴绝缘手套;防护器具按规定进行周期试验或定期更换;静电场所,要保持空气湿润,工作人员要穿戴防静电服、手套和鞋靴	

(续)

序号	检查项目	检查要点	情况记录
11.4	激光安全		
11.4.1	激光实验室配有完备的安全屏蔽设施	(259)功率较大的激光器有互锁装置、防护罩，激光照射方向不会对他人造成伤害，防止激光发射口及反射镜上扬	
11.4.2	激光实验时须佩戴合适的个人防护用具	(260)操作人员穿戴防护眼镜等防护用品、不带手表等能反光的物品，禁止直视激光束和它的反向光束，禁止对激光器件做任何目视准直操作，禁止用眼睛检查激光器故障，激光器必须在断电情况下进行检查	
11.4.3	警告标志	(261)所有激光区域内张贴警告标志	
11.5	粉尘安全		
11.5.1	粉尘爆炸危险场所，应选用防爆型的电气设备	(262)防爆灯、防爆电气开关，导线敷设应选用镀锌管或水煤气管，必须达到整体防爆要求 (263)粉尘加工要有除尘装置，除尘器符合防静电安全要求，除尘设施应有阻爆、隔爆、泄爆装置，使用工具具有防爆功能或不产生火花	
11.5.2	产生粉尘的实验场所，须穿戴合适的个人防护用具	(264)粉尘爆炸危险场所应穿防静电棉质衣服，禁止穿化纤材料制作的衣服，工作时必须佩戴防尘口罩和护耳器	
11.5.3	确保实验室粉尘浓度在爆炸限以下，并配备灭火装置	(265)粉尘浓度较高的场所，适当配备加湿装置；配备合适的灭火装置	
12	特种设备与常规冷热设备		
12.1	起重类设备		
12.1.1	符合《特种设备目录》要求的设备须取得《特种设备使用登记证》	(266)额定起重量大于或者等于0.5t的升降机；额定起重量大于或者等于3t（或额定起重力矩大于或者等于40t·m的塔式起重机，或生产率大于或者等于300t/h的装卸桥），且提升高度大于或者等于2m的起重机；层数大于或等于2层的机械式停车设备，须取得《特种设备使用登记证》	
12.1.2	起重机械作业人员、检验单位须有相关资质	(267)起重机指挥、起重机司机须取得《特种设备作业人员证》，持证上岗，并每4年复审一次 (268)委托有资质单位进行定期检验，并将定期检验合格证置于特种设备显著位置	
12.1.3	起重机械需定期保养，设置警示标志，安装防护设施	(269)在用起重机械至少每月进行1次日常维护保养和自行检查，并做记录 (270)制定安全操作规程，并在周边醒目位置张贴警示标志，有必要的防护措施 (271)起重设备声光报警正常，室内起重设备应标有运行通道 (272)废弃不用的起重机械应及时拆除	

(续)

序号	检查项目	检查要点	情况记录
12.2	压力容器		
12.2.1	规定压力容器须取得《特种设备使用登记证》	(273)最高工作压力大于或者等于0.1MPa(表压)的气体、液化气体和最高工作温度高于或者等于标准沸点的液体、容积大于或者等于30L且内直径(非圆形截面指截面内边界最大几何尺寸)大于或者等于150mm的固定式容器和移动式容器;盛装公称工作压力大于或者等于0.2MPa(表压),且压力与容积的乘积大于或者等于1.0MPa·L的气体、液化气体和标准沸点等于或者低于60℃液体的气瓶;氧舱等盛装气体或者液体、承载一定压力的密闭设备,须取得《特种设备使用登记证》;设备铭牌上标明为简单压力容器不需办理	
12.2.2	压力容器作业人员、检验单位须有相关资质	(274)快开门式压力容器操作人员、移动式压力容器充装人员、氧舱维护保养人员,取得《特种设备作业人员证》,持证上岗,并每4年复审一次 (275)委托有资质单位进行定期检验,并将定期检验合格证置于特种设备显著位置 (276)安全阀或压力表等附件需委托有资质单位定期校验或检定	
12.2.3	压力容器的存放区域合理,有安全警示标志	(277)大型实验气罐的贮存场所应通风、干燥、防止雨(雪)淋、水浸,避免阳光直射,严禁明火和其他热源 (278)大型实验气体(窒息、可燃类)罐必须放置在室外,周围设置隔离装置、安全警示标志 (279)可燃性气罐要远离火源热源	
12.2.4	贮存可燃、爆炸性气体的气罐满足防爆要求	(280)容器的电器开关和熔断器都应设置在明显位置,同时应设避雷装置 (281)电气设施应防爆,避雷装置接地良好	
12.2.5	压力容器应有专用管理制度和操作规程,实行使用登记	(282)制定大型气罐管理制度和操作规程,定期检查大型实验气罐外观及附件是否完好,落实维护、保养及安全责任制 (283)实行使用登记制度,及时填写使用登记表	
12.3	场(厂)内专用机动车辆		
12.3.1	场(厂)内专用机动车辆须取得《特种设备使用登记证》	(284)除道路交通、农用车辆以外仅在工厂厂区、旅游景区、游乐场所等特定区域使用的专用机动车辆须取得《特种设备使用登记证》	
12.3.2	作业人员取得《特种设备作业人员证》,持证上岗	(285)作业人员的《特种设备作业人员证》在有效期内	
12.3.3	委托有资质单位进行定期检验	(286)合格证在有效期内	
12.4	加热及制冷装置管理		
12.4.1	贮存危险化学品的冰箱满足防爆要求	(287)贮存危险化学品的冰箱应为防爆冰箱或经过防爆改造的冰箱,并在冰箱门上注明是否防爆	

(续)

序号	检查项目	检查要点	情况记录
12.4.2	冰箱内存放的物品须标识明确，试剂必须可靠密封	(288)标识至少包括：名称、使用人、日期等，并经常清理 (289)实验室冰箱中试剂瓶螺口拧紧，无开口容器，不得放置非实验用食品、药品。超低温冰箱门上有储物分区标识，置于走廊等区域的超低温冰箱须上锁	
12.4.3	冰箱、烘箱、电阻炉的使用满足使用期间和空间等要求	(290)冰箱不超期使用(一般使用期限控制为10年)，如超期使用需经审批 (291)冰箱周围留出足够空间，周围不堆放杂物，不影响散热 (292)烘箱、电阻炉不超期使用(一般使用期限控制为12年)，如超期使用需经审批 (293)加热设备应放置在通风干燥处，不直接放置在木桌、木板等易燃物品上，周围一定的散热空间，设备旁不能放置易燃易爆化学品、气体钢瓶、冰箱、杂物等，应远离配电箱、插座、接线板等设备	
12.4.4	烘箱、电阻炉等加热设备须制定安全操作规程	(294)加热设备周边醒目位置张贴有高温警示标志，并有必要的防护措施，张贴有安全操作规程、警示标志 (295)烘箱等加热设备内不准烘烤易燃易爆试剂及易燃物品 (296)不得使用塑料筐等易燃容器盛放实验物品在烘箱等加热设备内烘烤 (297)使用烘箱完毕，清理物品、切断电源，确认其冷却至安全温度后方能离开 (298)使用电阻炉等明火设备时有人值守 (299)使用加热设备时，温度较高的实验需有人值守或有实时监控措施	
12.4.5	使用明火电炉或者电吹风须有安全防范举措	(300)涉及化学品的实验室不使用明火电炉。如必须使用，须有安全防范措施 (301)不使用明火电炉加热易燃易爆试剂 (302)明火电炉、电吹风、电热枪等用毕，须及时拔除电源插头 (303)不可用纸质、木质等材料自制红外灯烘箱	